アメリカの十字架

信仰をめぐる市民社会の断層線

堀内一史

明石書店

はじめに

アメリカ社会と宗教との関係をどのように捉えるかは専門家によって異なるが、宗教はアメリカ社会にとって恩寵《おんちょう》、つまり神の恵みだという考え方がある。

こうした見方を示すのが『アメリカの恩寵――宗教は社会をいかに分かち、結びつけるのか』の著者であるロバート・D・パットナムとデヴィッド・キャンベルである。かつてアメリカには、異なる宗教間の緊張、宗教と人種・ジェンダー・政治といった断層線が存在したが、一九六〇年、まだプロテスタントとカトリック間の結婚がどちらの側からも歓迎されず、プロテスタントから疑念をもって見られていたころの話。大統領候補だったJ・F・ケネディーが、カトリックとの関係をきっぱり断つと発言して以来、反カトリック感情は消え失せた。同様に反ユダヤ主義も反モルモン感情も今では鳴りを潜め、モルモン教徒のミット・ロムニーは大統領候補として二〇一二年の大統領選挙を戦った。

二〇〇〇年代までに、信仰の篤い人は共和党を、そうでない人は民主党を支持するというゴッド・ギャップ（神格差）が生まれた。同性同士の結婚や妊娠中絶が支持政党間の相容れない立場にある溝を埋める役割を果たした。同性婚についてはリベラル化傾向が進み、若い世代は受け容れる傾向がより強く、また中絶への態度は若い世代の間で宗教性とのつながりを弱めはじめている。さらに、政党イメージは変化しうるし、民主党候補は宗教的レトリックを用いるようになりギャップは縮まりつつある。著者は、かつて存在した宗教によるこれらの断層線がいずれは消滅する傾向にあると言い切る。ジェイムズ・D・ハンターが一九九一年に、自由主義／進歩主義と保守主義が醸成した二つの文化の間には深い溝が存在すると提唱した、いわゆる、「文化戦争」に対する楽観的観測である。

では、こうした宗教的寛容性は何に由来するのであろうか。合衆国憲法修正第一条が規定する議会の特定宗教の不支持・国教の不樹立の原則、さらに、自ら望む信仰を誰もが持つことができるという信教の自由の原則が存在する。これらの下に、宗教的多様性は維持され、その上に醸成される「市民宗教」という、アメリカ人の精神に埋め込まれた愛国的な信仰箇条が人々に国民としての自覚を与えながら人々を結びつけている、というのである。

確かに、カトリックへのネガティブな感情や反モルモン感情、反ユダヤ感情は消滅した。同性婚は実質的に合法化され、中絶は州の判断に委ねられ、ゴッド・ギャップは縮まりつつある。四年に一度訪れる大統領就任式では初代大統領以来どの大統領も、聖書に片手を置き誓いを立て、神のご加護を請うて演説を締めくくってきた。

しかし、パットナムらが言うように実際のアメリカ社会の断層線は、本当に消える方向へと向かっているのだろうか。筆者はそうは思わない。宗教は、こうした社会の統合機能を担う一方で、社会を分断する機能をも孕《はら》んでいるからであり、実際に断層線はいくつも厳然と存在するからだ。

筆者は、これらの断層線をアメリカが背負っていかねばならない十字架だと考えている。宗教はアメリカにとって恩寵であると同時に十字架でもあるのだ。

本書の目的は、これらの断層線、すなわち、アメリカが背負うべき十字架とは何かを明らかにし、さらに十字架による苦難を軽減ないし回避する糸口を読者のみなさんと共に探ることである。

筆者は本書で使う宗教という用語を、主にキリスト教福音派の信仰とその神学思想に基づく行為の軌跡という意味で使っている。では、なぜ福音派なのか。これは重要な質問だ。福音派の信徒数は、アメリカ人全人口のおよそ二四％を占める。彼らは、アメリカ人の四人に一人に当たり、一九七〇年末以来、大統領選挙に大きな影響力を持つ集団であり続けているからだ。現に、二〇一六年の大統領選挙で、福音派の八一％がトランプに投票した。バイデン大統領が大統領選挙戦から撤退した後のピュー研究所の調査で（二〇二四年四月三〇日）今投票するとしたらどの候補に投票するか、という質問に「トランプ」と答えたのは、白人福音派の八一％、白人カトリックの六一％、白人非福音派の五七％だった。全有権者とした場合、バイデンと答えたのは、四八％であり、トランプと答えたのは四九％と、接戦であることがわかる。つまり、一九七〇年代末以降、大統領の選出に大きな影響力を及ぼすだけの政治力を握っている勢力。それがキリスト教福音派なのだ。

ここではまず、八つの断層線について触れておこう。

ドイツの著名な社会学者、マックス・ウェーバー（一八六四～一九二〇年）は『プロテスタンティズムの倫理と資本主義の精神』の中で、近代資本主義を生み出した原因は、拝金主義やカネ儲け主義などではなく、キリスト教徒の職業倫理観にあるとした。キリスト教といってもカトリックではなく、プロテスタントの中のカルヴァン主義の「天職」という理念が、近代資本主義の誕生に大きく関係していると言うのである。神の道具として日常生活を合理化し、世俗内で禁欲的に天職としての職業に勤しんだ結果として生じる富の蓄積を、自らの魂が救済される証しとして捉えた。こうした職業倫理を携えてイギリスから大西洋を横切り、新大陸アメリカに渡った初期の入植者やその後の移民は新天地で富を蓄積していく。しかし、そこに所得格差が生まれ、貧困が社会問題へと発展する。富める者と貧しい者との経済的、地理的分断が発生する。これが第一の断層線である。

第二の断層線は、こうした社会問題としての貧困に対する態度である。保守的な信仰を持つキリスト教徒は、貧困は個人の罪深さが原因であるから個人が悔い改めるほかに解決策はないと考える。他方、進歩主義的な信仰を持つリベラルなキリスト教徒は、貧困は社会制度に埋め込まれた罪が問題であるため、社会の改革を置いて貧困の撲滅は不可能だと考える。信仰の違いによって、個人の救済を優先する陣営と、社会制度の改革を優先する陣営とに分断される。だが、こうした断層線は貧困問題に限らない。

第三の断層線は人種に関係している。アメリカは植民地時代からの奴隷制度を反映して、黒人教会と白人教会が存在する。かつて、南部の保守的な白人福音派プロテスタントと北部のリベラルな白人非福音派プロテスタントの間にも断層線は存在した。一九五〇年代から六〇年代にアメリカを席巻した公民権運動の際に、保守的キリスト教徒は社会改革を好まず、現状維持を希求して黒人の地位向上に断固反対したが、リベラルなキリスト教徒は現状の打開を図るべく社会改革に乗り出した。こうした人種和解運動と呼ばれる社会改革の旗手たちは、その後、和解以前に必要な正義の実現を企図して、ブラック・ライヴズ・マターの出現を契機に、人種正義運動を展開している。だが近年、保守的な白人福音派を主要な構成メンバーとするキリスト教ナショナリズムが台頭しつつある。そのエネルギーは、トランプ大統領の選出や、二〇二一年一月の合衆国連邦議会議事堂襲撃事件で噴出した。しかし他方で、人種融合を目指す教会も少なくなく、全米規模で多人種会衆運動が静かに進行している。

第四の断層線を構成しているのは、いわゆる文化戦争の火だねともなっている性的多様性の問題である。

ＬＧＢＴＱ＋については、三〇歳未満の若者でＬＧＢＴＱ＋であると考える人の割合は、他の世代より多い。また、同性婚に関しては、保守的な白人福音派は反対の立場を採り、リベラルな白人の非福音派は賛成の立場を採る。

第五の断層線は地球温暖化などの気候変動への対応に顕著に表れている。保守的な白人福音派は、神は地球環境を支配・コントロールするために人類を創造したと捉えるのに対し、リベラルな福音派や非福音派は、神は地球環境を管理し、ケアするために人類を創造したと捉える傾向がある。保守的福音派はまた、人為起源の気候変動には懐疑的であるか科学的証拠が不十分だと考え、地球温暖化対策よりも経済成長を優先させようとする。他方、リベラルな非福音派は地球温暖化対策を支持する傾向がある。

第六の断層線は、教育現場に影響を与えている。かつては、プロテスタントとカトリックの間に断層線があった。プロテスタントが多数を占めるアメリカにカトリックの移民が急増した十九世紀の中葉、公立学校でどの聖書を読むかという問題をめぐって、フィラデルフィアやニューヨークで暴動が発生し、そうした騒動は聖書戦争と呼ばれた。プロテスタントとカトリックでは読む聖書が異なっていたからだ。二〇世紀の中葉になると、保守的福音派とリベラルな福音派・非福音派との間に断層線が現れることになる。

第七の断層線は、大統領政治と政党政治に存在する。ロナルド・レーガンやジョージ・Ｗ・ブッシュ、あるいはドナルド・トランプのような保守派の大統領は一般に、司祭のようにアメリカ合衆国を偉大な国として賛美する傾向がある。レーガンは「光り輝く丘の上の町」のイメージを利用して偉大な国アメリカを誇示した。トランプはＭＡＧＡ、「アメリカをもう一度偉大な国に」を謳《うた》い文句として自国を賛美した。他方、バラク・オバマ大統領のようにアメリカ国民に対して、国家の安全は、武力や経済力ではなく、アメリカ人の大義の正統性や模範としての力や謙虚さと自制心から生まれると主張する大統領も存在した。このように大統領の国家観や宗教観によって、アメリカ合衆国に正統性を与え、市民に国民としての自覚を与える公共宗教の特質が変わるのだ。他方、一九八〇年の大統領選挙以来今日まで多少緩和されたものの、依然として共和党は信心深いアメリカ人の支持政党であり、民主党はリベラルな信仰を持つ白人か黒人、あるいは信仰をもたないアメリカ人や人種的少数派の支持政党という構図になっている。従って、実質的に、保守共和党かリベラルな民主党の二大政党間で通常争われる大統領選挙では、候補者の信仰の内容や社会問題に関する対立した立場が常に問題視され、そこに有権者の目が注がれ、集計の結果は、保守的な信心深い有権者の多いレッドステート（赤い州）かリベラルな信仰を持つか、宗教に余り関心のない有権者が多いブルーステート（青い州）かのチャートで示される。

第八の断層線は、共和党支持者や白人福音派といった保守派の七割以上のアメリカ人はイスラエルを支持する傾向があり、民主党支持者でリベラルな信仰を持つプロテスタントや教会無所属者などのアメリカ人はパレスチナを支持する傾向がある。トランプ大統領が二〇一七年にエルサレムをイスラエルの首都と認め大使館を当地へ移すと述べたときに福音派は拍手喝采を送った。信仰や政党支持によってイスラエルとパレスチナ支持が分かれるのだ。これには理由がある。アメリカ人の五人に一人は終末論を信じている。その終末論の顚末《てんまつ》がイスラエル国に深く関係しているのだ。

本書は以上の八つの断層線をめぐってアメリカの現実を見つめていく。そのために、本書では現地の関係者への聴き取り調査結果も織り交ぜて、できるだけ生の声を反映させていきたい。

アメリカの十字架　もくじ

はじめに　3

第一章　現代アメリカ宗教社会の状況　13
信心深いアメリカ人　13
アメリカの宗教景観　16
用語解説　24

第二章　宗教と経済　29
近代資本主義と信仰　30
時は金なり――ベンジャミン・フランクリンと資本主義の精神　32
「金ぴか時代」とアメリカ経済の発展　35
富の福音――アンドリュー・カーネギー　38
拝金主義批判――ドワイト・ムーディーと福音伝道師　40
社会的福音――ウォルター・ラウシェンブッシュ　43
資本主義の光と影　46

第三章　宗教と貧困――社会的関心と貧困への態度　50
キリスト教原理主義、新福音派、福音派左派の誕生　50
新福音派と福音伝道師ビリー・グレアム　55
公民権運動をめぐるマーティン・ルーサー・キング・ジュニアとビリー・グレアム　56
ロナルド・J・サイダーと福音派左派　60
ジェリー・ファルウェル、原理主義の政治化、宗教右派　65

第四章　宗教と人種　71
人種和解運動　71
福音派左派の運動　76
多人種会衆運動　80

第五章　宗教と性的多様性　95
アメリカの政界と性的多様性　95
福音派の性的多様性　96
懸念する福音派　98
エックス・ゲイ運動　101
福音派の合意　104
エックス・ゲイ運動の顚末　107
ニュー・シティ教会　111

第六章　宗教と環境　120
アメリカ人の気候変動の捉え方　120
福音派の環境問題への関心と二つの立場　122
環境神学の樹立　124
社会運動　126
反クリエーション・ケア運動　128

キャルヴィン・バイスナーという人物 132　トランプ政権と環境問題 136　四つの対立点 139

第七章　宗教と教育（一）――プロテスタントとカトリック 142

植民地時代の教育 142　教科書の変遷 146　ホーレス・マンと公立学校（コモンスクール） 154
聖書戦争 156

第八章　宗教と教育（二）――宗教右派と一般市民 161

宗教右派と一般市民感情 161　宗教右派と公立学校 164　学校や学校関連行事での祈り 167
カリキュラムの中の宗教 169　宗教的言論・宗教的表現 174　聖書輪読・聖書学習 176
教科書 177　教育委員会 178　宗教学習 182　宗教学習の成果 187

第九章　宗教と国家――アメリカの市民宗教 190

市民宗教とは 190　市民宗教を取り巻く時代の変化 194　公共宗教の諸類型 197
宗教ナショナリズムと連邦議会議事堂襲撃事件 210　二〇一六年の大統領選挙 213
福音派の八一%がトランプに投票した謎 216　トランプ大統領と宗教ナショナリズム 225

第一〇章　宗教と対外政策――アメリカのイスラエル支持の謎　230
神に「選ばれし民」と神の「約束の地」の起源　232
アメリカにおける「選ばれし民」と「約束の地」　234　「自由」と「解放」のモチーフ　237
アメリカ史におけるミレニアリズム（千年王国説）という終末論　241
初期のディスペンセーション主義者とキリスト教シオニズム運動　250
アメリカ国民のイスラエル支持とその理由　257

第一一章　福音派運動のゆくえ　266
NONES――教会無所属人口の増加　266　福音派の教会離れの原因　269
二〇一六年の大統領選挙による福音派の分裂とアイデンティティ危機　272
多様性と福音派左派　274　二〇二四年の大統領選挙　278

おわりに　281

索　引　287
参考文献　302

第一章　現代アメリカ宗教社会の状況

信心深いアメリカ人

読者の皆さんは、私たち人類はどのようにして現在のような姿になったのかについて考えたことはあるだろうか。イギリス人の自然科学者、チャールズ・ロバート・ダーウィンが『種の起源』を発表したのは、一八五九年のこと。ご存じのように、ダーウィンは生物が自然淘汰《とうた》の法則に従って進化してきたことを発見したのだが、大学の教室で学生に進化論を信じるかどうか尋ねると九割近くの日本人学生は信じると答える。アメリカ人は神を信じる人が多いと言われているが、果たしてどれだけの人が進化論を信じているのだろうか。データから見ていこう。

図表1－1に示したように、ピュー研究所の最近の調査（二〇一九年二月一一日）によると、アメリカ合衆国の成人全体の一八％が、人類は今の姿で大昔から存在したとする神による①創造論を信じている。そして、四八％は、神または高次の存在によって導かれて進化したとする進化論と創造論の②折衷案的な考えを信じている。いわゆる自然淘汰により進化したとする③進化論を信じているのは三三％となっている。この質問を聖書に書かれた言葉を神の言葉と信じて生活する白人福音派プロテスタントに聞いてみると、三八％が③を否定し①を信じている。五八％は②を信じている。黒人プロテスタントでは、①は二七％、②は六六％、③は六％だ。白人主流派プロテスタントでは、①は一六％、②は五三％、③は三〇％となっている。カトリックでは、①は一三％、②は五六％、③は三〇％となっている。興味深いのは、教会に所

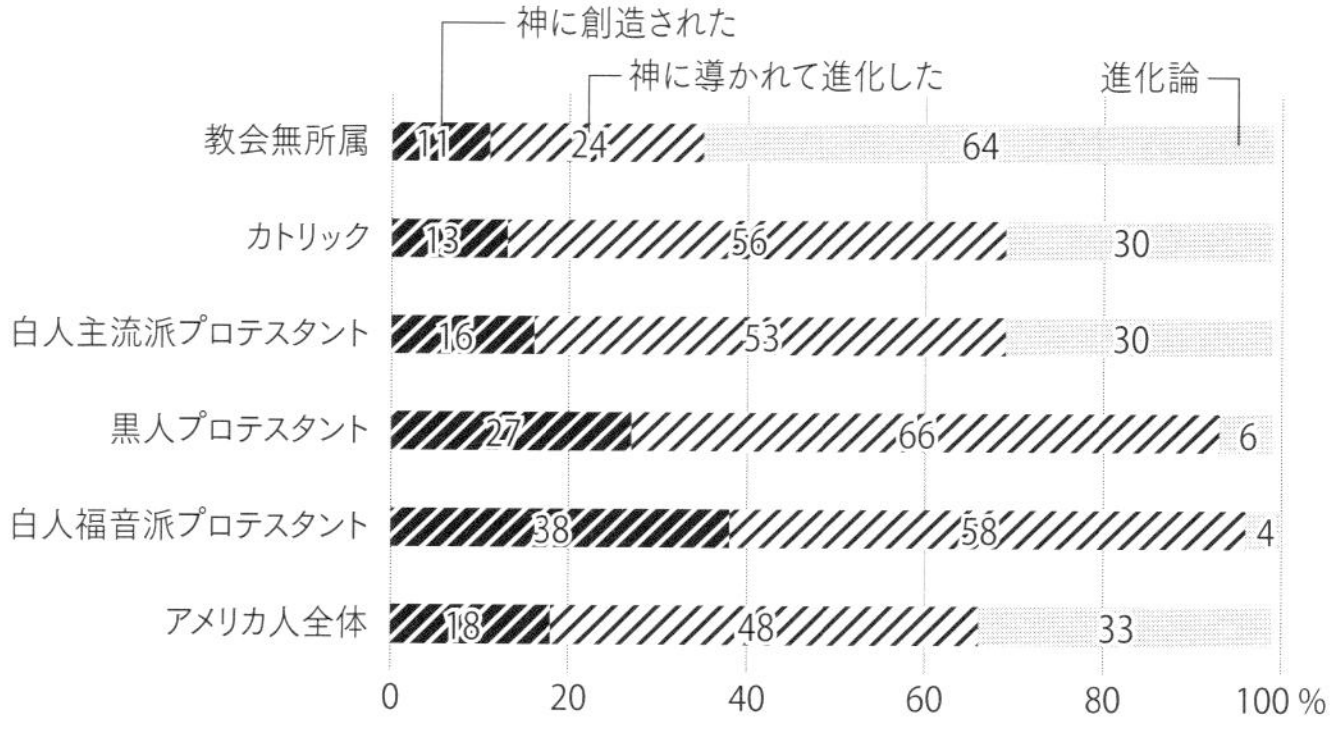

図表 1-1　進化論と創造論（ピュー研究所 2019 年 2 月 11 日）

属していない層の回答だ。①と答えたのは一一%、②と答えたのは二四%で、③と答えたのは六四%と最も多かった。教会に属していないという選択肢には、神の存在を信じない無神論者、神の存在の認識は不可能だと信じる不可知論者、そして信仰を持ちながらも何らかの理由で特定の教会には属していないアメリカ人が含まれている。従って、キリスト教徒であっても教会に属さない人口もあるということになる。

ところで、アメリカ人以外の国民は進化論に対してどのように考えているのだろうか。同じ調査によると、エクアドル、ニカラグア、ドミニカ共和国では、国教であるカトリックの教えで進化論を受け容れているにも係わらず、否定されるという。これには科学教育の普及と宗教が関係していると言われ、恐らくこうした国々では自然科学教育が先進国に較べ普及していないためとみることもできるだろう。ヨーロッパでは進化論は広く受け容れられている。ピュー研究所による別の調査（二〇二〇年一〇月一〇日）によると、日本人の八七%、イギリス人の六五%、フランス人・ドイツ人の八一%が進化論を受け容れるのに対して、アメリカ人では五四%しか進化論を受け容れていない。これを見ても、多くのアメリカ人はキリスト教を信じているから進化論を受け容れる割合が他の先進国に較べても低いことがわかる。

それでは次に、神への祈りや教会出席率はどうであろうか。ノリスとインゲルハートは、日本やアメリカを含む世界一六カ国の国民を対象に、祈りの頻度と宗教施設での礼拝式への出席率について調査を行った。その結果、最も祈りの頻度が低く教会出席率の最も低い国は、フランス（祈り二・五、教会出席二・二）だった。次に低いのがデンマーク（二・六、二・五）で、三番目に低かったのがイギリス（三・〇、二・五）という結果になった。他方、アイルランド（五・六、五・二）が最も宗教的な国となった。次がアメリカ（六・八、四・四）であるが、祈りの頻度は群を抜いて高く、五・八で、アイルランドに〇・二ポイントの差をつけた。だが、アメリカはアイルランドに教会出席率では〇・九ポイントの差をつけられた。第三位はイタリア（四・九、四・五）となった（『聖と俗――世界の宗教と政治』第二版、二〇一一年）。

ピュー研究所の調査（二〇一八年七月三一日）では、一〇二カ国について、所得と日々の祈りの関係と所得の不平等と宗教の重要性について調査したところ、平均的に四九％の人々が毎日祈りを捧げており、アメリカでは五五％の人々が日々祈りを捧げている。カナダでは二五％、オーストラリアでは一八％、イギリスでは六％であった。ちなみに日本は三一％となっている。だが、この祈りの頻度は、発展途上国で多くの国民が貧困状態にある国々に近い。例えば、南アフリカでは五二％、バングラデッシュでは五七％、ボリヴィアでは五六％となっている。アメリカは、一人あたりのＧＤＰでも平均をかなり上回っており、宗教性という点では、世界でも特殊な部類に属する国として、後に紹介するフランス人のアレクシ・ドゥ・トクヴィルなど、一九世紀から社会科学者が注目し続けてきたのだ。本書でも後に論じるが、社会

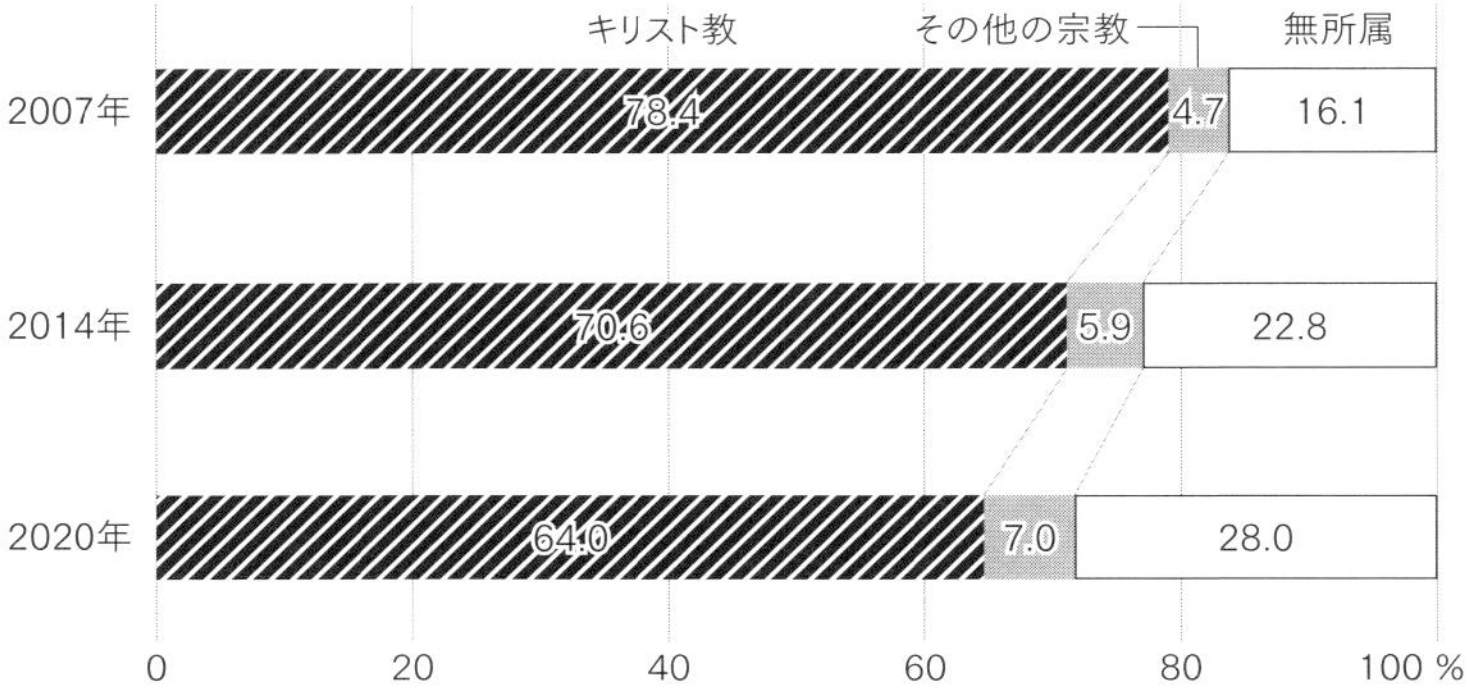

図表 1-2　人口比
（2007 年および 2014 年：ピュー研究所 2015a，2020 年：ピュー研究所 2021）

学者の中には、アメリカにおける比較的高いレベルの所得格差と、継続的な高いレベルの宗教性との間には関連性があると主張する向きもある。こうした研究者は、アメリカや所得格差の大きい他の国々では、裕福でない人ほど宗教的信仰に安らぎを求める傾向が強く、それは経済的な不安やその他の不安を経験しやすいからではないか、と考えているのだ。

アメリカの宗教景観

それでは、アメリカにはどのような宗教があるのだろうか。

まず、最も人口の多いものはプロテスタントである。カトリックと比較すると、ローマ法王、枢機卿、大司教、司教といった縦の位階制がない。キリストを通じて神と直接交わること。従って回心体験に重きが置かれる。また、聖書を中心に信仰を同じくする者が教会を形成していること、などを主だった特徴としている。プロテスタントは、各教派に分裂し、それぞれの神学に基づいて、自由競争原理によって各教派が信徒獲得のために競争している。アメリカのプロテスタントは福音派教会、主流派教会、黒人教会、この三つに大別できる。カトリッ

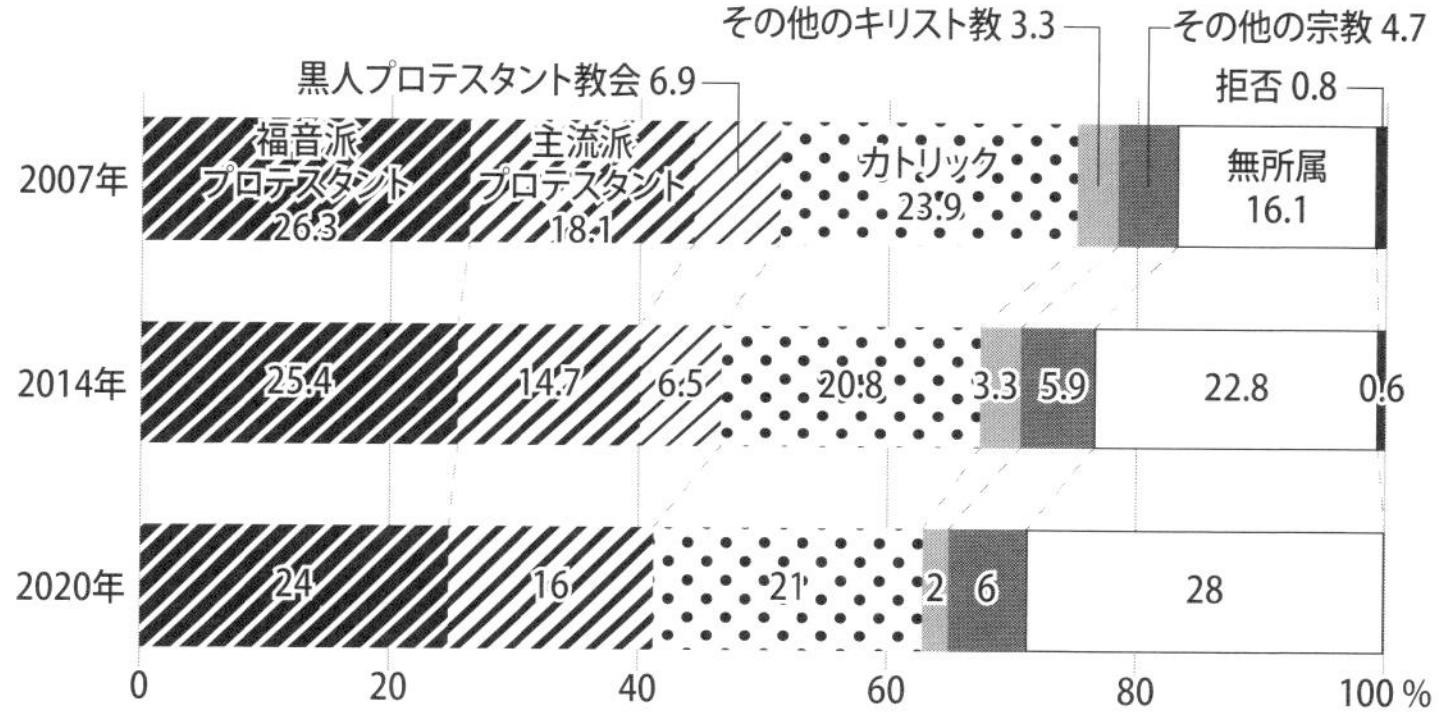

図表 1-3　人口比
（2007 年および 2014 年：ピュー研究所 2015a，2020 年：ピュー研究所 2021）

クは教派としては最も大規模な集団なのだ。これらの他に、正教会、モルモン教、エホバの証人、その他のキリスト教といった教会群がひしめき合っている。

キリスト教以外の宗教には、ユダヤ教、イスラム教、仏教、ヒンドゥー教、その他の世界宗教、そしてその他の民族宗教がある。

近年注目されているのが、ＮＯＮＥＳ（無所属）と呼ばれる層だ。後に詳述するが、彼らは、無神論者、不可知論者、特になし、といった三つの項目に調査上分類される。ピュー研究所によれば、図表１－２に示されているように、二〇〇七年にはキリスト教徒は七八・四％、非キリスト教徒が四・七％、そして、無所属は一六・一だった。二〇一四年にはそれぞれ、七〇・六、五・九、二二・八となり、二〇二〇年にはそれぞれ、六四・〇、七・〇、二八・〇となった。

次に各宗教、宗派、教派について見てみよう。まず、アメリカのプロテスタント諸教派は、主に主流派教会、福音派教会、そして黒人教会に大別されるのは先述の通りだ。二〇二〇年の調査で、主流派は一八・一％から一四・七％まで減少するが、二〇二〇年には一六％に増加した。福音派教会は調査ごとに減少している。黒人教会は二〇一四年の調査で減少した。ただ、二〇二〇年の調査ではプロテスタントを一括りにしているため、黒人教会に属する信徒は福音派プロテスタント（二四％）または主流派プロテスタント（一六％）に含まれている。プロテスタント諸教派の中には、モルモン教（二％未満）、エホバの証人（一％未満）、正教会（一％未満）などが含まれる。その他の宗教ではユダヤ教（二％未満）、その他、イスラム教、仏教、ヒンドゥー教などがあるが、いずれも人口比では一％未満にとどまっている。一点補足すると二〇〇九年から二〇一九年までの調査は電話調査だったが、二〇二〇年の調査はオンラインとメールでの書面による調査だったため、両者の単純な比較は困難だ。

＊　＊　＊

アメリカに関心を持つ読者にとって驚きのレポート、「二〇二〇年ＰＲＲＩアメリカ宗教センサス――宗教のアイデンティティと多様性に関する郡レベルのデータ」が、二〇二一年七月八日に発表されたので紹介しておこう。ＰＲＲＩとは、公共宗教研究所の略称である。

先に紹介したピュー研究所の報告では、主流派の人口よりも福音派の人口の方が多かったが、ＰＲＲＩの調査で、二〇二〇年に白人主流派（非福音派）プロテスタント（一六％）の人口が白人福音派プロテスタント（一四％）のそれを上回った、というのである。その発表に引き続いてＣＮＮ（二〇二一年七月一一日）は、「アメリカはもはやかつてのような福音主義的ではない――その理由はここにある」という見出しで記事を発表した。なぜ主流派の人口が福音派の人口を上回ったのか、その原因は何か、という問いかけへの回答の一例として、ダイアナ・バースさんのストーリーが紹介されている。

二〇年前、私は生まれ変わりました。私はリベラルなメソジスト教会で育ちましたが、高校の友人たちと超教派の教会に通い始めました。私がイエスに人生を捧げたことを友人たちに話すと、抱き合い、涙があふれた。イエスが私を受け容れ、彼らも私を受け容れてくれました。私には新しい家族ができ、すべてが変わったのです。

福音派の信仰には温かみがあり、自分に対する自信を与えてくれたし、信徒はみな熱狂的で、真剣で、深い敬虔なものでした。その後、私は福音派の大学に通い、福音派の神学校を卒業し、福音派の一流の学者のもとで博士課程を修了し、福音派であることは私の誇りでした。

当時の私にとって、福音派キリスト教は信仰、仕事、友人、生活のすべてでした。それは、私の疑問が始まるまで続きました。福音派は宗教右派となり、女性が指導者として認められることはないことを知りました。さらに追い打ちをかけるように、カミングアウトしていなかったゲイの福音派の友人たちがエイズで亡くなったのです。

心の葛藤が長く続き、私はもうこれ以上福音派としての人生を続けられなくなり、リベラルな聖公会に入り、生まれ変わる前に知っていたような主流派のプロテスタントに戻ったのです。

ダイアナさんのストーリーに登場する宗教右派とは、一九七〇年代終盤から原理主義者ジェリー・ファルウェルなどのテレビ伝道師がモラル・マジョリティというグループを結成し、志を同じくする同士グループを結集。ニューライトと呼ばれる議会の若手保守派と組んで、政治や教育に影響を与え、大統領選挙への働きかけを通じて、保守的信仰や価値を政治や教育に反映させる活動を展開した。その団体は宗教右派またはキリスト教右派と呼ばれた。こうした状況下で、ダイアナさんは、純粋な信仰が保てなくなると同時に、白人男性中心主義の福音派教会の体質などさまざまな経験を経て、福音派教会から主流派の聖公会へと転向したのだ。CNNは福音派からの転向が少なからず数値の逆転に影響したものと説明している。

ニューヨークタイムズのミッシェル・ゴールドバーグ（二〇二一年七月九日）は「キリスト教右派は衰退し、アメリカを道連れにしようとしている」という見出しの記事を書いて、ブッシュ政権で最高潮に達していた宗教右派が、二〇〇六年から二〇二〇年の間に劇的に衰退したことを伝えた。『白人キリスト教アメリカの終焉』の著者で先述のPRRIのロバート・P・ジョーンズ最高経営責任者は、白人福音派はかつて、自分たちを「アメリカの主流の文化、道徳、価値観の所有者だと考えていた」が、今や彼らは「サブカルチャーに凋落《ちょうらく》した」。彼らがかつてのように「アメリカは白人のキリスト教国であるという思いの強さを誇張するのは難しい」と述べている。

図表1―4は、PRRIが発表したレポートに掲載されている信仰別人口比だが、確かに白人主流派プロテスタント人口が白人福音派プロテスタント人口を抜いている。図表1―5を見ると二〇〇六年には福音派が二三％、無所属は一六％であったものが、福音派は右肩下がりに減少し、無所属は右肩上がりに増加して、二〇一二年に逆転した。そして、福音派と主流派は、二〇一九年に福音派が一五・二％に対し、主流派が一四・七％まで迫り、ついに二〇二〇年には主流派（一六・四％）が福音派（一四・五％）を抜い

た。二〇二〇年には、福音派は一四・五％、主流派は二〇一六年に底を打って一六・四％へと増加した。白人カトリックは二〇〇六年の一六％からなだらかに減少し、二〇二〇年には一一・七％となった。

また図表はないが、年齢別の無所属者について見てみると、一八歳から二九歳までの若者（三六％）が最も多く、年齢が上がるごとに減少していく。二〇一六年から二〇二〇年には、若者層の無所属者は三八％から二ポイント減少した。人生経験も豊富でなく、アイデンティティを確立しつつある若者にとっては、信仰という救済財も商品やサービスのように、消費者行動に似た形で多様な選択肢の中に位置づける

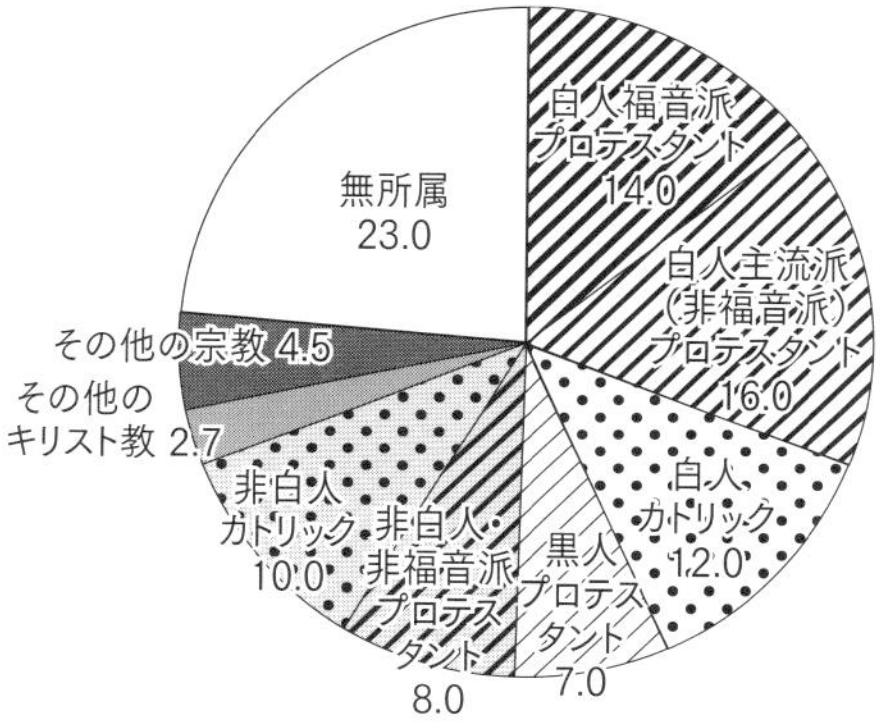

図表 1-4　信仰別人口比（2020 年）（PRRI, 2020）

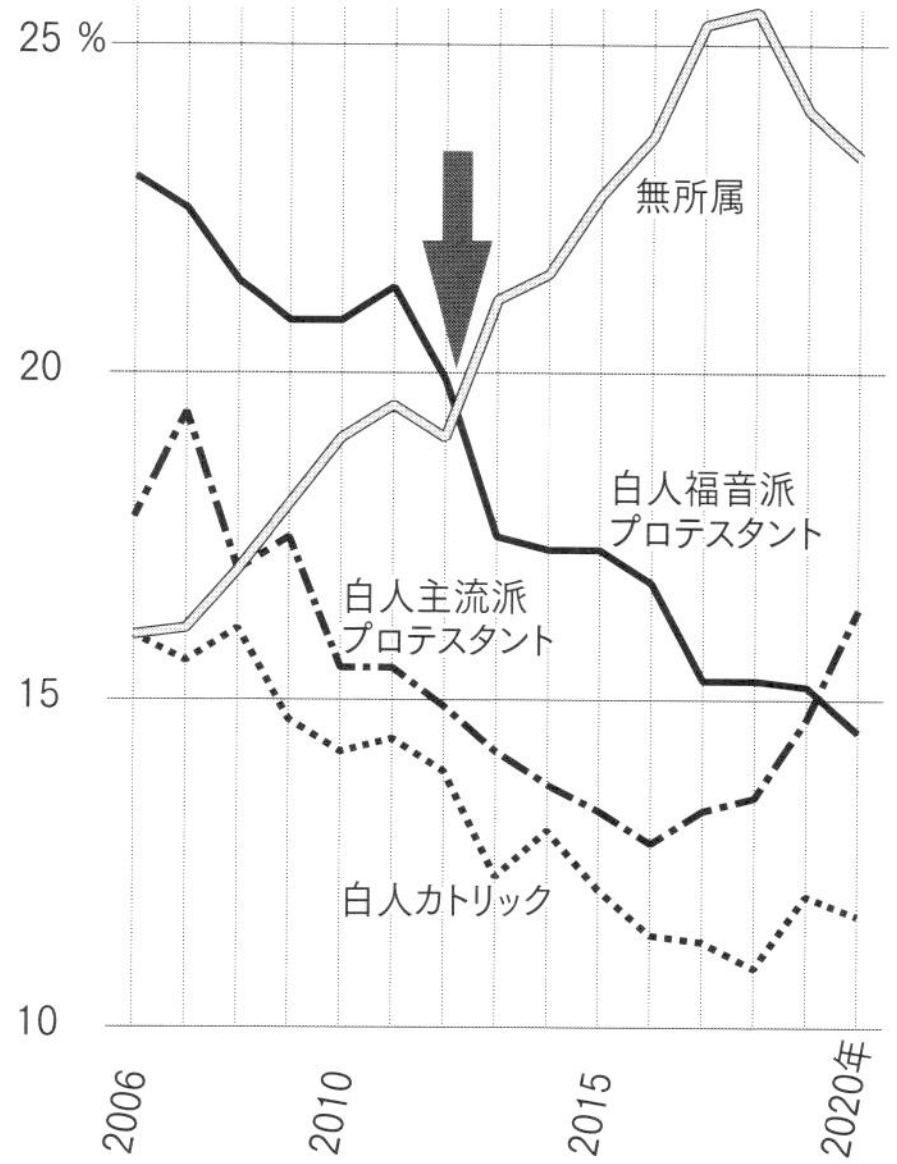

図表 1-5　白人教会信徒の減少と無所属の増加・安定（PRRI, 2020）

傾向が強いのかもしれない。

いずれにしても、福音派と主流派の逆転や無所属の人口が増加したこと以外に、大きなサプライズはなかった。前回の調査とは異なり、今回の調査では白人キリスト教徒の減少が鈍化していることが示された。実際、白人キリスト教徒の割合は、ありそうもないカテゴリーでの増加により、実際にはわずかに上昇したにすぎない。白人主流派プロテスタントの増加であり、アメリカ人人口に占める割合が三・五％上昇し、キリスト教徒の人口比は六九・五％となったのである。

さて、ピュー研究所の調査では、キリスト教徒の人口比は、二〇〇七年に七八・四％であったものが、二〇二〇年には六四％にまで減少した。ＰＲＲＩ調査の方がピュー研究所のそれより、五・五ポイント高いことになる。

また、白人福音派の人口比は、ピュー研究所では二四％だったが、ＰＲＲＩ調査では一四％と一〇ポイントの差が生じる。

白人主流派については、ピュー研究所の調査では、二〇〇七年の二二％から二〇二〇年の一七％と減少しているが、ＰＲＲＩ調査では二〇〇七年に一九・四％で、二〇二〇年には一六・四％だった。

教会に属していないアメリカ人の二〇〇七年での人口比は、ＰＲＲＩの調査では一六・一％から二三・三％まで増加した。ピュー研究所の調査では、二〇〇七年に一六％であったが、二〇二〇年には二八％まで増加した。二〇二〇年では、ＰＲＲＩ調査の方がピュー研究所のそれより四・七ポイント低く見積もっていることになる（ＰＲＲＩ、二〇二一年七月八日・ピュー研究所、二〇二一年一二月一四日）。

では、なぜこのような差異が生じるのだろうか。福音派と主流派の逆転現象は本当に起きているのだろうか。
マーク・シルクによれば、第一に、教派などの定義の差によることが大きいという。福音派から始めよう。PRRIの調査では、白人福音派は、白人であり、非ヒスパニック系であり、プロテスタントであり、かつボーン・アゲイン体験があるか、または福音派であるかのいずれかに該当することが条件だ。かなり厳密な条件だと言える。しかし、例えば、ペンテコステ派や超教派の教会は「プロテスタント」を自認しない。従って、「プロテスタント」の用語で福音派を名乗らないキリスト教徒は、そもそも白人福音派プロテスタントに含まれないのだ。二〇一四年のピュー研究所による「宗教景観調査」でペンテコステ派は人口比で三・六%と大きな割合を占める。しかも、二〇二〇年の大統領選挙で白人福音派は有権者の二五%だった。

また、主流派はどうだろうか。白人で非ヒスパニック、プロテスタントで福音派でない場合は白人主流派である。言い換えると、PRRIが主流派とみなすためには、実際にプロテスタントの主流派に属している必要はない。従って、この調査結果を、主流派が成長している証左と理解すべきではないというのだ。

第二に考えられる差異が生じる理由は、調査の手法にあるという。出口調査や投票調査では、白人福音派は大票田と見なされている。ピュー研究所（二〇一六年一一月九日）によれば、二〇〇八年、二〇一二年、二〇一六年の選挙で投票した白人福音派の人口比は二六%を占めていた。さらに、出口調査で出口調査員は「白人福音派」のクロス集計の際に、「プロテスタント」という記述を除外するため、プロテスタント以外でも福音派を自認する有権者が少なからず存在する（マーク・シルク、二〇二一年七月一四日）。政治学者のライアン・バージも、二〇〇八年と二〇一八年を比較すると福音派であると認識する割合が大幅に増えた教派や宗派があるという。主流派プロテスタントの共和党員は、一〇年間で五％共和党員が増え、白人カトリックは四％、モルモン教徒の共和党員福音派も四％増加した、としている（ライアン・バージ、二〇二一年）。

したがって、本書では、二〇二〇年の白人福音派の人口比については、二四％とするピュー研究所の調査結果を採用する。

用語解説

ここまで、アメリカの宗教事情について簡単に説明してきたが、はじめてアメリカの宗教について学ぼうとする読者にとって、目新しい情報が多いので、本書で使用する主なキリスト教用語について、ここで解説をしておこう。

❖ 一　福音主義、福音派

D・W・ベビントンは、福音主義を次のように定義する（『現代イギリスの福音主義』一九八九年）。

(一) 回心主義（Conversionism）――神による人生の転換としての「新生（生まれ変わり）」

(二) 行動主義（Activism）――他者の回心を促進したいという大きな願望

(三) 聖書主義（Biblicism）――精神的真理のすべてを含むと信じることから来る聖書への傾倒

(四) 十字架中心主義（Crucicentrism）――救済への唯一の道としての十字架上のキリストの贖罪《しょくざい》効果への信仰

こうした特徴を有する信仰をベビントンは福音主義と呼んだ。この定義は最も包含的であり、徹底的な学術的検証を経たことから、本書ではこれを踏襲し、次の特徴をもつキリスト教徒として福音派を定義したい。

㈠ ボーン・アゲイン体験――個人的な救い主であるキリストとの霊的交わりによる回心体験がある。
㈡ 福音伝道――福音を社会に広めたいという実行力をともなった強い意欲を持つ。
㈢ 聖書無謬《むびゅう》説――聖書の記述は神の言葉であり間違いがないと信じている。
㈣ キリストの代理贖罪効果――キリストが人々の代わりに十字架上で死んだことで、神の恩恵によって罪が贖《あがな》われると信じる。

日常的に福音派は、婚前交渉、人工妊娠中絶、同性愛には反対する。福音派はまた、神の啓示や聖霊について好んで口にする。

❖ 二　原理主義、原理主義者

福音主義、福音派の下位概念で、根本主義と訳される場合もある。サンディーンは、『原理主義の源流――イギリスとアメリカのミレニアリズム』（一九七〇年）の中で、原理主義を次のように定義している。

㈠ ミレニアリズム（千年王国説）の信奉
㈡ ディスペンセーション主義への信仰
㈢ 聖書の無謬性への信仰
㈣ 聖書の逐語的理解

このようにサンディーンは比較的狭義に原理主義を定義した。
これに対して、原理主義とアメリカ文化を研究対象とするジョージ・マースデンは、より広義の定義を行った。

アメリカの原理主義者とは、教会や文化価値や慣習に反映された自由主義神学に反対するに当たり闘争心を前面に出す福音派である（『原理主義と福音主義の理解』一九九一年）。

マースデンは『原理主義とアメリカ文化』（二〇〇六年）の序論で、原理主義者は「神学的近代主義と近代主義が支持した文化変容の双方に対して闘争的に反対した福音派」と、前著の定義をより広義に言い換え、さらに、サンディーンの議論が一九二〇年前半で終わっていて、その時点では定義の中に含まれていなかった「分離主義」を、マースデンは定義に加えている。福音派との相違は分離主義を貫く点だ。また、原理主義者は、「何かについて怒っている福音派」とも述べている。何に対して怒りを覚えているのだろうか。ここが分離主義に並ぶ福音派との相違点だ。それは、近代というもの自体に大きな怒りを抱いている。福音派は原理主義者とは異なり、何ははばかることなく近代的であり、テレビやインターネットといった科学技術の恩恵を謳歌《おうか》しているのだ。また、歴史や科学などあらゆる面で聖書の無謬性を主張する点でも福音派と異なっている。

本書は原理主義を、先述の福音派に加え、次のように定義したい。

㈠　世俗の社会とは一線を画す分離主義を貫く。

(二) 聖書の記述を一字一句忠実に理解しようとする。
(三) プレ・ミレニアリズムとディスペンセーション主義を信奉する。
(四) 信仰の擁護のために闘争心を前面に出す。

❖ 三　終末論

» (一) プレ・ミレニアリズム（前千年王国説）

新約聖書の「ヨハネの黙示録」に預言されているように、キリストが千年の間の統治（ミレニアム）の前に再臨するという見方を言う。キリストの再臨が千年王国到来の前であることから、常に再臨に備え悔い改め自身の信仰を深める方向へと向かう。千年王国の到来は超越した神の御業であり、その実現は現世ではなく来世であると解釈するため、信奉者は現世の改革には無関心である。歴史的には一八六〇年代に信奉者数が急増した。

» (二) ポスト・ミレニアリズム

キリストの再臨が千年王国到来の後であると捉える見方。千年王国は人間が学問と科学技術によって切り拓き、現世において実現されると考え、信奉者は現世改革意識が高く、社会問題の解決や改善に努める傾向がある。南北戦争以降のリベラル派の傾向である。また、近年の福音派左派はこうした見方をしている。

〈三〉 ディスペンセーション主義

元アイルランド国教会牧師J・N・ダービー（一八〇〇～八二年）が主に旧約聖書の「ダニエル書」と新約聖書の「ヨハネの黙示録」に基づいて考案し、アメリカ人の会衆派教会牧師C・J・スコフィールド（一八四三～一九二一年）が体系化した神学思想である。ディスペンセーション主義は、人類の歴史を聖書の記述に従って七つの時代（ディスペンセーション）に分類し、それぞれの時代を通じて統治原理に従って人間が神に服従すると説く。七番目は千年王国であり、現在は六番目の教会の時代とされ、キリストの再臨が間近に迫る時代であると信奉者に信じられている（マースデン、二〇〇六年）。

第二章　宗教と経済

調査研究でアメリカへ出張するときによく目にする光景がある。レンタカーで空港を出てインターステート・フリーウェイをひた走って高層ビルが立ち並ぶ都市部に向かう途中、郊外には緑の芝生が敷き詰められた、ゆったりとした庭と自家用車二台分の車庫のある大きな家々や尖塔の上に十字架を設《しつら》えたチャペルが印象的な教会などの立ち並ぶ高級住宅地の景観だ。これらは、一九五〇年代に始まった郊外の分譲住宅ブームに起源を発する、いわゆる、アメリカの都市郊外の風景である。

目的地である都市の中心部には地方自治体の役所やオフィスビルや商業施設が立ち並ぶ。しかし、都市部に入りフリーウェイから一般道に入り、中心部に向かう途中で目にするのは、レンガ造りの安アパートや手入れの行き届いていない庭に戸建ての家々を錆びた金属フェンスで仕切った治安の悪そうな住宅地。そして、庭に洗濯物が干してある風景。乾燥機が買えないので、庭に干すのが一般的なのだ。さらに中心部に向かうと、いわゆる、ダウンタウンと言われる地区にはグレーハウンドバスのターミナルがあり、その周辺の建物の壁面にはグラフィティが目に付く。最近では、再開発で内装をきれいにして小売店舗が入っている場合もあるが、手つかずの街では放置されたままのレンガ造りの工場が点在する。都市の中心部に到着すると、特に地下鉄のある街では、駅の周辺にホームレスの姿が目に入る。

都市社会学者のアーネスト・バージェスの古典的な同心円モデルを引き合いに出すまでもなく、アメリカの都市はおおよそこうした状況にある。資本主義社会の特徴として貧富の差は現在も存在するし、過去にも存在した。こうした所得格差を生んだ資本主義の経済活動は、アメリカにおいて、いつごろ、どのような形で始まったのであろうか。その際にアメリカの宗教は営利活動をどのように捉えていたのであろうか。

本章ではアメリカの宗教、特にプロテスタント・キリスト教がどのように経済の発展に寄与し、同時に経済の発展がどのように宗教に影響を与えたのかという、宗教と経済の相互関係について概観していく。本章の時代設定は、一七世紀から一九世紀末までのアメリカ社会である。

近代資本主義と信仰

一七七六年三月九日、イギリス・スコットランドの経済学者アダム・スミスは『国富論』を出版し、個人個人が自己利益を追求すれば「見えざる手」が働いて諸国民の富は増大すると説いた。政府による統制に束縛されない個人の自由な経済活動が富の拡大をもたらすことを説き、これが後に資本主義社会を牽引する背景となる。

その年の七月四日、大西洋を跨《また》いだアメリカ植民地では、大陸会議が「アメリカ独立宣言」を採択し、一七八九年二月四日に晴れて独立。同年五月の憲法制定会議でジョージ・ワシントンが選挙人団の満場一致で初代大統領に選出された。一七八九年四月三〇日、ニューヨークで開催された就任式での就任演説においてワシントンは、合衆国国民が、人間事象を司る「見えざる手」の存在を認め、畏敬の念を抱き、敬っていることを称えた。

余談だが、この啓蒙主義の時代にスミスとワシントンは、「見えざる手」という奇しくも同じ表現を用いたが、両者とも理神論の立場から「神の摂理」に代わる言葉として選んだのである。

イギリスでは、一八世紀に始まった産業革命により、綿織物工業が発達を遂げ、例えば飛び杼《ひ》が発明されて以来、綿織物作業の速度が急速に改善され、大いに生産性が上がっていた。当時独立したばかりのアメリカは世界第一位の綿花の輸出国であったがその加工技術を持っていなかった。一七七四年イギリス政府は、技術の漏洩を恐れ、繊維関連産業に従事する労働者のアメリカ渡航を禁止する法律を制定した。

イギリス本国の産業革命は、メイフラワー号のプリマス到着から一一〇年ほど経った一七三〇年代に始まるが、産業革命が進行するさなか、アメリカ植民地では本国の人々と共通する信仰や思想を持った植民地人たちが経済活動を展開していた。やがて、彼らが本国の産業革命の技術を受け入れ、改善し、新たな技術を生み出す基礎がゆっくりと形成されていく。産業革命の息吹がアメリカ大陸にまで到達するころには、植民事業が始まってから一七〇年の歳月が流れ、すでに合衆国は産声を上げていた。

一七八九年、サミュエル・スレイターという二一歳のイギリス人青年がロードアイランドに農業移民として密航をした。彼は一七八二年以来、綿織物工場で働いていたが、綿を紡ぐ機械を喉から手が出るほど手に入れたかったアメリカの企業家たちは、新聞紙上でイギリス人労働者に報奨金を出してまでその技術を求めていた。水力回転で綿を紡ぐ技術を知っていたスレイターはこのオファーに逆らえなかった。お陰で彼は、移民先では「アメリカ産業革命の父」と尊敬されたが、祖国では「裏切り者スレイター（スレイター・ザ・トレイター）」と呼ばれた。翌年スレイターは綿織物工場を建設し、やがてアメリカ初の綿織機の考案者となる（BBCニュース、二〇一一年九月二二日）。その後綿花栽培が促進され、黒人奴隷労働に支えられた南部一帯が綿花王国の名をほしいままにする時代がやってくることになる。

一八〇七年にはロバート・フルトンがニューヨークのハドソン川に外輪の蒸気船クラモント号を浮かべ、実用化実験を実施したが、まもなく実用化され、建造ラッシュが到来し、この一連の流れは一八二五年のエリー運河の開通へと結実する。産業革命の代名詞ともなった蒸気機関車は、一八三〇年、ボルティモア＝オハイオ鉄道として登場する。南北戦争直前の一八六〇年までに、ミシシッピ川以東の地域に鉄道網が敷かれることになる（猿谷要、二〇〇四年）。

時は金なり――ベンジャミン・フランクリンと資本主義の精神

一方、ニューイングランド地方では、ピューリタンたちが入植して以来、勤勉で実直な働き手たちがコミュニティ作りを行っていた。

彼らは改革派のカルヴァン主義を信じてやまないプロテスタント・キリスト教徒だった。カルヴァン主義とは、フランス生まれの改革派神学者、ジャン・カルヴァン（一五〇九～一五六四年）が説いた神学思想で、自然界の全ての現象の上に超越して君臨し、歴史をも支配する絶対者に対する信仰を説いたものを指す。人間は完全に堕落しているという全的堕落と、神は永遠の昔に救われる人間とそうでない人間を区別したと説く予定説を特徴とする。先述の通り、マックス・ウェーバーは、近代資本主義の源流をプロテスタンティズムの倫理、とりわけ、カルヴァン主義の教説に求めた。アメリカへわたったピューリタンの多くはこのカルヴァン主義を信じるカルヴァン主義者だった。文豪では、ピューリタン文学の『緋文字』を著したナサニエル・ホーソンや『白鯨』の著者、ハーマン・メルヴィルなどもカルヴァン主義者だった。

カルヴァン主義者の信仰の核には自己の職業を神から与えられた「天命」、すなわち、天職に勤しむという信条があった。彼らは、自らの生活や行為を道徳的に整序し、節度ある行為を誓った。それは、神の栄光を増す行為であると共に、職業への献身の結果として蓄積される富を、享楽に費やすことなく営利のために再投資することであり、神への慈愛に伴う報酬、つまり、自らの霊魂が救済されている証しとして理解された。中世において修道院という、俗世から離れた場所で実践された禁欲的生活を、この世界、つまり、俗世の中で実践したのである。

マサチューセッツ植民地に生まれたベンジャミン・フランクリン（一七〇六〜一七九〇年）は、ペンシルヴェニア大学の前身であるフィラデルフィア・アカデミーの設立者の一人であり、文筆家、物理学者、気象学者、実業家（印刷業）として知られるほか、独立戦争では、戦況を有利に進めるため、フランス大使としてパリに駐在中に同国政府を説得し、フランス軍を味方に付けるお膳立てをするなどの外交手腕を発揮した外交官としても知られるが、日本では、一〇〇ドル札に肖像が描かれている人、雷が電気であることを発見することになる実験をやってのけた人物、あるいは、「時は金なり」という表現を使った人物として知っている人が多いのではなかろうか。

マックス・ウェーバーは、近代資本主義の精神がエートスとしてアメリカ社会に存在したと主張した。事実、コットン・マザーが一七〇一年に述べているように、当時全てのキリスト教徒は「天命」として何らかの職業を持ち、職業を通じて人に善を施し、生計を立てることで「神の栄光」を増すと信じていた。この記述は、天職概念が多くの植民地人に共有されていた事実を伝えている。当時のアメリカ植民地の人々が共通に抱いていたこの「天職」こそ、アメリカで資本主義の精神を生み出す契機となった理念なのだ。

ウェーバーは、ベンジャミン・フランクリンを、資本主義の精神を体現する理想的モデルであり、「営利」は「物質的生活の要求を充たすための手段」などではなく、ずばり「人生の目的」だと考える人物として描いた。

確かに、フランクリンは合理主義者であり、キリスト教徒でもあるが、社会学者のロバート・ウスノウも述べるように、彼は決して営利を人生の目的として考える人物ではなかった。一七四八年、フランクリンは四二歳で印刷業から離れ、公職に就き社会のために尽くすことになる。当時のアメリカ人がそうであったように、彼は、社会のために尽くすべき市民としての義務・役割や共和政治の理念に加え、啓蒙主義に影響されてか、科学や哲学への関心を示した。だが何よりも、聖書的伝統への傾倒から、営利活動への貪欲に対する自制心は弁《わきま》えていたと考えられる（ウスノウ、一九九六年）。そうでないとすれば、一三の徳目の「中庸」の精神は何を意味したのであろうか。

いずれにせよ、フランクリンは、仕事と読書と睡眠、自分が行った道徳的行為について一日の振り返りをするといった具合に、毎日規則正しい生活を送り、一三の徳目（節制、沈黙、規律、決断、節約、勤勉、誠実、正義、中庸、清潔、平静、純潔、謙譲）を実践し、事業には成功を収めたのである。

一八三一年にアメリカ合衆国を訪問した外国人がいる。フランスの政治思想家、アレクシ・ドゥ・トクヴィルである。アメリカに到着したばかりの彼の注意を惹きつけたのは、宗教の様相だった。「フランス人の間では、宗教精神と自由精神とはほとんど常に逆の方向に進んでいる。ところがアメリカでは、これら二つの精神は緊密に結合していて、一体となって同じ土地の上で支配している」と述べている。彼はその後何人ものカトリックの聖職者にその理由について疑問をぶつけると、「教会と国家との完全な分離」

がその理由だという回答を得た。そのため、これらの聖職者の中で公職に就いている人は誰一人いなかった。

トクヴィルが訪れたときには、すでにアメリカはイギリスに次ぐ世界第二位の海洋国家になっていた。フランス革命以前の貴族制の時代と対比しながら、彼は、アメリカ社会の経済的特徴を述べている。貴族制では労働や利得は蔑視の対象となるが、民主的社会ではそうではない。労働と利得は一致していて、少なくとも一部においては、人を労働に駆り立てるのは、利得だと当時考えられていたという。アメリカでは職業上の貴賤《きせん》はなく、すべて「誠実な職業は尊敬される」と記している。階級社会のフランスとはずいぶん違ったようだ。

トクヴィルは、ほぼ全てのアメリカ人を産業的職業に向かわせるのは「平等」だと看破した。民主主義は労働者に職業選択の自由を与え、農業から商工業へと向かうのは自然の流れだと捉えた。貴族などの有閑階級が存在しないため、全ての国民は自ら生計を立てる必要性から、貧富に関係なく人口のすべてが何らかの産業に携わってきた。だから、商工業においてアメリカ人は急速な進歩をなしとげた。二〇〇年の間に、大西洋とメキシコ湾を水路でつなぎ、最も長距離の鉄道を建設したし、農業を商業化し、農地の売買を盛んに行ってきた。階級のない平等な社会が経済的努力に人を駆り立てる動機を強め、空前の経済成長に向かう機動力を提供したのだった（トクヴィル、二〇〇四年）。

「金ぴか時代」とアメリカ経済の発展

南北戦争後、北部の産業は目覚ましく発展し、急速な工業化と都市化が進む。高い関税率に守られ、自由競争が生まれ、その結果、各業種に独占企業が誕生した。一八四八年には西部フロンティアは金鉱発見に沸き立ち、西漸運動に拍車がかかった。鉄鋼王のアンドリュー・カーネギー、石油王のジョン・ロックフェラー、発明王のトマス・エディソンらがこの時代を作ったと言っても過言ではない。

一八六九年以来アメリカ経済は七〇倍以上の拡張を遂げた。鉄道、電気、遠距離通信、自動車、飛行機、薬品、小型電子技術はアメリカ国民の生活水準を押し上げ、農業国から工業国へと押しやった。一八六八年にアンドリュー・カーネギーが製鉄所を鋼鉄生産向けに切り替え改組した結果、アメリカの鋼鉄生産高は、一八七〇年で六万九〇〇〇トンに過ぎなかったが、一八八〇年までに一二〇万トンとなった。

合衆国が北米大陸を横断的に拡張するに連れ、フロンティア開拓が進み、輸送機関も急速に拡大する。一八六九年にはユニオン・パシフィック鉄道とセントラル・パシフィック鉄道が初の大陸横断鉄道を完成させた。

余談だが、一八六〇年二月一三日に咸臨丸《かんりんまる》で横浜を出港した万延元年遣米使節団一行は、三月一八日にサンフランシスコに到着したが、当時はまだ、大陸横断鉄道が存在しなかったため、咸臨丸を浦賀に帰還させ、船を乗り換えて海路でパナマに出港。パナマ運河がまだ完成していなかったので、パナマ地峡鉄道を使って汽車で大西洋につながるカリブ海側のアスピンウォールまで出て、そこからワシントンDCまでは海路で向かった。結局、一行がワシントンDCに到着したのは、横浜出航からおよそ三ヶ月後の五月一五日であった。北米大陸の横断に当時、陸路で六ヶ月、海路で三ヶ月かかったが、鉄道の完成により一〇日から二週間に縮まったと言われる。ちなみに、一八七一年の岩倉使節団はサンフランシスコから大陸横断鉄道を利用している。

アメリカの経済発展に話を戻そう。一八七六年のアレクサンダー・グレアム・ベルの電話の発明が情報伝達に革命をもたらす。一八七九年、トマス・エディソンは初めて電灯を商業ベースに乗せ成功を収めた。一八八八年にはジョージ・イーストンがコダック・カメラを完成させた。一八七三年には、一過性のバブル崩壊はあったものの、一八七三年から一八八〇年まででアメリカ経済の総生産は五〇％増加した（ベンジャミン・M・フリードマン、二〇〇五年）。

一八九〇年にはフロンティアは消滅し、主要な労働人口は農業従事者から工業従事者へと移行し、新興の産業従事者の労働環境は大きく変貌する。南北戦争以降第一次世界大戦までの間に、アメリカはGNPで英独仏の総和を超え、世界に冠たる経済大国へと成長を遂げる。

アメリカ国内の産業発展と経済成長は、東欧・南欧の農民など大量の新移民を惹きつけるプル要因として機能する。その結果、人種的にはスラブ系やラテン系、宗教的にはカトリックやギリシャ正教、さらにユダヤ教を奉ずる移民が大量にアメリカに押し寄せた。猿谷要によれば、一八九一年から一九〇〇年までの一〇年間では、アングロ・サクソン系の旧移民が一六四万人流入したのに対し、一九二万人の新移民がアメリカに入国している。こうした移民の大幅な増加は、その後のアメリカ生まれの新興宗教、例えば、一九〇六年にロサンゼルスで始まったペンテコステ運動やミズーリ州で一九一四年に誕生したアセンブリーズ・オブ・ゴッド教団の信徒人口も加わり、アメリカの宗教的多様化に大きく貢献することになる。

移民の多くは都市部に定住し、新たな労働力として産業の発展を支えたが、経済格差により移民を取り巻く都市のスラム化や上下水道の未整備による公衆衛生の劣悪化などが社会問題化し、産業界では独占が横行、政治は腐敗していく。この産業革命期を生きたマーク・トウェインは一八七三年に『金ぴか時代』

を著し、この時代を風刺して、自らの経済力と権力を背景に、しばしば公益を犠牲にしてまでも自己利益を求める尊大な実業家や腐敗した政治家を嘲笑した。

この時代、三つの福音が「金ぴか時代」の経済発展に伴う社会問題への解決策を提供する。

富の福音――アンドリュー・カーネギー

アメリカの鉄鋼業界の牽引《けんいん》役であり鉄鋼王の名をほしいままにし、総資産でロックフェラーを抜き名実ともに億万長者となった人物としても、また慈善家としてもよく知られるアンドリュー・カーネギー（一八三五～一九一九年）は、富の蓄積を美徳として捉えた。

カーネギーの業績を簡単に辿ってみよう。彼は、スコットランドのダンファームリンに手織り職人の長男として生まれる。一八四八年に家族と共にアメリカへ渡り、ペンシルヴェニア州アリギニーに移住した。そこで彼は、スコットランド人が経営する綿工場で働き、翌年には電信メッセンジャーとして勤勉に働き、一年でオペレーターに昇格した。その読書好きと勤勉さでさまざまな知識を身に付けたカーネギーは、一八五三年にはペンシルヴェニア鉄道会社社長のトマス・スコットに秘書兼電信オペレーターとして雇われた。一八五九年、二四歳のときに同社の西部地区の責任者を任ぜられ、弟や従妹を雇い入れた。その後、社長から投資を勧められ鉄道会社関連の鉄、橋、鉄道産業に投資し、資産運用を始め、これが後の大躍進の基盤となった。南北戦争とともに、砲艦の装甲や大砲や船体などの製造を必要としたことから鉄の需要は高まり、ピッツバーグは軍需産業の拠点となる。一八六五年にキーストーン・ブリッジ社とユニオン製鉄所をピッツバーグに設立したカーネギーは南北戦争後、トマス・スコットやエドガー・トンプソンら経営陣との関係を保ったままペンシルヴェニア鉄道会社を辞し、自社との契約を取り付けた。ペンシルヴェニア鉄道会社が得意先であったため、自社株を二人に提供したばかりか、最初の製鉄所をトンプソンと名付けるほどだった。こうして、カーネギーは製鉄王として製鉄業界に君臨することになる。

アンドリュー・カーネギーは、キリスト教長老派として育てられたが、成人すると、神の存在は証明できず実際に存在するか、存在しないかわからないと考えるようになり、不可知論者となった。そのため彼は、道徳的な指針を聖書ではなく社会進化論に求めた。彼は、金ぴか時代が、新たに形成された産業社会において、その上層部に少数の大金持ち、下層部に多数の低賃金労働者たちが位置づけられた社会的身分制度を生み出したことを容認していた。

一八八九年に出版された名著『富の福音』の中で次のように述べている。社会には貧富の差が存在する。そもそも社会はある目的に向かって進化していく。貧富の差は社会が進化を遂げるためには必要な条件である。ある者は目的・目標に向かってより合理的な手段を選ぶのでその達成に近づくが、ある者は達成が後れる。これは仕方のないことで、そこに競争原理という法則が働き、社会の環境に適合する者が生存し、適合しない者が姿を消す。しかし、国は富み、物質的繁栄が人々に豊かな生活をもたらす、と。「その法則が良性であろうとなかろうと、我々はそれについてこう言わねばならない。この法則は、厳然と存在し、人は避けることはできない。個人にとっては時に厳しいものであるかもしれないが、人類にとっては最善のものである」と、富の福音に従うように奨励した。したがって、不平等は自然と生じる結果であって、それを不愉快に感じることなく、むしろそれを向上へのエネルギーに転ずるよう奨励し、自らを高めていくことが真の生き方であると述べた。その上で、富裕な者は生前に私有財産を売却して得た富を、貧しい人たちのために、もっとも有益な事業に使用すべきであり、そうすれば「天国の門」は常に開かれると説いた。

カーネギーは一〇〇億ドルの私財のほぼ全額を投じ、一九一一年にカーネギー財団を設立したのは有名な話だ。若い頃は不可知論者で宗教には全く興味がなかったが、事業に成功し大規模な慈善事業を始める頃には、幼少の頃家族とともに通った長老派の熱心な会員となっていて、オルガン数千台を教会に寄贈している。

カーネギーが打ち出した富の福音をめぐっては、キリストを一世紀のカーネギーとして描いた広告代理店社長ブルース・バートンのような人物まで現れ、キリスト教の一表現としてもてはやされた反面、宗教的信仰に挑戦を挑む新たな道徳だと揶揄《やゆ》されることもあった。金ぴか時代は消費者文化を促進し、プロテスタントの労働倫理を根底から覆す消費文化を促進したと見る向きもある。

大量消費社会の到来に沸くアメリカ社会にあって、諸教派にとっての脅威は、消費行動による購買欲求の充足と自己充足感の達成という、ある種セラピー効果のある消費文化だった。しかし、この消費文化が福音派の指導者たちに新たな機会を提供することになる。

拝金主義批判——ドワイト・ムーディーと福音伝道師

多くの福音伝道師は、アンドリュー・カーネギーが唱道した富の福音を、新約聖書の福音を歪曲するものとして拒否した。彼らにとってみれば、信仰は啓示された神の言葉に根差しているのであり、決して、社会進化論に基づくものではなかったからだ。もっと言えば、人の幸福や安寧は、時間を超越した神への信仰に依存するのであって、決して、消費財に由来する一時しのぎの快楽に左右されるものではなかったのだ。当時の福音伝道師は、時間を超越した神の言葉である「昔ながらの福音」を、俗世の物質に心を奪われた社会に対して説く必要性を痛感していた。

ドワイト・ムーディーをはじめとする金ぴか時代の伝道師は、人々の魂を救っていくことになる信仰復興（リバイバル）運動という、ジョージ・ホイットフィールド以来一五〇年にわたる伝統を受け継いでいた。彼らには、神の恵み深さを信じ、自らが神の道具であると認識しつつ、迷える子羊たちの魂を救って来たという自負があった。また、信仰復興運動家たちは、キリストが再臨するまでの千年の間に、善行によって社会を改革する個人を通して働く神の存在を強調するポスト・ミレニアリストたちの主張を否定した。彼らにとっては、神というものは、俗世に内在するものではなく、俗世を超越して存在する神のみが個人の罪を贖いアメリカをキリスト教の伝統に呼び戻すことができると固く信じていたのである。

昔ながらの福音を説いた福音伝道師、ドワイト・ムーディー（一八三七〜九九年）は、四半世紀にわたり、大西洋を挟んでイギリスとアメリカを往復しながら福音伝道師として、延べ一億人に対してキリストの福音を伝え、およそ百万人がキリスト教に改宗したと言われる。一八七三年六月一七日、武者修行に出た無名の伝道師としてリバプールに到着したムーディーは、説教や会場の準備不足も手伝って、どのメディアも取り合わなかったため、数名しか聴衆が集まらない日が続いた。しかし、福音派教会の協力も取り付け、六週間前からのビラ配り、ポスター貼り、新聞広告が功を奏し、カーライル、エディンバラ、グラスゴーでの集会では着実に集客力を上げた。その後、イングランド、アイルランドを訪れ伝道集会を開催して回り、一八七五年八月四日にリバプールを後にするころには、「金ぴか時代のために神が送り込んだ人物」

と呼ばれ、英語圏で最も偉大な福音伝道師の名をほしいままにしていた。

ドワイト・ムーディーは、一八三八年にマサチューセッツ州ノースフィールドの農家に生まれた。彼が四歳で父エドウィンが他界したため、母親のベッツィーは九人の子供を養うため奮闘する。彼は小学校四年生までの教育しか受けていない。なぜなら、ムーディー家は、生計を立てるため、ドワイトを含む数名の子供を住み込みで働きに出さざるを得なかったからだ。だが、翌年、雇い主が提供するお粗末な食事に耐えきれず、実家に戻っている。一八五五年に一七歳でボストンの叔父の靴屋で働くが、翌年四月、唯一の教育機関として通っていた日曜学校の教師、エドワード・キンボールの影響で、ドワイトは福音派キリスト教徒に改宗する。この改宗が、彼の伝道師としてのキャリアの始まりとなった。

ムーディーは、近代の大衆福音伝道の創始者である。彼は、伝道集会を開始する前に住民の家々を訪ね歩き、地元の教会を組織立てて奉仕活動を推進し、共感を示す実業家から資金援助を得るなどの手法を用いた。ロンドン、ニューヨーク、フィラデルフィア、シカゴ、ボストンと、精力的に伝道集会を開催して回ったが、毎回、数千名を超える人々が集まった。これは、こうした綿密な計画に基づく組織的・戦略的に周到な準備の賜物《たまもの》であり、新聞や雑誌の記者が常に彼を追って取材するなど、メディアへの働きかけも入念に行った。

彼が説く神学は時代の精神に彩られた福音伝道師の経済社会に対する懸念を反映するものだった。十戒をテーマとした説教では、「金ぴか時代」の流行を「カネへの愛着」と捉え、拝金主義を捨てるように諭した。彼は特に、富、ファッション、快楽といった「偽りの神々」を、当時の人々が信仰していることに対して痛烈な批判を浴びせた。ムーディーにとって世俗的な社会で手に入る富や快楽は、一時的な慰めにすぎず、空虚な約束に過ぎない。この世は多くの人々が天国だと考えているが、実は「罪の源泉」であり、「悲しみの病院」であり、「魂を満たすものが何一つない場所」であることを伝えた。

ムーディーは、「精神的な生まれ変わり」を説き、自分自身が回心体験を経て、「肉体は一八三七年に生まれ、精神は一八五六年に生まれた」と述べた。彼は自らの体験から、自らの罪深さとキリストによる罪の贖いを受け容れ、そしてキリストとの霊的交わりを通じて古い自分は死に新たな命をもらい生まれ変わる回心体験は、人生を一新させ、新たな門出となる出来事として捉え、推奨した。そして常に、人の魂を救う、単純明快な昔ながらの情に訴える福音を説いた。彼は聖書の無謬説とプレ・ミレニアリズムを信奉した。

社会的福音――ウォルター・ラウシェンブッシュ

第三の福音は、「社会的福音」である。宗教は一般に保守的傾向があり、伝統的な規範や慣習への回帰を求めるが、他方、そうした伝統を改革して将来の社会秩序を追い求め現世を改革する勢力ともなりうるのだ。このように、将来に向けて現世を改革する推進力を発揮する人々を本書では、リベラル派と呼びたい。構成するのは、リベラルなプロテスタント、社会的に活動的なカトリック教徒、そして改革派のユダヤ教徒である。

リベラル派の神学者でありバプテスト派牧師、ウォルター・ラウシェンブッシュ（一八六一～一九一八年）がこの運動の創始者である。彼は、一八六一年一〇月四日にニューヨーク州ロチェスターに生まれた。一七歳で「魂の底まで影響を受ける」回心を体験した。高校卒業後にロチェスター大学に学び、卒業後、アメリカバプテスト教会USAのロチェスター神学校で神学を学ぶ。神学校で高等批評を学び、幼少期に学んだ聖書の無謬性への信仰は彼の中で崩れていった。一八八六年に神学校を卒業後、彼はニューヨークのマンハッタン島ウエスト・サイド近くのヘルズ・キッチンにある第二ジャーマン・バプテスト教会の牧師として着任する。ヘルズ・キッチンと呼ばれるこの地域は一九世紀初頭から治安の悪さで悪名高い地区だった。都市部にはびこる貧困と劣悪な環境で多くの子供たちが亡くなっていく現実に直面して、社会の改善を目指し活動する。一八九七年から一九〇二年まで母校のロチェスター神学校で新約聖書や教会史を講じ、社会的福音の主要な理論を構築する。

ラウシェンブッシュは、福音伝道師と同じように、社会にはびこる不信心や不道徳を目の当たりにして愕然とし、ムーディーと同様に「金ぴか時代」に対して批判的であった。しかし、彼は、アメリカの宗教的伝統と道徳的なビジョンについての解釈において、福音伝道師とは見解が異なっていた。彼は、決してアメリカがキリスト教国だとは考えてはいなかった。なぜなら、イエスの内に宿った神は、一民族の神ではなかったし、イエスが打ち立てようとした神の支配は、「選ばれし民」を頂点とする新たな国家ではなかった。福音書には、人種間の垣根を越え、国家主義的な宗教を超えようとするイエスの姿が描かれている、とラウシェンブッシュは考えたのである。

社会的福音の救いについての考え方は、基本的には旧来の救いのそれと同じであるが、拡大・強化されていた。つまり、ムーディーなどの福音伝道師が説いた、旧来の個人を中心とした福音では、神は、すべての人間の心の罪深さを見抜き、神のもとに来るすべての魂を救うことを教えてきた。しかし、社会秩序全体の罪と、社会秩序全体に占めるすべての個人の罪については、人々に十分な理解を与えてこなかった。

旧来の福音は、代々人間社会内で受け継がれてきた奴隷制度などの諸制度の罪を贖い、罪から人間社会を解放する神の意志と力に対する信仰を、人々に呼び起こさせるものではなかった。罪に対する感覚も、救いに対する信仰も、その教えのもとでは現実のものとはかけ離れていた。その上で、社会的福音は、集団的な罪に対して悔い改めさせる機会を人々に与える、とラウシェンブッシュは説いた（ラウシェンブッシュ、一九一八年）。

つまり、従来の福音を説く保守的な福音伝道師は一般に、個人を対象とし、個人に福音を伝えることでその人の魂の救済を図る。これに対して、社会的福音は、社会的罪や社会の諸問題に関心を示し、社会とその構成員の罪を贖うことを目的とする、というのである。

当時、アメリカにやってきた移民は皆、都市部の食肉処理場や工場などに住み込みで働き、夜は建物の地下室部屋で大勢が雑魚寝状態で暮らしていた。子供たちの多くは路上育ちの浮浪児で、ギャングとなって地区の治安を悪化させた。神学校を卒業後間もなく着任した教会のあったヘルズ・キッチン地区の教会では、「仕事にあぶれ、衣服も靴もなく、希望も失った男たちが途切れることのない列を作り、教会の敷居をすり減らし、繊細な若き牧師夫婦の心をすり減らしていた」、と宗教史家のシドニー・オルストロムはその殺伐とした状況を綴っている。

こうした劣悪な環境と人々の状況を目の当たりにしたラウシェンブッシュは、社会的福音の必要性を痛感する。赴任後まもなく、バプテスト派の牧師仲間の協力を得て、子供の遊び場や住居を確保するために奔走した。その後協力者はバプテスト派聖職者以外からも現れ、一八九二年に、さまざまなプロテスタント諸教派のバックグラウンドを持つ聖職者や著作家や雄弁家から構成されるブラザーフッド・オブ・ザ・

キングダム（神の国の同胞団）と呼ばれる超教派の団体を創設した。この団体は一九一五年まで、社会的関心を持つ活動家の中心として影響力を発揮した。

このように社会改革の活動家でもあったラウシェンブッシュは、社会の腐敗や貧困の根源は「個人の脆弱さ」ではなく、アメリカ「社会の罪」であると看破する。社会集団は、その内部ではひ弱で活動期間の短い個人の前にそびえ立ち、個人を支配し、その道徳的基準に従わせ、集団社会の制裁や承認を使って個人を強制する。社会集団が邪悪な原理に基づき、邪悪な目的に向かっていたり、共通善に対立する集団独自の利害によって腐敗したりしている場合、こうした社会集団という個人を超える諸力は「崇高な罪人として、個人の救済への道を阻む」。従って、救済の対象は個人ではなく社会であると彼は考えたのだ。

ラウシェンブッシュは、金ぴか時代が作り出した資本主義的方法の効率性は称賛する一方で、「経済力の一方的支配により搾取と抑圧を助長する」資本主義が「人間の残骸」を「生産」したと、資本主義を手厳しく批判する。その上で、資本主義社会を「協同組合主義に基づいて形成された組織や社会」へと転換すべきことを主張した（ラウシェンブッシュ、一九一八年）。真の「神の国」はすべての人々のために機能する社会システムとして理解されるべきであり、ポスト・ミレニアリズムの伝統の中で多くのアメリカ人が共有するこうした改革の発想は、自著名でもある『社会秩序のキリスト教化』を実現するものと彼は考えていた。一九一七年には集大成である『社会的福音の神学』を書き上げた。

資本主義の光と影

ここまで、「金ぴか時代」のアメリカ社会への影響に対する三つの福音について話してきた。カーネギーは、富の福音を説き、立身出世を奨励し、カネ儲けはむしろ倫理的であり、蓄積した富を社会に還元することを美徳と称賛した。この時代に、誠実な労働と勤勉の結果として前の世代よりも次の世代が社会的・経済的に上昇するという、アメリカンドリームの先駆けとして金ぴか時代を象徴する物語が登場する。

一八六八年にホレーシオ・アルジャーが発表した『ボロ着のディック』である。当時の社会経済状況を反映したこの作品はたちどころに大ベストセラーとなる。主人公は一文無しで孤児のディック少年一四歳。三歳で母親を亡くし、父親は船乗りで、航海に出たまま消息を絶ち、身を寄せていた叔母も亡くなって天涯孤独の身となる。ニューヨークで靴磨きをする主人公は、持ち前の誠実さと勤勉な労働に加え、上昇志向と幸運に恵まれて様々な人に出会う。裕福な少年フランクとの出会いが彼の人生を一変させる。教養を身につけ働いて儲かったお金は投資に回し、教会にも通うようになった主人公が上流社会へと出世していく経緯が描かれている。このストーリーは、プロテスタントの世俗内的禁欲に特徴づけられる生活の合理化やトクヴィルの誠実な職業は尊敬されるという理念とも共通している。

余談だが、ビジネスに成功したディックは、なぜ教会に通うようになったのだろうか。実は当時、教会に所属し礼拝に通うことは、その人物の社会的信用の証しとされていたからだ。

この点については、一九〇四年に学会出席のためアメリカを訪れたマックス・ウェーバーが、プロテスタント諸教派の調査を行い、その調査結果をまとめた『アメリカ合衆国における「教会」と「ゼクテ」』の中でこう述べている。「ひとの信用は、なによりも、信用度を教会によって保証すること」によって成立していた。なぜなら、教会に所属する前に「倫理的および営業上の生活態度についての詳細な調査」が行われていたからだ。「その人物の営業上の資格について不信の念を抱かせるようなことをすれば」その人物は教会への所属を「拒否」された。つまり、借金の返済が滞っていたり、だらしない支出の仕方をしていたり、飲み屋通いをしていたりすれば、教会に属すことができず、「いかなる社会的〝結びつき〟をもうることができな」かった、というのである。この指摘は、二〇世紀に入ってもなお、ビジネス界へのキリスト教の影響力が未だ衰えていなかったことの証左でもあるのだ。

競争原理を良しとして受け容れたカーネギーが謳歌した富の福音を、フィクションの世界で描いて見せたのはアルジャーだが、福音伝道師のドワイト・ムーディーもリベラル派の牧師ウォルター・ラウシェンブッシュも、マーク・トウェイン同様、金ぴか時代を批判したように、フィクションの世界においても、農業からビジネスへの移行、商業と道徳的価値の矛盾、そして資本主義経済への脅威が描かれるようになる。

一八八五年にウィリアム・ディーン・ハウエルズは『サイラス・ラパムの立身』や一八九〇年の『運命の浮沈』の中で、誠実さと勤勉と幸運に恵まれた立身出世を成し遂げた主人公たちが、農業を捨て都会に出てビジネスに着手した後の人生の凋落ぶりを見事に描いている。登場人物の一人が資本主義に対する恐怖と、商業的価値と道徳的価値の矛盾をめぐって、その思いの丈を次のように語っているのは印象的だ。「商業主義の精神」がいつの間にか私たち自身の内部にしみ込んで、知らず知らずのうちに、「悪魔的な競争の衝動」によって「利益追求」の戦乱状況に巻き込まれ、自身の中の「最悪の情欲」が引き出され、カネのためには人を平気で「騙し裏切り押しのけ潰し合うように」教えられた。ひとりの経済的成功と「地上での救済」という結果が、「必然的に誰か他人の苦境という犠牲の上に成り立っているようなビジネスマンが、どうして慎み深く、礼儀正しく、正直でありうるだろうか」と（フリードマン、二〇〇五年）。

その真偽は別として、プロテスタント・キリスト教は「天職」という職業倫理を伴う資本主義の精神を産み落とした。この精神は、政教分離のアメリカに持ち込まれ、資本主義社会を形成していったが、制度化の進展に伴いその神聖な精神が抜け落ちた資本主義には、営利追求の精神だけが残り、人々はひたすら競争原理に駆られてしのぎを削った。その過程で、立身出世を成し遂げる人々が現れ、大企業が創出され、アメリカ資本主義社会は経済成長を成し遂げた。経済成長は、人々の暮らし向きを向上させる一方で、不況ともなれば大量の失業者を産み出し、人々を露頭に迷わせた。熾烈な競争に勝つ者と負ける者、富める者と貧しい者を創り出したのだった。

第三章　宗教と貧困——社会的関心と貧困への態度

前章では、金ぴか時代を彩った資本主義経済と宗教の諸関係について、特に、宗教がその職業倫理を核として資本主義経済を産み出し、その後の制度化の進展によって経済活動から職業倫理が抜け落ちたために、営利活動が自己目的化した資本主義とその結果としてアメリカ社会に経済格差がもたらされた経緯についいて述べてきた。

本章ではその経済格差の負の側面である貧困に対する宗教側の応答について話を進めていく。だがその前に、時代背景を設定しておこう。二〇世紀初頭にアメリカやイギリスのキリスト教界を席巻し、プロテスタントの分裂の原因となった出来事、原理主義の誕生、その後四〇年代、五〇年代に原理主義から離脱した新福音派の誕生、そして六〇年代の福音派左派の誕生について簡単に述べておきたい。詳しくは、拙著『アメリカと宗教——保守化と政治化のゆくえ』中公新書を参照されたい。

キリスト教原理主義、新福音派、福音派左派の誕生

「金ぴか時代」と二〇世紀初頭は、同時に、アメリカ内外における学問や産業の発展に大きく影響を及ぼす研究や発見がなされ、アメリカのプロテスタントの分裂を胚胎《はいたい》する時代でもあった。

当時の自然科学や社会科学は長足の進歩を遂げた。ドイツの経済学者、カール・マルクス（一八一八〜一八八三年）は、社会や歴史の変化を突き動かすのは「神の摂理」ではなく、経済現象をめぐる利害関係の

衝突であるとする唯物史観に立って歴史を説いた。さらには、オーストリアの精神科医、ジグモンド・フロイド（一八五六～一九三九年）は、「罪」の概念について懐疑論を展開し、人格障がいや社会的不適応は個人の幼少期に解決されなかった諸問題が原因であることを主張した。

特に、天地創造を自然淘汰に置き換えたチャールズ・ダーウィンの進化論はアメリカのキリスト教に大きな衝撃を与えたが、最大の脅威は、皮肉にも、キリスト教界にあった。ドイツの大学で興隆していた高等批評である。高等批評は聖書の登場人物や出来事の成立年や著者を学問的に特定し、聖書が歴史的文献であることを証明した。

自然科学や神学におけるこの学術的研究の潮流は近代主義と呼ばれた。イギリスの歴史学者のデイヴィッド・W・ベビントンによれば、近代主義とは、「近代的な考え方に沿ったキリスト教の再提示」、「伝統的な教義の現代慣用語への翻訳」であり、「宗教思想を近代文化に採り入れること」を指す。

これは、とりもなおさず、キリスト教の権威失墜の脅威に他ならなかった。近代主義に直面したアメリカのプロテスタントは、それを受け容れた近代主義者と、拒絶し闘争的に抵抗した反近代主義者の二派に分裂する。米英の神学者や福音伝道師や聖書の教師からなる六四名の反近代主義者が、キリスト教の根本原理を守るために、一九一〇年から一九一五年にかけて、一二回に分けて一二巻からなる小冊子『ザ・ファンダメンタルズ――真理の証言』をアメリカで出版し、一九一〇年に、長老派総会で原理主義の「五大原理」が採択される。反近代主義者はこれらの出版物に因《ちな》んで原理主義や原理主義者（または根本主義や根本主義者）と呼ばれるようになる。

近代主義者と原理主義者の闘争は、一九二二年に、ニューヨークのリベラルなバプテスト教会の牧師でありながら、特別措置で同市の長老派教会牧師を務めたハリー・E・フォスディック（一八七八〜一九六九年）の「原理主義者に勝ち目はあるか？」という説教で始まる。

ちなみに、フォスディックと言えば、ドワイト・ムーディーとビリー・グレアムが活躍した時代の中間で活躍した偉大な福音伝道師として名高い。彼は後にラジオ放送を利用して福音を全米に説いた名伝道師となる。かの公民権運動の立て役者だったキング牧師もフォスディックの説教の影響を受けたという。

フォスディックはその説教の中で、現代社会に応用するために伝統的な教義を修正しようとする者との交流を拒絶するという原理主義者の態度は不寛容だと断罪した。これに対し、フィラデルフィアの長老派牧師クラレンス・E・マッカートニーは「不信心者に勝ち目はあるか？」と題した説教で、フォスディックのようなリベラル派が、近代主義の思想によって教会を世俗化していると非難し、リベラリズムはキリスト教を「礼拝抜き、神不在、イエス・キリスト不在」のキリスト教にしてしまうと切り捨てた。

一九二三年に長老派総会は、四三九対三五九で、フォスディックを糾弾し、「五大原理」を再確認した。折しも同年に『キリスト教とリベラリズム』を上梓《じょうし》したプリンストン神学校の新約聖書学者J・グレシャム・メイチェンが本腰を据えて論争に加わる。彼は原理主義者特有の「闘争心」と不寛容むき出しで論陣を張り、近代主義をキリスト教会から排除すべきとけたたましく唱えた。

一九二二年から一九二五年まで、原理主義者は、北部長老派と北部バプテスト派の権力を掌握するかに見えた。だが、一九二六年には、近代主義・原理主義闘争の最も激しかったこれら二つの集団内で急激にその影響力が衰退する。一九二六年と一九二七年の総会では、特別委員会から北部長老派教会の現状に関する報告が採択される。後にプリンストン神学校は、原理主義的排他性を廃し、より多様な神学的立場の教員を採用するために再編され、メイチェンと共鳴する教員や学生はプリンストンを去り、フィラデルフィアに新設されたウエストミンスター神学校で教え、学ぶことになる。

一九二五年にテネシー州デイトンという田舎町が舞台となったスコープス裁判、いわゆるモンキー裁判は、数年前にはアメリカの福音派に大きな影響力を持った、あの原理主義が、田舎町のプロテスタントへと凋落してしまったという印象をアメリカ全土に与えた。原理主義者は、同年以降、近代主義に立つリベラリズム興隆のうねりを抑止できないまま、歴史の表舞台から退場し、新たな局面に入る。指導者たちは世俗社会から分離し、地方の教会、聖書学校、布教団体を建設していく。

スコープス裁判から十五年、原理主義は世俗社会から神学的・文化的に分離した宗教思想と同じ意味として受け止められていた。原理主義者の中でも、中道の人々は、世俗社会と自らを切り離した仲間集団同士で生活をする分離主義と聖書中心の生活をする反知性主義を貫き、純粋な伝統的信仰を守ろうとする原理主義の世界観に違和感を覚え、何よりも、福音伝道に優先順位を置き、原理主義から離脱して自らのグループを、新福音派（ネオ・イヴァンジェリカルズ）と呼んだ。

彼らは、基本的な神学において原理主義者と変わらなかった。聖書の記述は神の言葉であるから間違いはないとする聖書の無謬性、キリストは聖母マリアから生まれたとするキリストの処女降誕、人間の罪深さ、キリストによる代理贖罪、復活そして再臨を信じた。闘争心は、原理主義から引き継いだが、新福音派間の多少の神学的差異には寛容であった。共に近代主義の神学は誤りであり、真のキリスト教への脅威であると捉えたが、新福音派は原理主義者のようにヒステリックなまでの気質や不寛容を欠いていた。また、ディスペンセーション主義を前面に出すことはなく、反知性主義を捨てた。何よりも福音伝道を重視したことが決定的な違いだった。

プリンストン神学校でメイチェンに師事し、一九四二年設立の全米福音派協会（ＮＡＥ）の初代会長に就任した牧師のハロルド・Ｊ・オケンガは、原理主義が「終末論を過度に強調するあまり社会への責任意識を放棄するのは間違い」であると指摘し、新福音派が「社会秩序の改革の推進力」となることを期待した。神学者のカール・Ｆ・Ｈ・ヘンリーは、一九五六年創刊の新福音派の旗艦雑誌『クリスチャニティ・トゥデイ』の初代編集長に就任し、同誌は瞬く間に最も読者数の多い宗教雑誌の一つとなる。

一九六〇年代になって、アメリカ社会の高学歴化が進むにつれて新福音派にも高学歴化と中流意識の浸透が進行していく。そうした趨勢《すうせい》の中で、若手の新福音派たちは社会の改革に直接関与するようになる。例えば、ミシガン州グランド・ラピッズのカルヴィン・カレッジでは、新福音派の学生たちは、一九六三年のアラバマ州バーミングハムの黒人教会爆破事件に対する抗議デモに約三〇〇人が参加した。このように、若い新福音派、つまり徐々に醸成されていく福音派左派は公民権運動などの非暴力積極行動主義に基づく社会改革運動に参加する方向へと動いていく。

さて、本章の本題に入ろう。資本主義経済について宗教がどのように解釈し対応したかについては前章で見た通りであるが、その経済活動が社会にもたらした貧困という問題についても、宗教の対応は異なっていたのだ。もっと言えば、個人の神学思想において社会的関心、つまり、貧困をはじめ社会に存在し、目前で繰り広げられている諸問題に対する態度や行動が異なるのである。福音派はどのようにして貧困問題に取り組もうとしたか、あるいはしなかったのかについて、見ていくことにしよう。

次節からは、ビリー・グレアム、ロナルド・サイダー、そしてジェリー・ファルウェルといった三名のキリスト教福音派の聖職者を取り上げ、それぞれの神学思想と貧困などに対する社会的関心への態度の相違を浮き彫りにしていきたい。ただし、この三名の福音派に加えて、マーティン・ルーサー・キング・ジュニアについても論じていきたい。キングはリベラル派と見なされることが多いが、他の三名とは同時代に生きた人物として、また、比較の対象として大変貴重な存在であることから取り上げている。

新福音派と福音伝道師ビリー・グレアム

先述の新福音派の一人にビリー・グレアムがいる。ビリー・グレアム（一九一八〜二〇一八年）は、ノースカロライナ州シャーロット近郊の野菜農家の長子として生を受けた。グレアム家の人々は、カルヴァン主義に立つ長老派教会に通う原理主義の一家だった。フロリダ州のフロリダ聖書学院において伝道師としての才能を認められたグレアムは、一九四〇年にイリノイ州シカゴ郊外の福音派大学の名門ウィートン・カレッジに入学する。卒業後の一九四五年に福音派最大の組織ＮＡＥ系列の青年を中心とする福音伝道運動であるユース・フォー・クライスト・インターナショナルに参加し、初代の専属伝道師として奔走し、彼の福音伝道師としての才能は大いに開花する。一九四九年のロサンゼルスでの大伝道集会を皮切りに、やがて全米のみならず欧州や中南米でも開催するなど、世界的に知られる、アメリカを代表する福音伝道師となる。加えて、政治的選好を口にしなかったグレアムは、アイゼンハワー大統領以降の歴代大統領の信任が厚く、政党を超えた「アメリカの牧師」の名をほしいままにする。

グレアムは、原理主義からディスペンセーション主義に基づくプレ・ミレニアリズムは受け継いでいたが、ディスペンセーション主義は後退し、プレ・ミレニアリズムを前面に出す形で、キリストは地上に「生身のまま再臨する」と期待していた。彼は、ムーディーがそうであったように、ディスペンセーション主義を受け容れ、現代は「千年王国」の一歩手前の第六番目の「教会の時代」だと信じてはいたが、「彼の経歴の中盤になると、それは壁紙のように後退し、常に、彼の脳裏には存在したが、単なる背景」にすぎなくなっていた。この神学思想は、当然人間は平和と正義を実現するために努力が必要だが、その努力は十分で永続的なものではなく、キリストの再臨も千年王国の実現も人間の努力ではなく、神によってのみ達成されるという見方だ。

グレアムは、福音伝道師として、個人の魂の救済、つまり、回心体験を経て永遠の生命を勝ち取ることこそが、最も重要なことと捉えていた。彼にとって、貧困とは「物質生活を支える資源の欠乏」に過ぎない。彼の論理から推し量ると、回心体験を経て生まれ変われば、適切な方法で欠乏している資源を手に入れることができる。グレアムが好んで伝道集会などで引用した、パウロの「わたしは、自分の置かれた境遇に満足することを倣い覚えたのです」(「フィリピの信徒への手紙」四章十一節)、すなわち、自らの置かれた境遇に満足するという態度は、グレアムが主に、貧困層の人々に対して与えた助言だった。グレアムにとり、一般に行われるチャリティなどの慈善的行為は二次的なもので、回心体験を経た個人の魂の救済こそが、第一次的関心事だったのだ。

公民権運動をめぐるマーティン・ルーサー・キング・ジュニアとビリー・グレアム

M・L・キング・ジュニア(一九二九〜一九六八年)は、ジョージア州アトランタの牧師の家庭に長子として生を受け、ボストン大学大学院で社会学と神学を学び五五年に博士号を取得して、アラバマ州モントゴメリー市のバプテスト教会に牧師として着任し、バス・ボイコット運動以降、非暴力積極行動主義に立つ公民権運動の指導者として、一九六八年にテネシー州で暗殺されるまで、アフリカ系市民の地位向上と人種統合のために奔走する、日本でも名の知れた人物である。

キングはアフリカ系アメリカ人独自の教派に属していたが、公民権運動の指導者として極めて「社会的関心」の高い人物だった。歴史学者のフランク・ランバートによれば、アフリカ系アメリカ人はアメリカの宗教社会においては長らく不可視的存在だった。一九三〇年代末までに九〇%は白人教会とは全く別の「黒人独自の諸教派」に属し、残りの一〇%の九割は人種隔離された教会に属し、一%のみが白人教会に属していた（ランバート、二〇〇八年）。

初の公民権運動は、一九五五年のアラバマ州モントゴメリー市の公共交通機関における人種隔離をめぐるアフリカ系市民のバス・ボイコット運動という形で展開された。公民権運動は当初より宗教運動と目された。なぜなら、運動の会合はアフリカ系の教会で行われ、関係者はキングを「神が送り込んだ人物」「現代のモーセ」「私たちの救い主」「メシア」と口々に呼んだからだ。デイヴィッド・チャペルが述べるように、キングが主導した公民権運動は「大覚醒」と呼ばれる「信仰復興運動」というアメリカの宗教的伝統の延長線上にあったのだ。

一九六四年に公民権法が上下両院で可決されるが、五〇年代から六〇年代前半での公民権運動の成功は、外的要因としては、独立宣言、世界恐慌以来の大きな政府、政治と司法のリベラル化による人種的少数派に有利な判決、マスメディアの発達などによるところが大きい。また、内的要因としては、キングのような、人種差別や経済格差のない社会正義の観点から、社会や国家の現状を批判する旧約聖書の預言者的宗教指導者の宗教性と、黒人霊歌で知られるアフリカ系アメリカ人の大衆的宗教性が相乗効果を発揮して、一種の信仰復興運動のような躍動感と動機付けを公民権運動に与えたことである（チャペル、二〇〇四年）。

キングは異人種・異教徒同士が秩序を保ちながら共存できる「親愛なる共同体」や「約束の地」という目標を掲げたが、彼は自らの「夢」でもあるこの共同体は、現世に生きる人間が、旧約聖書の預言者が信じた神やキリストの協力を得て歴史の中で実現できると固く信じていた。この理念は神の国は歴史的に実現可能と信じたラウシェンブッシュのそれに通底するものだと言えよう。

キングはこのビジョンに基づき旧約の預言者のように、人種隔離政策や「社会的関心」を欠くキリスト教会を批判した。一九六三年の夏、ワシントン大行進においてキングは「私には夢がある」と題したあの有名なスピーチを行ったが、人種統合は個人の回心を重視するムーディーの伝統を引き継いだグレアムにとって、この大行進は時期尚早であった。伝記作家ウィリアム・マーティン（一九九一年）はこう記している。

グレアムはワシントン大行進というアメリカ史上最も記憶に残る公民権運動のデモ行進への参加を見送ったばかりか、キングの最も印象的なイメージに挑戦を挑み（略）「キリストが再臨したときにのみ、アラバマの幼い白人の子供たちと幼い黒人の子供たちが手に手をとって歩くのです」と言い放った。

一方、グレアムの「社会的関心」に関する言説は、必ずしも首尾一貫したものではない。伝道集会では人種隔離を許さず、壇上にも人種的少数派を招く姿勢は一貫していた。人種的少数派の公民権を確保するためには「説教以上の何かが必要」と考えてのことか、一九五七年のマディソン・スクウェアでの伝道集会では、キングの戦術を「キリスト教の愛の一例を示す」ものとして絶賛し、キングと幹部を壇上に招いて、グレアムが公民権運動の意義に賛同していることを印象づけた。しかしグレアムは、「社会を変革する適正な方法は回心による個人の心の変革から始めるしかない」との確信から、座り込み、ボイコットなどの抗議運動は「対決」と捉え、「極めて危険な戦術」だと見なしていた。

一九五五年、シャーロットでの伝道集会で、キングのリベラリズムとは全く無縁のプレ・ミレニアリズムに立つグレアムは、次のように述べる。

キリストによる千年間の御代《みよ》が始まれば、不平等や不正はなくなるのです。（略）貧しく、飢えた地球上の人々はキリストの中に真の王者を見るでしょう。（略）人の持てるものや知識ではない。その人格をこそ、神は評価してくださるのです。（ロング、二〇〇六年）

当時のジョンソン政権は「貧困との戦争」という政策を推し進めていたが、この政策に対してキングとグレアムはどのように反応したのだろうか。キングは、一九六四年十一月十一日にノーベル平和賞受賞講話で、「神の似姿に創造された人間」が「尊厳と価値」を持つにもかかわらず、我々は「助ける資源をもちながら」「飢餓や不健康」に苦しむ人々を見過ごすわけにはいかないと述べ、次のような心境を自伝に綴っている。

人類の二番目に大きな悪は、貧困という悪だ。（略）ジョンソン大統領が提唱した「偉大な社会」だけでなく、この厄介な悪が存在する世の中で、貧困と闘うべき時が来ている（略）我々は今、貧困という病を、症状のみならず根本原因をも明らかにし、癒す術を見つけねばならない。（キング、一九九八年）

グレアムは当初、ジョンソン大統領の「貧困との戦争」に反対した。一九六七年にキワネスクラブでのスピーチで「現世において貧困が絶滅できるという素朴な思い込みや、人間に貧困の根絶が可能とする人間性理解の前提が誤っている」などの理由から同政策を批判した。しかし、大統領から経済機会局（OEO）の諮問委員就任を要請されたグレアムは、一旦は断ったものの、度重なる要請を受け、スピーチの一ヶ月後、OEOのヘッドスタート、フードスタンプといった「貧困との戦争」プログラムの法律化に賛同し、宣伝用の映画制作に出演し、ロビー活動にも参加した。しかし、六〇年代末には関係を断っている。「神の救いの恵みは貧しい人にも豊かな人にも公平に与えられる」という考えからだった（ロング、二〇〇六年）。

ロナルド・J・サイダーと福音派左派

公民権運動は多くの課題を抱えていた。南部諸州の人種隔離政策を法制化したジム・クロウ法の下にアフリカ系アメリカ人を一級市民として扱わない慣習や警察などの公権力の存在、公然と公民権運動を批判する南部の白人福音派キリスト教会、人種隔離政策を批判はしても問題解決は代議士の選出や法律改正に委ねる北部諸州の「社会的関心」に乏しい教会の存在など、課題は山積していた。新福音派は、公民権運動には賛成したが、積極参加をする者は数少なかった。カール・ヘンリーも、自著の中で社会正義に反する南部諸州の人種隔離政策を批判し、漠然と社会運動の高まりを推奨するに過ぎなかった。

しかし、ウィートン・カレッジなどに通う高学歴の若い世代の新福音派たちは、社会正義を実現するために、高い「社会的関心」を示し、積極的に公民権運動に参加した。六〇年代末までには、白人福音派と黒人福音派の活動家が一致協力して、「ブラック・パワー運動」などの急進的運動と、「法律と秩序を重視した漸進主義運動」の中間に位置付けられた「人種統合」という名の下に、結集する。その後、「貧困の文化、人種差別制度の人間心理へのダメージ、都市での暴動に発展する経済的構造の不公正」といった言葉が、ますます多くの若い新福音派の口に上るようになっていく。彼らは、七〇年代に入って「福音派左派」と呼ばれるようになる。彼らにとって重要なのは、神学、秘蹟《ひせき》、儀礼よりも、「マタイによる福音書」(五章一〜七節)の「山上の垂訓(説教)」に示された生活を実践することだった。彼らはジュビリー基金を創設して貧困層を支援したり、ワールド・ビジョンなどの救援団体や途上国支援団体への寄付を推奨したりして理念を実践したのだった。

ロナルド・J・サイダー(一九三九〜二〇二二年)は、メノー派(一六八三年成立)やアーミッシュ(一六九三年成立)が派生した、いわば本家のアナバプテスト(再洗礼)派教会に属する福音派である。福音派左派にはアナバプテスト派が少なくないが、明確なつながりは、不戦思想、非暴力、質素な生活などが挙げられる。キリスト教の理念に基づき社会貢献をするイヴァンジェリカルズ・フォー・ソーシャル・アクション(現在はクリンチャンズ・フォー・ソーシャル・アクション)の創設者であり、イースタン大学パーマー神学校名誉教授でもあった。カナダのオンタリオ州南部で生まれ育ったサイダーは、イエール大学大学院で歴史学の博士号を取得するが、在学中の一九四一年に創設された福音派キリスト教徒の学生や教員による大学での司牧活動を実施する団体のアドヴァイザーを務めた。七〇年代になるとある論文がきっかけで新福音派の中で頭角を現す。

一九七二年に福音派左派の雑誌『ジ・アザー・サイド』が刊行した、福音派と福音派左派の経済分析に関する特集号に掲載された論文である。最初の投稿論文は、保守派雑誌の編集者H・エドワード・ロウによるもので、二〇世紀の福音派の間で主流であった経済的保守主義に立ち、「資本主義は他のどの経済システムよりも神の言葉と一致している」「神は自由の神であり、自由企業の資本主義は経済領域における自由に他ならない」と主張する。ロウは、ジョンソン大統領の「貧困との戦争」を、「社会主義的な計画」であり、生産性の高い者から低い者への富の再分配を伴う、法というオブラートで包んだ窃盗同然だと非難し、政府は貧困問題に関与すべきではないとした。これに対し同雑誌が掲載した「前の記事への反論」で、雑誌社のビル・パネル理事が「国の経済を支配して権力の恩恵を享受する」富裕層は、自由企業に同調した発言が多く、「社会経済的資源へのアクセスから貧困層を組織的に排除することで、彼らの服従を確実なものにしている」と主張した（ガサウェイ、二〇一四年）。

サイダーは論文の中で、キリスト教徒は過度に富を追求することを避け、貧困層には手を差し伸べるよう訴えた。具体的には、収入の一〇％の寄付の率を上げることや、給与所得の増加に比例して寄付の額を増やすよう推奨した。また、富裕なキリスト教徒に対して質素なライフスタイルへと生活の仕方を変えることを提案した。折しも、経済不況に加えて、第四次中東戦争の勃発に伴うOPEC加盟諸国によるアメリカへの石油の禁輸により、自粛ムードが漂っていたことから、彼の「反繁栄の福音」は大いに歓迎され、全米から講演依頼が殺到した。「十分の一の寄付の漸増」を推奨した論文の思想は、一九七七年の『飢えの時代と富むキリスト者』の出版に結実する。同書は四〇万部以上を売り上げ、日本語を含め五カ国語に翻訳された。

ここでサイダーの神学思想について触れておこう。キングが「親愛なる共同体」「約束の地」「夢」といったビジョン、すなわち「神の国」の実現のために、社会に埋め込まれた悪を批判し、社会改革を断行したことは既述の通りである。サイダーは、神学者・聖書学者のN・T・ライトの「『神の国の物語は天国ではなく地上で始まっており（略）イエスに従う者が新世界の実現を託されている』という主張」について「全く正しい」（サイダー、二〇一九年）と言い切るが、これは彼がポスト・ミレニアリズム信奉者である証左と思われる。二〇一九年一一月に筆者がサイダーに対して行ったインタビューでは明確な回答は得られず、引用した書籍を提供されたので、恐らく暗に肯定していたのではないだろうか。

サイダーは、ポスト・ミレニアリズムに基づき、キングのように社会構造の中に埋め込まれた悪や罪を認識したのであろうか。『もしイエスが主ならば』（サイダー、二〇一五年）の中で、現代のキリスト教会が「個人的な罪」のみを強調し、「構造的不公正」や「制度化された悪」に関する聖書の教えを無視していると批判し、アモス書から下記を引用する。

イスラエルの（略）罪のゆえに、わたしは決して赦さない。彼らが正しい者を金で、貧しい者を靴一足の値で売ったからだ。（略）父も子も同じ女のもとに通い、わたしの聖なる名を汚している（「ア

モス書」二章六〜七節）

この引用の主眼は、神の名を汚した親子の性の乱れという個人的罪と、靴一足の値で貧者を売るという当時合法化されていた社会的弱者抑圧の行為、つまり社会制度に埋め込まれた罪の存在を聖書が認めていることに置かれているのである。

次に注目したいのは、サイダーが、貧困問題の解決のためには、社会変革以上に、福音伝道と回心の重要性を強調している点である。

福音の伝道は社会変容の要である。神との生きた交わりほど、貧しい抑圧された人々のアイデンティティや尊厳、そして自発性を変容させるものはない。（サイダー、一九九四年）

社会を変えるには個々人の考え方と行動様式を変える必要があることから、単なる社会構造の変革ではなく、貧困層の思考や行動様式の変容のためには、悔い改めと回心が必要だというのである。また、サイダーは、「社会改革」のみで行動変容が可能だとする「リベラル派の幻想」を批判し、「福音伝道と社会的関心」の調和を強調しているのだ（サイダー、一九八七年）。

以上のように、サイダーは、ポスト・ミレニアリズムに基づき、社会に埋め込まれた罪や不正義を認め、なおかつ、個人の回心や罪の贖いをも認めていたことがわかる。すなわち、サイダーは、社会の改革と個人の回心を通じて、人は救われると考えていたのだ。

一九七三年、サイダーはヘンリーをはじめとする宗教的背景の異なる新福音派の同士およそ四〇名をシカゴに集結させ、『福音派の社会的関心に関するシカゴ宣言』を発表した。内容は、低所得者や抑圧された人々、そして人種的少数者の社会・経済的権利を、福音派が擁護できなかったことを告白し、福音派が結束して、アメリカの物質主義、戦争への病的な囚われを攻撃し、神のアメリカ国民に対する許し、愛、正義の要求などを確認し、政治家や国民に立ち上がるべき事を訴えるものだった（スウォーツ、二〇一二年）。シカゴ宣言は、ワシントンポストなど有力紙も評価して大々的に紙面を割いて取り上げ、福音派がキリスト教徒に呼びかけ共に社会正義を実現する新たな門出になるという印象を与えた。

しかし、シカゴ宣言から七年、原理主義者の世俗社会からの分離撤退から五五年が経過した一九八〇年の大統領選挙で、原理主義者で構成される宗教右派がニューライトと協力して、ロナルド・レーガン保守政権の樹立に貢献する。

ジェリー・ファルウェル、原理主義の政治化、宗教右派

一九二五年の原理主義者の世俗社会からの撤退以降、キリスト教界を含むアメリカ社会のリベラル化が急速に進む。一九三〇年代のニューディール政策や五〇年代から六〇年代までのウォーレンコートによる公民権法の成立、公民権運動の進展、公立学校での宗教的行事の禁止など、アメリカ社会のリベラル化、世俗化に伴う伝統的な勤労意欲の低下、家庭の価値の崩壊、性道徳の乱れ、犯罪の多発などに加えて、ベトナム反戦運動の激化と若年層によるアメリカ的価値や文化を否定する対抗文化の動きは、いたずらに社会不安をかき立て、道徳的退廃を助長した。

一九七三年にはロウ対ウェード裁判による人工妊娠中絶の違憲判決などによりアメリカ社会が混乱する中、一九七七年にカーター政権が発足するも、キリスト教系学校の非課税措置に対するカーター大統領の反対により、選挙でカーターを支持した福音派が猛反発。彼らの心は大統領から離れていく。アメリカ社会のリベラル化、世俗化、道徳的退廃を背景に、大統領によるキリスト教系学校への非課税措置への反発が引き金となり、七〇年代後半になると原理主義者は分離主義を捨て、福音派の政治的潜在力を利用し、政治の世界へと介入しはじめる。その代表的人物がモラル・マジョリティを創設し、八〇年代に宗教円卓会議やクリスチャン・ヴォイスなど「宗教右派」運動を牽引した原理主義者のジェリー・ファルウェルである。

モラル・マジョリティは一九八九年に解散するが、宗教右派運動はその後も、パット・ロバートソンのキリスト教連合やジェイムズ・ドブソンのフォーカス・オン・ザ・ファミリーなどの他団体に引き継がれていく。

ファルウェル（一九三三～二〇〇七年）は南部ヴァージニア州リンチバーグに生まれ、聖書カレッジを一九五六年に卒業後、地元リンチバーグのトマス通りバプテスト教会の牧師に就任する。その年地元のラジオ局で説教をはじめ、十二月にはテレビに進出して以来テレビ伝道師として影響力を発揮する。彼は一九五八年の説教で、「人種統合は白人種を滅ぼす悪魔の仕業」だと述べていた。トマス通りバプテスト教会は一九七一年までアフリカ系市民を排除する人種隔離主義の教会であった。彼は反近代主義者のメイチェンに似て「闘争心」を前面に出す原理主義者であり、一九六五年の説教では、聖職者の役割は「政治家になるのではなく、福音を通じて人を回心させること」だと主張していたが、一九七六年までには、「『宗教と政治は融合しない』という考えはキリスト教徒に自国を統治させないために悪魔が考え出した」方策だと説教で語るようになっていた。一九七七年フロリダ州デイド郡での同性愛者の権利条例の廃止のため政治的活動を始めて以来、分離主義を撤回する（マーティン、一九九六年）。

一九七九年に政治的保守であるニューライトの助力を得て、首都ワシントンに本部を置くモラル・マジョリティを創設したが、何よりも大きな目的は、教会員を動員し、有権者登録をさせ、議会に保守派議員を送り込む、というものだった。とりわけ、最高裁判事の任命権を有する保守的大統領の選出は最も大きな狙いであった。モラル・マジョリティなどの団体が集結して、分離主義を貫いてきた原理主義者や保守的な福音派を動員して、闘争的な福音派キリスト教徒の政治運動連合体である「宗教右派」が形成された。ファルウェルは分離主義を貫く原理主義者の説得に苦慮した。特に、分離主義者は他の神学を奉ずるキリスト教徒との協力を拒んできたからだ。彼は、「アメリカ社会における不道徳の政治化を逆転する」には最大限の動員が必要であることを、講演会や説教や『原理主義者雑誌』で訴えた。構成員はほとんどが彼のテレビ放送の視聴者であり、彼は自らを原理主義者と呼んでいた。

一九八〇年の大統領選挙でのレーガンの当選は、カーター大統領への反対票に負うところが多く、福音派の六七％がレーガンに投票したが、当選に宗教右派の票は必ずしも必要ではなかった。ともあれ、その後宗教右派は、財政保守、防衛保守、社会保守という共和党の保守三本柱の一角を担うことになる。とはいうものの、共和党内でも宗教右派の社会的課題は論争を呼んでいた。党綱領に含まれていても、例えば、人工妊娠中絶の禁止や公立学校での祈りの復活などに対しては、リバタリアンのバリー・ゴールドウォーター上院議員や穏健派のチャック・パーシー上院議員まで、頑として反対する議員は少なくなかった（フィッツジェラルド、二〇一七年）。

ファルウェルは随所で、原理主義者としての闘争心、頑迷さ、排他性を発揮し、差別発言や教会での政治的発言を行った。キングに対しては「公民権（シヴィル・ライツ）ではなく公民の過ち（シヴィル・ロングズ）」だと批判し、反キング文書の配布による運動妨害をした（マーティン、一九九六年）。グレアムが、モラル・マジョリティによる信徒の政治利用に反対し、ファルウェルが福音伝道を軽んじたことへの忠告に対し、口出ししないよう伝えた（スティーヴン・ミラー、二〇〇九年）。さらに、福音派左派を「えせ福音派」、「福音派運動の中でも狂人的な部類」だと断じた。こうした言動から、モラル・マジョリティや宗教右派のイメージは損なわれ、ユダヤ教ラビのシンドラーや全米市民的自由連合、アフリカ系アメリカ人や同業者のテレビ伝道師からも批判され、ヴァージニア州民の六二％が彼を公人として不適切とした（ダニエル・ウィリアムズ、二〇一〇年）。

ファルウェルは資本主義経済や貧困についてどのように考えていたのであろうか。福音派左派の資本主義批判は宗教右派の指導者、中でも、ファルウェルを激怒させた。保守派同様に彼も、経済的機会を拡大し、富を生み出し、自由を最大化する上で、資本主義が最も公正で効率のよい制度と考えた。彼は「聖書が自由な企業を促進」し、「箴言《しんげん》の書と主のたとえ話は、明らかに私有財産の所有と資本主義の原則を促進する」（ガサウェイ、二〇一四年）と主張した。政府による統制よりも、自由な経済活動が資本家の経済活動を推し進め、欲望ではなく、合法的な自己利益が利潤の追求を促すと考えた。例えば、レーガノミクスについても、サプライサイドの経済学に立ち、税制もできるだけフラットにすれば、富裕層の消費の波及効果が貧困層まで及ぶ、さらに資本主義が貧困層に経済的発展の機会を与え、慈善事業のために十分な富を生み出すことで貧困を減少させることができると考えていたのだ。

＊　＊　＊

本章では、ここまで、福音伝道師であり原理主義から離脱し、かつて新福音派と呼ばれたビリー・グレアム、リベラル派のマーティン・ルーサー・キング・ジュニア、福音派左派のロナルド・サイダー、そして原理主義者で宗教右派の初期段階でのけん引役を務めたジェリー・ファルウェルら四名のキリスト教徒を取り上げ、神学的思想というものが、貧困問題などの社会的関心をめぐってどのようにこれらアクターたちに影響を与えるかを見てきた。

保守的福音派のグレアムはプレ・ミレニアリズムに立ち、神の絶対性と人間の全的堕落を背景に人の魂の救いは個人の回心から始まると頑なに信じ、貧困を撲滅する社会変革よりも福音伝道を通じた人の悔い改めと回心を重視し、神を畏れる人々を導き、またリチャード・ニクソンやＧ・Ｗ・ブッシュといった時の大統領を導いた。人々が自らの罪を認め悔い改め回心すれば、貧困問題は神が解決すると信じたからだった。

リベラル派のキングは、神の国は人々の道徳的努力によって現世に実現されるというポスト・ミレニアリズムに立ち、罪は個人というよりも社会に埋め込まれ制度化されているものと認識していたために、彼の中では個人の魂の救済は影を潜め、罪の権化としての人種隔離政策の打倒や貧困の撲滅といった社会変革を前面に出し、「親愛なる共同体」の建設を目標に公民権運動を闘った。

他方、福音派左派のサイダーは、グレアムの個人的罪とキングの社会的罪の両者を認め、人間の魂の最終的な救済は、社会に埋め込まれた罪を社会変革により贖い、なおかつ、個人の悔い改めと回心を通じてはじめて達成される、と考えた。資本主義社会を批判し、社会的弱者の救済を念頭に、自らが慎ましやかな生活様式を実践し、またそれを人々に説いた。

原理主義者を貫いたファルウェルは、最終的に、社会からの撤退・分裂主義を捨て、宗教右派を率い、政治に関与していった。福音派や福音派左派やリベラル派を徹底的に批判しながら、福音主義的価値に基づいた保守主義的価値を法制化する努力を通じて、個人や社会は救済されると信じていたのだろうが、実際、法律化されたものは皆無だった。自由主義経済を信奉し、合理的な自己利益の追求が社会を潤し個人を潤すと考えたのだった。

このように、同じキリスト教徒、福音派の信仰を共有するとはいえ、その神学思想の差異によって、福音派の信仰は、単に、「信心深く、保守的な信仰」といった一枚岩的なものではなく、かなり豊かな多様性の基盤の上に成り立っていることが理解できるだろう。

第四章　宗教と人種

第三章では、貧困という社会問題をテーマに、神学的思想が宗教的アクターたちにどのような影響を与え、その結果彼らがどのような軌跡を描いて社会を構成し、変革するか、しないかについて話を進めてきた。

本章では、社会的関心という意味では前章と共通しているが、人種という問題をテーマに話を進めていくことになる。

キングはかつて、日曜の朝一一時はアメリカ人の生活の中で人種が最も隔離された時間帯である、と述べたことがある。これは、礼拝のためアメリカ人が教会に出かける時間帯なのだ。

筆者は常々、アメリカが背負う十字架があるとすれば、その中核的なものは、宗教であり人種であると考えている。アメリカを分裂させる要因も、その逆に、アメリカを統合する要因も、宗教や人種にあるのではないかと考えている。

人種和解運動

本章では、人種関係の改善に資する運動を人種和解運動と社会正義運動という視点から捉えることにしたい。シェルトンとエマーソン（二〇一二年）によれば、人種和解運動、すなわち白人と黒人が和解をして同一社会で共存するという発想は、奴隷制度や人種隔離による人種的抑圧の強かった状況から生まれた。

人種和解は、聖書の「エフェソの信徒への手紙」二章一四～一五節に見える「キリストは……二つのものを一つにし、御自分の肉において敵意という隔ての壁を取り壊し……十字架を通して、両者を一つの身体として神と和解させ、十字架によって敵意を滅ぼされました」という一節に基づいている。

和解の神学の創設者たちは、人種差別を「罪」と見なし、和解には四つの条件が必要だと考える。第一に、人種関係における問題を「認識」していること。第二に、人種関係の諸問題の解決に向けた神の計画に「服従」していること。第三に、異人種との密接な個人的関係に「専心」していること。そして第四に、必要に応じた「移転」や「移動」と「再分配」である。第四の前者は、福音派が人種関係を改善すべきと判断する地域の選択とその地域への移動であり、後者は、政府や地方自治体に対して、人種的少数派の生活条件の改善と機会提供を要求した結果当局が条例を施行して是正する、というものである。

人種和解運動の第一波は一九五〇年代、六〇年代の公民権運動の時代であり、第二波は一九九〇年代のプロミス・キーパーズに代表される運動の時代とされる。

❖ 第一波——一九五〇年、六〇年代の公民権運動

公民権運動は、一九五五年一二月五日のマーティン・ルーサー・キング・ジュニア牧師を中心としたモントゴメリー・バス・ボイコット運動から始まった。その後の運動は黒人の地位向上と、ガンディの非暴力積極行動主義やキリスト教の愛の精神に支えられた「親愛なる共同体」の建設という人種融合を目指していく。

南部の黒人福音派と白人福音派では世界が全く異なる。公民権運動に参加する白人もいたが、ほとんど

が白人福音派ではなく、北部のリベラル派や進歩主義的カトリック教徒または公民権に関心を持つユダヤ教徒や一般人と保守的信仰を持つ政治的リベラル派の福音派左派であった。南部の白人福音派は人種隔離を擁護した。北部の白人福音派は福音伝道や共産主義との戦いや神学的自由主義への対応に専念していた。

白人の福音伝道師ビリー・グレアムが開催した一九五三年のチャタヌーガでの伝道集会以降、席は人種混合であった。グレアムは社会変革が「回心による個人の心の変革」から始めるしかないとの確信から、座り込みやボイコットなどの抗議運動は「対決」と捉え、「極めて危険な戦術」だと認識していた、ということはすでに話した。人種隔離には反対を表明したが、対決的な公民権運動を批判し、漸進主義を主張した。彼はキングの「私には夢がある」について、「キリストが再臨したときにのみ、アラバマの幼い白人の子供たちと幼い黒人の子供たちが手に手を取って歩く」と述べた。グレアムはプレ・ミレニアリズムを信奉していた。キリストの再臨も千年王国の到来もすべて神の意志によるため、人種問題などの人間の問題は人間ではなく神が解決すると理解していた。この考えは当時大方の保守的な白人福音派が共有していた。

❖ 第二波：一九九〇年代、プロミス・キーパーズ

一九九〇年代の人種和解運動の第二波は第一波よりも人気を博した。グレアムほか無名の牧師が多数参加をして人種和解運動は頂点に達した。さまざまな新しい組織が生まれ、メディアや会議で人種関係が論じられた。ここでは最も影響力のあったプロミス・キーパーズの活動を紹介しよう。

この団体はボーン・アゲイン体験を通じて福音派に改宗した元アメリカン・フットボールの名コーチ、

ビル・マッカートニーが一九九〇年に設立した福音派の超教派のパラ・チャーチ組織で、翌年には五万人を動員してスタジアムで初の大会を開催した。その後同団体は急速に発展を遂げた。一九九六年には、三万九千人を超える聖職者を集めて人種や宗教を超えた集会が開催された。マッカートニーはこのイベントを和解の場とすべく「神を愛するのに、兄弟を愛さないことはありえない」と集まった聖職者に語った。ラテン系のシラス・ピント牧師はこの団体は「人種間の和解を説くだけでなく、実践している」と語った。一九九七年には、二〇〇万人以上の参加者と八つの地域事務所を持ち、九六〇〇万ドルの予算を計上するまでに成長した。同年、ワシントンDCのナショナル・モールで数十万人を動員して、「崩壊しつつある伝統的な家族」を修復するために男性が「今よりももっと繊細で精神的な父親、夫、養育者になる方法」を指導した。

プロミス・キーパーズに代表される人種和解運動の第二波は第一波の運動の目標と価値の多くを保持していた。例えば、人種差別は第二波でも罪だと見なされ、運動の主眼は、人種的偏見を持ち人種差別者の心の変容に置かれた。和解の神学が強調した認識、服従、専心は堅実に実践されたが、社会正義の目標である再分配の政策は支持されず、運動の中核をなす思想・実践ではなくなっていた。「第二波では人種問題は、社会構造に埋め込まれた問題ではなく、個人的で文化に関わる問題」として認識されていた。総じて、第二波では、和解運動の目標から構造的な側面が欠落し、白人と黒人の対人関係の絆や文化的関係性を強める方向に努力が払われていたことが、多くの黒人が第二波に熱心に取り組めない理由となった。

❖ 第三波：二〇〇〇年代以降の社会正義運動

第一波、第二波の前提となった人種和解運動はブラック・ライヴズ・マター（ＢＬＭ）運動の登場と共に消滅し、「社会正義運動」が取って代わる。多人種会衆運動研究の第一人者エマーソン教授への二〇二二年の聴き取り調査によれば、この背景には、一九八〇年代から二〇〇〇年代前半までに生まれたミレニアル世代にとって、人種平等とは、差別される側の黒人など有色人種のための社会正義が成立して始めて達成されるものであり、人種和解は社会正義の達成を前提として成立するという認識がある。

社会正義運動はいつごろ、どのような経緯で始まり、どのような展開を見せたのであろうか。実は、この運動の発端となった事件がある。二〇一二年二月一一日フロリダ州サンフォードで発生した銃による殺人事件で、一七歳の黒人高校生トライヴォン・マーティンを、所持していた銃で射殺したラテン系のジョージ・ズィマーマンが、銃の使用は正当防衛だったとして起訴されなかった事件に端を発する。翌年、ミズーリ州で、後述するマイケル・ブラウンの殺人事件が発生する。これらの事件を知った三人の黒人女性、アリシア・ガーザ、パトリッセ・カラーズ、オパール・トメティがツイッターを使ったやりとりのハッシュタグに #blacklivesmatter と書いたことが切っ掛けで、全米規模の運動を惹起する。自身の回録でテロ組織の元一員エリック・マンからマルクス主義の薫陶を受けたことを明かした。

ＢＬＭ運動の第一波では、二〇一四年から二〇一六年までに三五〇〇カ所で抗議デモが行われた。第二派は、二〇二〇年以降の運動で、同年に黒人男性のジョージ・フロイドが白人警官に射殺され、全米の七五〇〇から一万カ所で抗議デモが繰り広げられた。七から一〇％のアメリカ人が全米のどこかでデモに参加したことになる。ＢＬＭ運動は世界にも拡大してピークを迎える。デモ中の暴動、略奪、殺人が報道されたが、九三%のデモは平和裏に行われた（マンソー、二〇二〇年）。

公民権運動とBLM運動との相違は何であろうか。公民権運動の目的は法律改正であった。デモ行進による混乱の後にテーブルにつき地域の行政幹部との交渉が行われた。また、運動の中核となる指導者や団体が存在した。しかし、BLM運動のデモ行進は、規模は拡大したが、運動の中核となる指導者や団体は存在せず、地域レベルで起きている。政治に影響を与え、具体的な結果を求めてはいない。一万八七〇八件のツイートを分析した政治学者ティラリーによれば、同運動の第二波でのツイート参加者の主張は「個人の権利、警察の暴力からの自由、表現の自由、結社の自由など古典的な自由主義概念」が中心で、ジェンダーやLGBTQ+など「アメリカ社会における個人の権利というレンズを通した」主張をしている。抗議デモへの参加を促すものは一二%に過ぎず、人種的平等を公約に掲げる候補者への投票を呼びかけるものが大半で、警官への暴力の誘いかけは皆無であった。抗議デモへの参加者は「黒人の所得分布の下半分に位置」しており、BLM運動は「労働者階級の抗議デモ」であり「ミレニアル世代のこの運動への参加理由は、彼らが不平等に苦しんでいる証左」でもあった（ティラリー、二〇二一年）。

福音派左派の運動

福音派左派は保守的な白人福音派とは異なり、宗教的には保守的でも政治信条はリベラルである。ジム・ウォリスは一九六〇年代にキングの影響を最も強く受けた。一九七一年にソジャナーズを創設し、『ザ・ポスト・アメリカン』（後の『ソジャナーズ』）を創刊して社会正義樹立を目指し、多様な宗教的背景の諸団体と連携を図り活動してきた白人男性である。この雑誌の購読者数は一九七〇年代に四万人、一九八〇年代中盤には六万人に達し、二〇一三年には紙媒体、オンライン、電子メールを合わせて一五〇万人に達した（ガサウェー、二〇一四年）。その使命は「人種的・社会的正義、生命と平和、環境保護・管理への聖書の呼びかけを明確に示し、希望と行動を喚起すること」とである（ソジャナーズのウェブサイトより）。ウォリスは政治的右派の共和党は宗教的表現を駆使するものの、政策に福音の価値が反映されておらず、左派の民主党は、キリスト教的な価値を反映させ、かつ広い人道主義に立ったテーマを議論するものの、宗教自体を取り上げないとした上で、宗教と政治のあり方について「神の政治」という立場を提唱する（ウォリス、二〇〇五年）。

ウォリスの神学思想にはロバート・ベラーが主張した「市民宗教」の預言者モデルに通底するものがある。ウォリスの「預言者的ビジョン」は、アメリカが「神の側に立っているかどうかを問いつつ」「より健全なもの、すなわち、懺悔、悔い改め、謙遜、反省、説明責任を（アメリカ人に）自覚させる」。すなわち、神は無党無偏であり、「二大政党と国家は共に、宗教の預言者的な声を聞かせねばならない。宗教は一貫した道徳的基盤に立ち、右派と左派を問わず自由に批判できる」ものでなければならない（ウォリス、二〇〇五年）。こうした宗教の機能は為政者による独裁政治や対外的侵略行為を批判・是正する安全装置として機能する。彼の思想はキングのそれにも通底する。

ウォリスはキングからどのような影響を受けたのだろうか。第一に、「親愛なる共同体」というビジョンである。これは「私には夢がある」演説の中に示された「夢」、すなわち「親愛なる共同体」というビジョンであり、地上に実現される「神の国」と同義のものだった（ウォリス、二〇〇八年）。現実には、独立宣言の真意である多人種共存社会を意味する。この「親愛なる共同体」という理念に照らして、人種隔離制度を批判し、公民権運動を率いたキングから多大な影響を受けたウォリスは、公民権運動に積極的に参加し、キングの夢の実現に奔走する。

第二は、神との対話である。一九五五年一二月に始まったアラバマ州モントゴメリー市でのバス・ボイコット運動の最中にキングは脅迫電話や脅迫状を受け、キッチン・テーブルに着き弱りはて祈っていたときに神の存在を強く感じ内心からの神の声を聞き、正義と真理のために継続する決意を固める。ウォリスはこう述べる。「このような経験と彼を支え続けた神への深い信仰が、キングの政治的献身と公的指導力を形作った。信仰に支えられ続けるには、神と個人的に向き合わねばならない」。同様に、今日必要とされる社会変革は、教育や社会政策だけでは生まれない。神との霊的交わりは「個人の変革なくして実現されない」と。

第三は、キリストの苦難の追体験である。ウォリスは、キング同様、神の国の実現には旧約の預言者のように抑圧的制度や組織に対決する構えが必要だと考えた。彼は、「苦難の預言者」としてのイエスと苦難の贖罪効果を重視し、「神の国の急進的な教えはこの世の制度的変革を伴うとする福音主義的なキリスト論」(ヘルツェル、二〇〇九年)を展開した。この世の制度的変革とは「世界と我々のすべてを変えることを意図した、生活の新しい秩序」の表明であった(ウォリス、二〇〇八年)。ウォリスはキングに倣い、対決姿勢を崩さず市民的不服従を実践し、二〇〇九年三月三一日までに通算二二回逮捕されている(ギルゴフ、二〇〇九年)。

では、ウォリスはどのようにして黒人キリスト教文化に惹かれたのであろうか。一六歳で大学の学費を稼ぐためにアルバイトをしたのがデトロイトの黒人街だった。住んでいたデトロイト郊外の白人居住区の生活と黒人が住む市街地の生活が、あまりにも異なる理由を考え始める。彼が属した教会は社会的関心の薄い白人教会で、人種差別に関する見解の不一致で教会を去り、後に、デトロイト市内の黒人教会に属した。白人福音派として、黒人教会で人種問題を考えたウォリスは、福音派の信仰と社会正義を融合した「預言者的なビジョン」を手に入れる（ウォリス、二〇〇五年）。キングの公民権運動の目標である「親愛なる共同体」の建設を目指し、神の霊感に支えられた決意のもと、市民的不服従を実践してきたのである。

ここで市民的不服従の一例を挙げておこう。二〇一四年八月九日、ミズーリ州ファーガソン市において、黒人男性が警官に射殺された。犠牲者は、一八歳の非武装のマイケル・ブラウン。銃を発射した警官は白人男性で名はダレン・ウィルソンだった。ブラウンはコンビニ強盗の後ウィルソンに職務質問され暴力を振るっている。

七ヶ月後、法務省は事件に関する二つの報告書をまとめる。一つ目の報告書は、ブラウンの投降の意思表示は証拠不十分で、むしろ、発砲は警官が青年に脅威を感じた上での正当防衛と見なし、もみ合いの中で警官が「客観的に不合理な暴力」を行使していないと結論づけた。抗議デモと鎮圧する警官隊、警察署の事情を検証した二つ目の報告書は、ファーガソン警察署の実態を暴いた。エリック・ホルダー司法長官の指示で作成された報告書だが、データの信憑性が乏しい。取り締まりは「最も貧しい市民を犠牲にして市の予算を均衡させることを目的とした、違憲かつ一貫して虐待的」であり、同市の人口の六七％を占める黒人が、警官に車を止めるよう指示される率は全体の八〇％を超え、逮捕率や二日以上拘留される率は九〇％を超えることを明かした（アメリカ法務省、二〇一五年）。

ウォリスが関わった市民的不服従は、二〇一七年一二月六日に行われたデモ行進と投降である。全米から集まった聖職者が最前線に立ち、ファーガソン市警本部の外で大規模な抗議デモが行われた。平和を乱したとして五〇人以上が逮捕されたが、聖職者が率先して投降した。

　信仰を持つ指導者たちは腕を組み、警官たちに近づき、一八歳の若者の死と有色人種に対する他の数々の警察の残虐行為について「悔い改め」を求めた。聖職者の中には、警官の懺悔を受け止め、一緒に祈ることを申し出た者もいた。逮捕されたウォリスは、「不正行為を認めるだけでなく、これ以上の被害が出ないようにするための改革を約束することです」と警官に告げた。（クルヴィラ、二〇一七年）

　このようにウォリスはキングに倣い、受難の贖罪効果を信じ、非暴力積極行動による市民的不服従を実践したのである。

多人種会衆運動

❖ 白人と黒人の人種差別認識の差

　アメリカ社会は「無自覚の人種差別社会」である。それは「異人種間の低い結婚率、住居分離、社会経済的不平等の常態化により、個人のアイデンティティの定義や親しい交友の選択が人種的に特徴づけられ、相手の人種を意識することすらない社会」である（強調記号は筆者による）。「無自覚の人種差別社会」という概念は、エマーソンとスミスが『信仰による分断』（二〇〇〇年）を出版して以来、数多くの実証研究がなされ、アメリカの宗教社会学研究者の間で受け容れられている。

エマーソンとスミスによれば、白人福音派は三つの習慣を持つ。第一は、「個人は社会構造や制度から独立して存在し、自由意志を持ち、自らの行為に説明責任を負っている」とする「説明責任自由意志個人主義」、第二は、対人関係を最も重要視する「関係主義」、第三は、「社会構造からの影響の認識が不可能か、認識したがらない」「反構造主義」である。

こうした白人の習慣のために、黒人福音派にとって近隣の街角で日常的に繰り返される、白人警察官による職務質問や投獄、暴力や射殺事件の背後に見え隠れする人種差別は、社会に埋め込まれ構造化された実態として立ちはだかる。他方、個人主義的な白人福音派の目には、人種差別は対人関係のまずさか、個人的な人種的偏見によるものと映る。そのため「自分は偏見を持っていない」と考える傾向があるという。従って、メディアで伝達される人種差別事件は他人事になるというのだ。

❖ 多人種会衆運動の現状と課題

無自覚の人種差別社会の改善策としてエマーソンとスミスが提案するのは「多人種会衆運動」である。会衆とは、教会に属する信徒集団を指し、多人種会衆とは複数の人種から構成される信徒集団を意味する。全米の多人種会衆運動に参加している教会への調査から、これらの教会から、次のような知見が得られたという。多人種会衆化を進める教会では、①異なる人種を結びつける共通の中核となるもの、例えば、共通の目標を作っている。②共通の中核の外にさまざまな文化を楽しむ余地を促進している。③すべての人種集団に対する真の尊重の念を育んでいる。

持続可能な多人種コミュニティには、人種の多様性の重視という共通項と、より大きな目標、共通の信念や動機、より大きな達成目標が構成メンバーにより共有されている。こうしたコミュニティに構成メンバーをまとめる力を持たせることのできる価値観は重要であるが、その文化的な中核はどのような要素から構成されているかについての研究が立ち後れている。これが現状理解を妨げているのだ。アメリカ文化の統一する中核が解明されれば、異なる人種からなる集団をユニークなものにし、構成メンバーをつなぐ価値観の解明が進むことになる（エマーソンとヤンシー、二〇一一年）。

そもそも教会を多人種会衆化するメリットとは何であろうか。理論的には①白人は人種差別者と非難されずに、自分たちの人種にまつわる不満を晴らすことができ、②あらゆる人種が共有し団結力を引き起す中核となる価値があれば、白人も非白人も中核的価値の順守を対等の立場で互いに要求でき、その分相互の協力関係が増す。③白人に人種的不満を伝える非白人が人種差別の歴史的影響を克服する牽引役となる。人種的平等のために白人が支援を申し出れば非白人の負担は軽減される（エマーソンとヤンシー、二〇一一年）。④多人種会衆の神学的意味づけがあれば、神学的裏付けのない教会より教会運営が安定し、⑤多人種化した会衆は、異人種混合の中で神を礼拝することで精神的な豊かさを実感する（クリスターソンほか、二〇〇五年）。

マイケル・エマーソンは、多人種会衆教会を、「単一の人種が会員数の八〇%を超えることのない」教会と定義している。同氏を含む四人の研究者が三年間にわたって行った多人種会衆教会に関する研究のプロセスは、三段階から構成される。第一段階はあらゆる人種や信仰を含む二五〇〇人のアメリカ人に対する電話による調査、第二段階は全米の五〇〇カ所にあるキリスト教会へのアンケート調査、第三段階は、四つの大都市の多人種会衆教会での二〇〇人に及ぶ会衆や聖職者への現地聴き取り調査と、各教会の教会史研究やミサなど教会行事への参加である。

ここで、デヤングらが提唱する、多人種会衆教会の形成プロセスにおける「三つのモデル」を紹介する。このモデルは、①組織文化、②指導者の人種、③社会的統合の度合いという三つの視点から分析したものである。

第一の「多人種会衆への同化モデル」では、①支配的な単一民族文化が存在し、礼拝や教会活動やリーダーシップは主要な民族文化を反映し、その他の人種の会衆はその単一文化に「同化」しなければならない。②主要な人種がリーダーシップを発揮し、③社会的統合度は、その他の人種の数や指導者の資質によって異なる。中西部のある原理主義的な教会では、設立当時の白人会衆文化を神聖なものとして色濃く温存している。

第二は、「多元的多人種会衆モデル」である。ここでは、①組織文化は会衆が代表するすべての民族文化が相互に独立した明瞭な形で存在する。②会衆の異なる人種を代表する複数の指導者が存在する。③社会的統合度は低い。この場合、一つの教会に多人種のアメリカ人が集まり同じ礼拝方式で礼拝するという物理的側面では統合されているが、共存レベルを超えて異人種間で社会ネットワークを形成するような真の統合感は存在せず、統合は会員の日常生活には浸透していない。

第三は、理想的な「統合された多人種会衆モデル」である。①各民族文化の独自性を保ちつつも、教会独自の文化を形成しており、②会衆の異なる人種を代表する複数の指導者が存在し、③社会的統合度は高い。研究者によれば、「真の多人種会衆となるには会衆文化の変容」が要求される。統合された教会は、異なる人種の会員を配慮するような古い教会文化は存在せず、一つの教会の中に統合されたハイブリッド型の各種民族文化を形成している。この形は統合された集合的アイデンティティの表現であり、会員間の関係は違和感なく平等である。「多人種会衆への同化モデル」との違いは、元の教会文化の源泉が見られず、単一民族文化を反映する主要な文化が存在しない点である（デヤングほか、二〇〇三年）。

さて、統合された多人種会衆教会とはどのような教会なのだろうか。事例を紹介しよう。モザイック教会は、ロサンゼルス東部に位置する南部バプテスト派の教会で、「都市部や芸術・娯楽の街に福音を届けることを目的」とし、海外布教も行っているが、設立は一九二〇年代である。当時の会衆は中西部や南部から移住してきた白人の南部福音派であった。一九七〇年代にはラテン系が増加し、白人が三〇％を占めた。一九九〇年代以降、近隣地区のアジア系人口が増加したため、現在では、白人、ラテン系、アジア系がそれぞれ三〇％を占め、残りの一〇％は他の人種となっている。地域の人種的多様化に対応して多人種会衆化が進んだケースである。いくつか特徴がある。①会衆の年齢である。二〇代後半から三〇代半ばで占められている。②会衆は近隣とは限らず遠方からも通っている。ある教会員はモザイックへ来るのは「人間関係があるからだ」と答えている。③一カ所の大教会に会衆を集めるのではなく、数カ所に場所を借りて集会に利用している。④毎週通う週会員、所属はしないが行事に出席する参加者、ゲストといったように複数の参加形態が用意されている。二〇〇〇年から二〇〇五年までで週会員が五〇〇人から一九〇〇人に増加している。⑤教会の共通の目標への強い関心が存在する。自発的に目標の達成に意欲を示し、海外布教にも安定的な参加者を維持している。⑥信仰の内容について革新を好む傾向がある。「従順を強調する原理主義的、教義的、聖書研究的アプローチから、創造性と触媒的運動を強調する刺激的、実践指向的、宣教的アプローチに重点が移行」した（マーティ、二〇〇五年）。

では、現実に、どれほどの教会が多人種会衆化への道を辿っているのであろうか。多人種会衆教会は、一九九八年から二〇一九年にかけて、会衆の人種的多様性は着実に増加傾向にある。全米の三五万の教会の中で多人種会衆教会は一九九八年に六％であったが、二〇〇七年までに八％に増加し、二〇一二年には一二％、二〇一九年に一六％へと増加した。コロナ前までに、およそ二割の教会の会衆が多人種化したことになる。

また、教派別にみると、一九九八年と二〇一九年では、カトリック教会が一七％から二三％、白人福音派プロテスタント教会が七％から二二％、ペンテコステ教会が三％から一六％、主流派教会が一％から一〇％まで増加し、黒人教会は一％から変化しなかった。カトリック教会は元々多人種化が進んでいるためか、六ポイント、主流派は九ポイント、ペンテコステ教会は一三ポイント、白人福音派プロテスタント教会では一五ポイント伸びた。通常、白人福音派は保守的で最も多人種会衆化に反対しそうなものであるが、この伸びはエマーソン教授も「衝撃的だ」と語っていたのが印象的だった。黒人教会の伸びは〇ポイントだったが、これについては、一般に「白人福音派が黒人教会に移る傾向は低いが、黒人福音派が白人教会に移る傾向は高い」というエマーソン教授の発言に従えば、黒人教会の多人種会衆化が進まない理由が理解できる（二〇二二年九月八日の聴き取り調査）。

このように順調にキリスト教会の多人種会衆化が進展していたにもかかわらず、二〇一六年に人種差別主義者のレッテルを貼られたトランプ政権が誕生した。ニューヨークタイムズのキャンベル・ロバートソン（二〇一八年三月九日）は、トランプが大統領候補に浮上して以来白人教会からの「静かな出エジプト」

が進展し、黒人が静かに流出する傾向を報じた。しかし、実際には、この傾向は懸念されたほど大きな潮流にはならなかったようだ。

ここで、多人種会衆運動の課題を挙げておこう。マクロレベルでは、多人種会衆化の方向は一方通行である。この点は、エマーソン教授も強調していた。一つの原因として白人の人種差別に対する個人主義的解釈が影響しているという指摘に同意を得た（二〇二二年九月八日の聴き取り調査）。黒人街での居住経験を持つ、ジム・ウォリスは例外であり、一般に、多人種会衆化は黒人などの有色人種やラテン系が白人教会に移動することによって起きている。また、その場合「白人会衆の考えや宗教実践を批判しない範囲内」で行われている。また、たとえ白人が多人種会衆教会に所属しても、「教会が自らの好みに合わない場合、非白人信徒に比べて白人の方が、辞める率が高い」。

ミクロレベルでは、第一に、リーダーシップが不足している。多人種会衆化が神の計画であるという信念が指導者に必要である。すなわち、彼らは多人種会衆を対象とした牧師の心得を学習し、情熱を持ってすでに人種統合された生活を積んだ経歴を持っていることが必須となるため適任者は多くない。第二に、権力の行使である。白人が主要な人種であり、歴代の役員が「過度に熱狂的にならない」という伝統を保持する教会の場合、黒人やラテン系の福音派の礼拝や教会音楽の特徴が熱狂的であるため、いまだに役員が多人種化していない（デヤングほか、二〇〇三年）。第三に、白人が主要な役員を占める場合、非白人は目に見える役割を割り当てられ、主要役員から除外されるケースが多い。第四に、モザイック教会は統合モデルとして理想的である。また、多人種会衆化する教会や会衆は増加しているが、その度合いにおいては、多人種会衆への同化モデルで終わるケースが多い（エマーソン教授への九月八日の聴き取り調査）。第五に、黒人の会衆は多いが、主任牧師は、黒人や他の非白人よりも圧倒的に白人が多い（ドハーティーほか、二〇二〇年）。最後に、統合や教会文化への同化を優先し、多様性や独自性を除外するケースが多い。これには理由があり、多くの教会の多数の教会員が独自性を語ることは会衆を分断するため重要視されていない。性別や年齢別の集会やイベントは許容されるが、人種になると集会やイベントは役員を困惑させる場合が多い。

ここまで本章では、アメリカ社会が抱える人種問題をめぐって、人種和解運動、社会正義運動、福音派左派ウォリスによる運動、そして、多人種会衆運動を見てきた。

ここで、宗教と人種という、アメリカが背負っていると著者が考える十字架の主要な要素に今一度立ち帰り、隣人愛を説くキリスト教が、いったいどのようにして人種的偏見を助長するようになったのかというその経緯を、デイヴィッド・P・ガッシー元アメリカ宗教学会会長の見解を頼りに、たどってみることにしよう。

❖ 肌の色を越えて

「アメリカの白人キリスト教は異端の中で生まれた」これは、二〇一九年一一月に開催されたアメリカ宗教学会において、イエール大学で神学を講じるエボニー・マーシャル・ターマン教授が聴衆に語り掛けた言葉である。

デイヴィッド・P・ガッシー（二〇二〇年）によれば、人種問題は、結局は異端に根差しているというのだ。つまりこれは、キリスト教原理の中核をなす要素に違反していることになる。

一五世紀中葉のヨーロッパ諸国がキリストの名のもとに世界を支配し、植民地化を始める。当初は、スペインとポルトガルであったが、後に、イギリス、オランダ、フランス、ベルギーなどの国々が追従する。大航海時代の幕開けと共に躍進した海洋諸国による帝国主義化だった。こうした国々は世界の中心に位置し、他の諸文化よりも優れているがゆえにより劣勢な国々を支配・植民地化する資格があり、そうすることで神の意志を積極的に前進させていると、独りよがりも甚だしく、理解していた。

教会の幹部聖職者は、ヨーロッパの支配者たちを祝福し植民地支配を正当化してきたわけだが、そうした中で、支配者の計画に影響を与えたキリスト教神学の三つの原理がある。第一は、すべての人間は神の似姿で神と同じ価値を持つ存在として生まれた（旧約聖書「創世記」一章二六～二七節）。次に、すべての人間はアダムとイブという共通の祖先の子孫であるから親族である（「創世記」二章四～二五節）。そして、神は、普遍的に殺人、姦淫《かんいん》、窃盗、貪欲を含む道徳法の創造主である（「出エジプト記」二〇章一～一七節）。

しかし、ヨーロッパの帝国主義諸国は、聖書ではなく異端を信奉することになる。彼らは、人種や肌の色といった民族間の目に見える差異を基準に優劣をつけ、殺人、姦淫、窃盗、貪欲に対する神の法は、ヨーロッパの支配者と被支配者との関係には適用しないものと信じた。

キリスト教は、罪深さや神への依存について説くが、ヨーロッパの征服者たちは高慢という罪に屈服してしまい、自分たちが地上で最も強く優秀で、文明のけん引役であり、神を畏れる者だと信じていた。教会は彼らが、ヨーロッパ以外の人々を支配し、植民地化し、奴隷とする権限を持つと吹き込んだ。キリスト教は、こうした傲慢な考え方と邪悪な行為にブレーキをかける役割を元来果たすべきだったが、ナショナリズムと政治権力への接近によって、キリスト教らしさが致命的に損なわれて久しい。イザヤやイエスといった預言者としての言動によって国家権力を批判するのではなく、ヨーロッパのキリスト教は、イエスの名のもとに、植民地支配と奴隷化を正当化し支援したのだ。

ヨーロッパのキリスト教精神が人種や肌の色で差別するようになるまでに、多くの重要な瞬間があった。確かに、肌の白いヨーロッパ人と、彼らが征服し奴隷にした肌の黒い民族との直接的な出会いは、重要な役割を果たした。自分たちは白人であり、キリスト教徒であり、ヨーロッパ人であるから優れていて、彼らは赤や茶色や黒い肌をしていて、キリスト教を信じない異教徒であり、先住民族であるのだから自分たちより劣る、と考えたに違いない。自分たちは普通の人間で彼らは劣る人間。だから、自分たちには彼らを支配する資格がある。すべては神の思《おぼ》し召しと恵による、と。

こうしたヨーロッパ人の考え方を最も端的に表現する言葉は、白人優越主義だろう。要するにこれは、何世紀にもわたって、白人ヨーロッパ人とその植民地時代の子孫たちは、神学者レジー・ウィリアムズが「人種化された人間性」と呼ぶものを発展させ、必然的に「人種化された神性」も発展させたというのだ。

ポルトガル人が一五世紀中ごろから奴隷貿易を始めたが、そのおよそ一五〇年後の一六一九年に現在のヴァージニア州南東部のジェームズタウンに到着したイギリスからの入植者に交じっていたのは、アフリカから来た二〇名ほどの黒人年季奉公人だった。当時彼らは、ヨーロッパからの白人の年季奉公人と同等の立場で入植したが、その後時を経て州法で奴隷制度が徐々に確立され、黒人たちは動産奴隷の身分に転落し、累代その身分にとどめられた。

奴隷制度は、合衆国の独立を経て南北戦争後の一八六五年、合衆国憲法修正第一三条により終焉を迎える。だが、一八七七年に再建時代が終わると、駐屯していた連邦軍は北部へ引き上げ、南部諸州での白人は奴隷解放に対抗措置を講じたため、真の全米規模での人種的和解は成立しなかった。白人が黒人と同等の政治的、社会的条件に甘んじることを断固として拒否したのが主な理由だった。南部諸州では、いわゆるジム・クロウ法という人種隔離政策を支える法が制定され、白人至上主義集団のKKKが結成され、黒人をターゲットとしたリンチが横行した。人種隔離政策については、例えば、アラバマ州ではバスの座席や公立学校を含む公共施設は白人と黒人で区別された。この制度は一九六四年の公民権法が合衆国議会で成立するまで続いた。南北戦争後の再建時代以降、南部白人には黒人と和解するチャンスが二度あったがこれらの機会をともに逸してしまったとガッシーは語る。一度目は、第二章で紹介した社会的福音運動である。一九世紀末から二〇世紀初頭にかけてウォルター・ラウシェンブッシュらによって都市部の貧困問題などを対象に社会改革を遂行したが、白人の社会的福音運動は、黒人のアメリカ人の苦境に対してほとんどといってよいほど注意を払わなかった。黒人をターゲットとしたリンチ事件が横行した際にも、アイダ・B・ウェルズら黒人指導者は命を賭してその真実を公にしたが、白人の社会的福音運動の活動家は見向きもしなかった。こうして、ウェルズやW・E・B・ドゥボイスらの黒人による社会的福音運動が展開されていた。彼らも、白人の活動家と同様に、切実な正義を欠く白人社会に対する改革を推進した。白人の社会的福音の神学者たちは、一般大衆に接することを当然のこととしていたが、黒人の社会的福音の神学者たちは、一般大衆に語りかけることがどのような感覚なのか、ほとんど想像することができなかった(ドリエン、二〇一五)。そのために、白人の社会的福音運動家や一般市民の注目を集めることはなかった。

二度目の機会は、一九〇六年のカリフォルニア州ロサンゼルス市アズーサ通りでの三年に及ぶ信仰復興運動だった。当時、白人、黒人、ヒスパニック、アジア系アメリカ人など、あらゆる人種を巻き込んだ信仰復興運動が展開された。異言を語ったり、癒し行為が行われたり、新約聖書の時代に終わったと大方のキリスト教徒が信じていた超自然的な現象が彼らの目の前で繰り広げられた。当時のアメリカ社会は人種的に隔離された状況だったが、ペンテコステ運動という、精霊に満たされた異人種が入り混じる空間は正に、人種隔離への挑戦だった。精霊の働きによって人種隔離を粉砕することはこの運動の主眼の一つとなったものの、大きなうねりになることなく、同運動も徐々に人種隔離が前提となっていく。

それでは最後に、二〇二三年と二四年に調査を行った、福音派の多人種会衆教会のサンクチュアリー・コヴェナント教会について述べ、本章を終えることにしよう。

❖ サンクチュアリー・コヴェナント教会

この教会は、イヴァンジェリカル・コヴェナント教会の傘下にある、保守的ではあるが、閉鎖性が極めて低く多人種に開かれた福音派教会である。イヴァンジェリカル・コヴェナント教会という教派は白人が大多数を占める。その意味で、サンクチュアリー・コヴェナント教会は例外的といってよい。主任牧師のエドリン・ウィリアムズは大柄な黒人男性の福音派である。通常、福音派といえば、白人を指すが、黒人福音派も存在することは協調しておきたい。この教会には、白人女性のローズ・リー＝ノーマン執行牧師のほかに、任期三年で交代するエルダー（長老）が配置され牧師の手足となって福音を信徒に取り次ぐ役割を果たしている。この教会のエルダーは、黒人一〇名、白人一名から構成されている。その中の黒人女性のエルダーであるローズマリー・クラスさんとは、昨年の調査（二〇二三年七月一四～二〇日）から懇意に接してもらっている。初回の目的は人間関係の構築であり、その点では成功裏に終わったといってよい。

昨年の調査では彼女のほかに、礼拝に訪れた二人の新来の黒人女性からこの教会に移籍した理由について話を聞くことができた。過去に通った教会では、教会に属し受け容れられているという意識が希薄だったが、この教会ではとても居心地がよく感じる、というのが二人に共通した理由だった。これは、エドリン主任牧師の人柄と彼の手足として信徒の悩みを聞いたり、慰めの声をかけたりする一一名のエルダーの慈愛に満ちた対応に負うところが大きいと感じた。

サンクチュアリー・コヴェナント教会は、ミネソタ州ミネアポリス市の高層ビルの立ち並ぶ中心地域から少し北寄りの市街地に位置し、南北に延びるオルドリッチ・アヴェニューと東西に延びるブロードウェイ・アヴェニューが交差する地点にある都市型の教会で、周辺には商業施設や民家が入り混じって立ち並んでいる。四五〇名の正式会員が所属し、人種構成は、白人が四〇％、黒人が四〇％、ヒスパニック系とアジア系がそれぞれ一〇％を占めるかなり成功している多人種会衆教会である。人種間の婚姻率は高く、信徒は教会での礼拝式以外でも、多人種との交流が多いほぼ完成形に近い多人種会衆教会である。

今年の調査で、礼拝式は四月二八日の曇り空で少し肌寒い朝の九時から始まり、一〇時三〇分までの式に参加した。エルダーのローズマリーさんと教会で会う約束をしていたので、打ち合わせ通りの場所に座っていたためすぐ横に陣取ることができた。カトリック教会にありがちな厳かな礼拝式とは打って変わって、エレキギターとドラムスとパーカッションで奏でるモダンなゴスペル調の音楽が特徴的だ。といっても、この様式は規模こそ異なっても、福音派プロテスタントの教会音楽の定番となっている。清楚ないでたちの聖歌隊というより、ユニフォームではなく、普段着で六名の黒人が歌い、みなで合唱するようなスタイルである。サンクチュアリーと呼ばれるホールはおよそ三〇〇名が収容できる規模で、家族連れの信者が開始時間になると続々と押し寄せその七割ほどが埋まった。このほかに、オンラインで自宅から参加する信者もいる。全員でのコール・アンド・リスポンスの合唱が終わると、子供たちは、日曜学校に参加するためホールを後にし、別室に向かった。

その後、ローズ執行牧師が壇上に立ち、聖書からの引用句を読み上げ説明をする。舞台の上部にはデジタル・サイネージを使って成句が映し出され、聖書を持参していなくても目で文字を追うことができる。続いて、エドリン主任牧師が立ち、聖書の「ヤコブの手紙」の第三章について、言葉の使用による罪と祝福についての説明がなされた。その後、一一名のエルダーたちの紹介があり、合唱の後に礼拝式は終了した。エルダー・ローズマリーは、舞台の前にほかの二人と立ち、会場から立ち上がった信者が何やら深刻に相談しているように見えたが、次の教会への時間も迫っていたので、挨拶は遠慮して、教会を後にした。後に、エルダーにメールを書いたところ、次のような返事がその日の夜に届いたので紹介しておきたい。

親愛なるカズさんへ

ご理解いただき、本当にありがとうございました。今日、祈りのメンバーのうち二人が不在だったので、私が代わりに祈りに立ちました。その白人男性はとても取り乱していて、エドリン牧師のメッセージは本当に心に響き、感動で感極まったようです。私たちが言葉を交わし、祈った後、その方は気分が晴れ、不和になった友人と和解し友情を取り戻すために進むべき方向がわかったようです。🙏

言葉は本当に影響力があります。人に言葉をかけるとき、私たちは、思いやりと優しさを込めた言葉にしなければなりません。たとえ厳しい真実を語るときでも、対立しているときでも。その方の重荷を背負う手助けができたことをうれしく思います。その男性は帰るとき、前より希望に満ちているように見えました。タイムリーなメッセージをくださった創造主に感謝します。

多人種会衆化したモデルケースの教会を訪問できた、と実感した瞬間だった。都市部にある教会として、人種差別問題の解消に少しでも役に立てばと願いながら、この章を終えることにしよう。

第五章　宗教と性的多様性

第四章では、人種問題と福音派の対応について論じた。本章では、福音派と聖書でも禁じられているLGBTQ＋について面接調査の結果も交えながら伝えていきたい。

二〇二二年の調査で、アメリカ人成人の七％がLGBTQ＋であり、うち三％がゲイまたはレズビアンであり、五％がバイセクシャルであることがわかっている。年齢層で最も数値が高いのが一八歳から二九歳までで、四％がゲイまたはレズビアン、一二％がバイセクシャルである。また、三〇歳から四九歳ではほぼ平均と同じ割合であり、五〇歳から六四歳では三％がゲイまたはレズビアンで、一％がバイセクシュアル、六五歳以上では、それぞれの割合が一％となっている（ピュー研究所、二〇二三年六月二三日）。

アメリカの政界と性的多様性

バイデン政権は歴代政権の中でも最もLGBTQ＋を重視する政権とされているが、政権発足前の二〇二〇年一二月の時点でホワイトハウスの主要ポストにLGBTQ＋の人々を数名指名していて、彼らの権利を政権における優先事項にすると繰り返し公言した（NBCネットニュース、二〇二〇年一二月五日）。

二〇二一年六月一日にバイデン政権は、同年六月をレズビアン、ゲイ、バイセクシャル、トランスジェンダー、クィア（LGBTQ＋）のプライド月間とする宣言を発表し、最も包括的な「性自認または性的指向を理由とする差別を防止し、それと闘う」という大統領令に署名した。これは、性自認や性的指向に基づく差別を防止するための公民権法を完全に施行することを定めるものだ。大統領はすべての連邦政府機関に対し、性的指向や性自認を含む、性に基づく差別行為を防止するすべての連邦法を徹底して実施するよう指示した。この大統領令はこれまで大統領が署名したものの中で、ＬＧＢＴＱ＋のアメリカ人にとって最も重要な政策の一つであり、この大統領令の結果、各省庁はすでにＬＧＢＴＱ＋の人々にとっての完全な平等を推進するための大きな一歩を踏み出した。

国務省グローバル広報局によれば、バイデン政権はＬＧＢＴＱ＋の二〇〇名を政治任用した。主だったところでは、ピート・ブッテイジェッジはゲイであることを公表した初の運輸長官に任命された。カリーン・ジャン・ピエールは黒人女性としては二番目となり、レズビアンであることを公表した初のホワイトハウス報道官となった。ネッド・プライスはゲイであることを公表した初の国務報道官。プライスはＣＩＡや合衆国国家安全保障会議での職務経験がある。そして、レイチェル・レヴィーン博士はトランスジェンダーであることを公表した初の保健福祉次官補を務めることとなった（ホワイトハウスウェブサイト、二〇二一年六月一日）。

また、第一一八回連邦議会の議員のうち一三名は自らがＬＧＢＴＱ＋であることを公表しており、史上最多の代表者数を記録した。うち二名が上院議員であり、一一名が下院議員である（ピュー研究所、二〇二三年、一月一一日）。

福音派の性的多様性

福音派はアメリカの人口のおよそ二四％を占める。つまり、およそ四人に一人が福音派ということになる。人口を三億三〇〇〇万（二〇二一年）としても、八二五〇万人である。ピュー研究所（二〇二三年六月二三日）によれば、LGBTQ＋のアメリカ人は全人口の七％を占めることから、五五四万人あまりが該当する。また、UCLA法科大学院ウィリアムズ研究所（二〇二〇年一〇月八日）によれば、LGBTQ＋のうちの五三〇万人が、「宗教は人生にとって重要で定期的に教会の礼拝式に出席する」信心深いアメリカ人ということがわかっている。こうした特徴を持つのは福音派であることから、そのおよそ六・四％を占める五三〇万人がLGBTQ＋だといってよいだろう。これは、兵庫県の人口（五四六万人）より若干少ない規模なのだ。

先述の元アメリカ宗教学会会長で宗教倫理学者のデイヴィッド・ガッシーによれば、宗教右派に属する保守的福音派、特に原理主義者にとって、同性愛や同性婚は、一九六〇年代から始まった同性愛者の権利運動以来、反同性愛運動の先鋒《せんぽう》として活動を展開してきた。彼らの活動は、特に、旧約聖書の「レビ記」二〇章一三節の「女と寝るように男と寝る者は、両者共にいとうべきことをしたのであり、必ず死刑に処せられる。彼らの行為は死罪に当たる」という記述を拠り所としている。

二〇〇三年にマサチューセッツ州で同性婚が合法化されると、この問題は宗教右派の最優先課題の一つとなった。多くの保守派にとって同性婚は文明の構造そのものを根底から覆す問題だった。宗教右派の活動家からすれば、それは、異性間の不倫よりも罪深いため、最低でも抑制されるべきであり、可能な限り犯罪として扱うべき由々しき問題だとされてきた。福音派の支配層がその法制化防止のためにかなりの資源を投下してきた同性婚は、二〇一五年の連邦最高裁判所による「オバーグフェル対ホッジス」判決によって、全米五〇州で認められるようになった。

同性愛者の権利運動の活発化に反発した、フロリダ州のアニタ・ブライアントなどの活動家の精力的な情報戦略が功を奏して、ゲイの人々はロリータコンプレックスであるため、子供たちを誘惑し破壊するらしいなどといった、まことしやかな噂が福音派の世界では飛び交っている。ゲイコミュニティでは彼らの敵は他でもない教会なのだ。ＬＧＢＴＱ＋の家族が亡くなっても、埋葬もしない福音派の家庭も存在するという。

福音派の指導者たちが決して気づかなかったのは、自分たちの反ＬＧＢＴＱ＋的な説教や書籍、投稿やビデオ、さらには教義上の公式見解が、自分たちの家族、教会、学校で苦しむＬＧＢＴＱ＋の人々であることをひた隠しにしてきた人々に聞かれてしまっていることだ。指導者らはそのことを知らなかった。なぜなら、その人たちは自分の正体を隠してきたからだ。あるいは内心では人知れず悩んでいても、彼らが正体を隠してきたからだ。そのことにさえ、指導者らはまだ気づいていなかった。恐怖に怯える保守的福音派のＬＧＢＴＱ＋集団は、権威ある宣言を行う人々からは見えなかった。つまり、家族会議、教会、聖歌隊、指導者、学校からの追放、自殺未遂者の語りなど、彼ら自身が勇敢にカミングアウトするまで、彼らの存在は見えなかった。

懸念する福音派

ここからは、ニューヨーク市にあるユニオン神学校で教鞭を執るアイザック・Ｂ・シャープ客員助教の『その他の福音派』（二〇二三年）を手がかりに、宗教的価値と性自認の揺らぎとの間で苦しむ福音派の若い信徒とそれに対する福音派のさまざまな対応について考えていきたい。

ラルフ・ブレアは高校生のときにキリスト教福音派に改宗し、同時にゲイであることを認識したものの、信仰と性自認についてさほど思い悩むことはなかった。十代のうちは自分の信仰とこうした性認識が自分の人生の中でどのような意味を持つことになるのか、徐々に理解を深めていった。一九五六年に高校を卒業したブレアは、福音派の若者らしくビリー・グレアムかぶれになり、ボブ・ジョーンズ大学に入学する。ある講演会で、マディソン・スクエアでの伝道集会の対象に原理主義者以外の福音派を含むことを決めたグレアム師を手厳しく批判した講師の発言に腹を立て、講師の発言を批判したのを誰かに聴かれ、学部長室に呼ばれて厳重注意を受けた。それもそのはず、その講師はジョーンズ学長だったからだ。グレアムがそうであったように、ブレアも一九五八年にボブ・ジョーンズ大学を離れ他大学に編入している。その後、ダラス神学校、ウエストミンスター神学校で神学を修め、南カリフォルニア大学（USC）の大学院で宗教学を専攻する。

USCに在学中の一九六〇年代初頭にインター・ヴァーシティ・クリスチャン同盟（一九四一年に創設された超教派のキリスト教福音派によるキャンパス伝道団体）に属し福音派本流の世界に飛び込んだ。活動を続けているうちに、ブレアの中に、ゲイのキリスト教徒は献身的な関係を築くよう奨励されるべきであり、継続的な支援を受けるべきだ、という信念が芽生え、それを他者に対して表現するようになっていった。一九六四年にUSCで修士号を取得後、ペンシルヴェニア大学のインター・ヴァーシティのスタッフとして勤めてからちょうど一年目で、イエール大学でのキリスト教徒の学生へのプレゼンテーションで、カミングアウトし、同性愛者としての見解を自ら語った。その後ブレアは、二年目の同団体への所属を拒否された。

一九六五年にペンシルヴェニア州立大学の礼拝堂勤務の臨時牧師として勤務する傍ら大学院博士課程

で同性愛の病因と治療法について研究した。その結果、同性愛の原因は不明瞭なままで、心理学的研究はどれも不十分で結論に矛盾点が多いことを知る。さらに、同性愛者を異性愛者へと矯正して転換させるさまざまな治療法が考案されたが成功した証拠は見いだせないままであることを突き止めた。ブレアは、原因の特定と治療法の発見の両方を否定する博士論文を提出した。博士号を取得後、彼はニューヨーク市に移り、ニューヨーク市立大学の短期大学でカウンセリング部長に就任した。その後一九七一年には、同性愛コミュニティ・カウンセリング・センターを設立し、一九七四年に『同性愛カウンセリング・ジャーナル』を発刊する。一九七〇年代には性自認に苦しむ患者を持つ医療専門家を対象としたセミナーの開催などの仕事をするうちに、ブレアは、人知れず性自認に苦しみ苦闘する孤立した福音派の若者を救うために広く福音派コミュニティに呼びかけ、性自認に苦しむメンバーを支援するのに役立つ「和解の伝道活動」を福音派の世界が必要としていることを痛感し、一九七五年、ついに、この種のものとしては初のイヴァンジェリカルズ・コンサーンド（EC——憂慮する福音派）という団体を立ち上げる。

ECの特質はメンバーが福音派であるという大前提があり、そのうえで自分たちの性認識がたまたまゲイやレズビアンだというグループとして理解してほしい、とブレアは考えている。ECは当初から、LGBTQ+に対して福音派の人々が抱いている誤った見方や偏見と、LBGTQ+福音派の人々がキリストの福音について抱いている誤解を憂慮する、福音派キリスト教徒の全国的な伝道団体と銘打って結成された。LGBTQ+が不自然なものでも、選ばれたものでも、本質的に罪深いものでもないことを、性自認に苦しむ福音派を取り巻く福音派コミュニティが理解すること、さらに、性自認に苦しむ福音派自身もそのことを理解する必要があったのだ。ゲイやレズビアンの福音派たちは、献身的なパートナーシップを形成して、神に対する責任を果たしながら同性愛の人生を生きるうえで必要な周りの支えや励ましを必要としている、とブレアは考えた。

一九七六年一二月、ECの代表者たちは福音派の大学伝道集会のメッカといわれる、インター・ヴァーシティ恒例のアーバナ伝道大会に参列した。その年の総会でビリー・グレアムの講演が予定されていた夜、数人のECメンバーが会場の外に集まる前に祈りの時間を持った。グレアムの話の後、およそ一万六千人の代表者たちが会場を後にするときに、ECの代表者たちはパンフレットを配り、悔い改めない罪人以外の何者とも見なそうとしない福音派の人たちによって創り出された、同性愛者という福音伝道の未開拓地が存在することを知らせた。

エックス・ゲイ運動

フランク・ウォーセンは、一九七三年に典型的な福音派への回心体験を経て、長年の間「同性愛者のライフスタイル」を通じて罪深い生活を送ってきたことを自覚し、地元カリフォルニア州のサンフランシスコ湾岸エリアにあるカリスマ派のキリスト教会に通い出した。別の地元教会の牧師ケント・フィルポットの勧めで、ウォーセンはすぐに、フィルポット牧師の教会において毎週開かれる集会で、グループのメンバーと共に一握りのゲイやレズビアンの人々にカウンセリングを提供し始めた。このグループはそのうちにラヴ・イン・アクション（LIA）と自らのグループに名前を付けたが、この団体の結成が後のエックス・ゲイ運動を誘発する契機となる。フィルポット牧師は一九七五年にウォーセンのように同性愛を苦闘の末に脱却した六人の生きざまを描いた『第三の性？　六人の同性愛者のストーリー』を出版し、神の定めた秩序にはバイセクシャルも同性愛も存在しない。従って、同性愛は明らかに個人の選択だ、と主張した。

ウォーセンは一九七五年にカリフォルニア州アナハイムのエックス・ゲイ介入チーム（ＥＸＩＴ）と連絡を取り合い協力することになる。ＥＸＩＴはマイケル・ブッセーとジム・キャスパーが運営していたが、ウォーセンは協力を申し出て、新たに加わったバーバラ・ジョンソンの協力を得て、一九七六年にアナハイムのメロディーランド・クリスチャンセンターにおいて「同性愛者に自由を」と題した三日間にわたる大会を開催する。六〇名を超える参加者の同意を得て、ＬＩＡとＥＸＩＴを傘下とし、両組織を統括するエクソダス・インターナショナルという団体を設立する。彼らのミッションは、「同性愛は罪であると宣言し、神の愛と個人を創造し直す贖罪《しょくざい》の力を肯定し、神の義と神聖の基準を支持する」というものだった。

当時、福音派コミュニティの指導者の間では、同性愛者を異性愛者に転換させることを究極の目的とするグループ、そのような転換を懐疑的に見るグループ、さらには、こうしたセラピー的な介入による転換を主張する指導者とは異なり、旧態依然とした憑《つ》き物を祓《はら》う儀式を提供するグループも現れる始末。ウォーセンたちの団体が第二回大会を開催した際には、会場の外で同性愛者擁護団体が抗議活動を展開するようになっていた。

そのころブレアは、同性愛者として生まれた人々を宗教に基づき非難するのではなく、パートナー同士を擁護し支援すべきことを長らく主張してきていた。彼は、怪しげなセラピーや加持祈禱《かじきとう》的な方法によって同性愛者を異性愛者へと矯正する胡散《うさん》臭い治療行為が広がりを見せる一方で、あらゆる機会を利用してエックス・ゲイ運動の危険な影響力を批判し続けた。プロの心療内科医として、同性愛者から異性愛者へと転換できるとする約束が、えせ心理学に基づいた、ろくな科学的証拠もない虚偽の主張であることを見抜いていた。なぜならブレアは、同性愛は治療の必要な障害であるという考えに対して、当時、心理学界が方向転換を始めていることを知っていたし、アメリカ心理学会は一九七三年に診断統計マニュアルから同性愛を削除することを決定したからだった。

事実、エックス・ゲイ運動の一角をなす「イエス・キリストにおける解放」という団体を率いるガイ・チャールズが、全米ラジオ放送のパーソナリティ、ベリー・ファーバーの番組で公開討論を行い、ファーバーはチャールズに対して、同性愛から脱却ができるなどということはあり得ないと断じた。だがその後、キリスト教系新聞が、ガイ・チャールズがカウンセリングをしていた数名の青年と不適切な関係をもっていたことをすっぱ抜き、一九七七年にチャールズは同団体から脱退した。さらに、七〇年代末になって福音派の旗艦雑誌『クリスチャニティ・トゥデイ』は、ケント・フィルポットの『第三の性？』の調査対象となった六名の同性愛者のうち二名は異性愛者となったものの、四名は最終的には、同性愛者に戻ったことを報告している。エックス・ゲイ運動の先駆けとなったエクソダス・インターナショナルの創始者のひとりであるマイケル・ブッセーは、ボランティアのギャリー・クーパーと恋愛関係に陥り、一九七九年に行われた教会でのプレゼンテーションで、両者は、福音派教会が同性愛者を受け容れるべきだと主張したという。

結局、ブレアにとっては自らの主張の正しさが証明される形となっていたが、少数ではあったが、異性愛者への転向に成功した例をもっていたエックス・ゲイ運動の方向性は、完全に間違っているとは言い切れなかった。とはいえ、聖書中心主義を信条とする福音派にとって、聖書の記述は絶対的な意味をもった。

そのため、聖書で禁じられていることは明らかな罪と見なされた。

ドイツの神学者ヘルムート・ティーリケやフラー神学校の倫理学者であり神学者であるルーウィス・スミーヅは、ＬＧＢＴＱ＋の人々を受け容れた。こうした動きに影響され、キリスト教主流派の神学者たちはＬＧＢＴＱ＋の人々を拒否し断罪しなくなっていた。彼らは、聖書の言葉は時代を反映したものでその背後にある真理を理解し、社会の発展に役立てようとしたからだ。これに反して聖書中心主義の福音派はＬＧＢＴＱ＋の人々を依然として拒否し断罪した。特に、八〇年代のモラル・マジョリティのジェリー・ファルウェルなどの宗教右派は同性愛者への偏見を公言し反同性愛主義を前面に主張した。

確かに、聖書によれば同性愛は罪であり同性愛者は断罪されるべき存在であるにしても、大方の福音派はせめてもの隣人愛を彼らに注ぐことこそ、福音派の福音派たる所以《ゆえん》だと感じていた。主流派キリスト教徒と宗教右派の中間に位置したのが、「罪を憎み」「罪びとを愛する」立場、すなわち、彼らを断罪はしないが、受け容れることもせず、ただ神の恵みによる異性愛者への転換を目指すエックス・ゲイ運動だった。

二〇世紀の幕開けと共に、広く引用され大論争を巻き起こす研究結果が公表される。この研究成果は極めて信頼に足るもので、主流の心理学と福音派の溝を埋める役割を果たすとともに、エックス・ゲイ運動が一矢報いる役割を果たし、脚光を浴びる切っ掛けを提供した。

福音派の合意

専門家の精神科医であり、公認牧師であり、後に学術誌『牧会心理学』の編集委員となるＥ・マンセル・パティソンは、六〇年代から七〇年代にかけて、心理学的研究の成果を福音派コミュニティに活かす研究活動を行い、福音派の旗艦雑誌『クリスチャニティ・トゥデイ』や福音派の学術誌『アメリカ科学協会誌』に投稿して来た。同性愛の研究に関しては、福音派のコミュニティと心理学会の両陣営で相矛盾する考えや競合する主張が存在することに気づき、両者の間に蔓延《はびこ》る混乱のいくつかを解消する試みを行っていた。

パティソンによれば、同性愛は、性的アイデンティティの正常な発達過程における早期の障害に起因し、その結果、アイデンティティの獲得において欠落している要素を補おうとする努力によって引き起こされる指向に帰着する。従って、同性愛は、発達上の異常であって、社会的差別をなくしても治らないという。幸い、この逸脱状況は永久的なものではないかもしれず、性自認に苦しむ人々に必要なのは、侮蔑でも是認でもなく、転換を助けることだと述べた。七〇年代末では同性愛解放運動も主流の心理学者コミュニティも、性的指向の転換は不可能だと結論した。既存のデータでは極めて困難で、ほとんど失敗に終わっていて、パティソン自身も転換については悲観的になったこともあったが、過去五年間で状況が一転した。

その研究成果を『アメリカ精神医学ジャーナル』の一九八〇年一三七号に「元同性愛者――宗教が媒介する同性愛者の変化」と題して発表して多大の反響を呼んだ。その中で、パティソンは、とある宗教ホットライン危機管理プログラムが、同性愛者に危機管理サービスを提供し、多くの顧客が同性愛指向から異性愛指向への転換に成功したと主張していた。パティソンはこの団体の主張を科学的に立証するために研究を開始し、同性愛者が長期にわたる心理療法を受けずに異性愛者になりうるという、文書化された最初の重要な証拠となった。しかも、これに限らず、同様のネットワークが存在し、アルコール・アノニマスのような自助型ピアグループが複数存在し、その将来への意義は革命的だと主張している。

その後パティソンの研究は主要な福音派雑誌に掲載され脚光を浴びると、ブレアへの批判が高まったが、ブレアは元同性愛者の人々は依然として同性への欲求が続いていると報告している。

一九八〇年代半ばになって二つの出来事が発生し、そのために同性愛者に関する福音派のコミュニティにとって合意形成が必要となった。一つは、同性愛者の人権運動、今一つは、エイズへの対応だった。

同性愛者の人権運動について、八〇年代半ばになると、主要な福音派の穏健派は、宗教右派の批判に対抗して、同性愛者に対してより生産的で慈愛に満ちた対応をする一方で、福音派以外の主流派の同性愛者の人権法案をめぐる運動にますます危機感を募らせていた。NAEは、一九八五年に、「同性愛に対する声明」の中で「性的指向に基づいてそのような個人に特別な配慮をする法案に反対する。そのような法律は、必然的に同性愛の実践を正当化し、その実践を容認された道徳的基準のレベルにまで高めるものと受け取られる」と断じた。万が一法律となった場合、同団体は教会やその他の宗教的組織はそうした法律の対象外となるべきことを主張し、信教の自由に悖《もと》る重大な事柄だと警告している（NAEのウェブサイトより）。彼らの主張は、聖書により同性愛は禁じられており、同性愛者は転換を通じて解放される希望があるというものだった。

エイズへの対応については、一九八五年、往年のハリウッド映画界の大スター、ロック・ハドソンがエイズ関連の合併症で他界したことが報道されエイズ危機が全米に広まる。『クリスチャニティ・トゥデイ』や『クリスチャン・センチュリー』といった福音派の雑誌はこの問題を取り上げ、宗教右派は人口の四分の一を占める福音派に対しこの問題を煽り立てた。例えば、ジェリー・ファルウェルは、エイズは「同性愛者」が招いた「疫病」であり、「同性愛者に対する神の怒り」（ワシントンポスト、一九八三年七月六日）だと非難した。世論はエイズと性の乱れの関連は否定できないという方向に傾いていた。

エックス・ゲイ運動の顛末

ＮＡＥは一九八八年に、「不道徳的な行為とエイズウィルスの感染拡大との関係は自明」であり、エイズ危機への真の回答は、「聖書に基づく性道徳の促進」にほかならないと判断した。

一九八八年一月、クリスチャン・センチュリー誌に寄稿したロナルド・サイダーは、エイズに関する福音派の視点を提示し、その中で彼もまた、同性愛の性交渉とエイズ感染との関連性を強調した。神が、特定の罪を罰するために近年この病気を創ったという考えは、聖書的ではなく、経験的にも間違っていると彼は指摘した。しかし、創造された秩序に明確に組み込まれた神の命令に違反したとすれば、それなりの結果を伴うものであり、福音派が同性愛の実践をそのような違反の一つとして非難することは正しい。エイズと同性愛の間に関連性がある限り、サイダーは、非難されるべきは同性愛の乱交であり、同性愛の実践が間違っているという福音派の信念ではないことを強調した（クリスチャン・センチュリー、一九八八年一月）。

ＮＡＥにしても、福音派左派のロナルド・サイダーにしても、同性愛行為は罪深い行為として判断していた。当時の福音派は一般に、同性愛とエイズに関してどのように判断し対応したのであろうか。

一九八〇年代後半までに、福音派の主流の指導者たちは、同性愛行為は明らかに罪深いものであり、そのような不道徳的行為はエイズ危機と切っても切れない関係にあり、同性愛者に特別な権利を与えるべきではなく、福音派は同性愛者の罪びとを愛することをもっとうまくやる必要があるという非公式な合意を形成するために、一〇年の大半を費やした。

一般に福音派は、異性愛者への転換は予想よりもはるかに時間のかかる矯正法であり、成功する保証などないと認識していた。とはいえ、大半の主要な福音派の指導者たちはエクソダスのようなエックス・ゲイ団体が救いの手を差し伸べていることを強調した。福音派の人々の大半は、たとえ治療が困難であっても、こうした試みは、問題への真摯な対応であり賞賛されるべきものとして奨励した。そのため、当時、一般の福音派が転換の手続きについて異議を唱えることは、福音派としての信用を失うことに直結するものと捉えられていた。

結局、エックス・ゲイ運動は、一九七〇年代から九〇年代にかけて、主流の福音派や主流の心理学の周辺で活動を行う団体として、二五年間、教会や福音派の文化から無視された存在だった。

ジェイムズ・ドブソン率いるフォーカス・オン・ザ・ファミリーは、公式見解として同性愛に対しては敵対的なレトリックを展開し続けたが、一九九〇年代初頭になると、ドブソンは「同性愛者には希望がある」といったタイトルの記事も発表するようになっていた。同団体が、一九九四年に異性愛者に転向した指導者ジョン・ポークを雇うと、同組織の出版物の極論的な論調は、急速に同性愛者への希望のようなものに変わっていった。エックス・ゲイ運動にとって最大の宣伝効果は、アメリカ再生センターが非福音派のキリスト教団体の協力を仰ぎ、同性愛を罪と呼ぶ人々による敵意と不寛容に対抗するため、「愛の中の真実」と銘打った大規模な全国的広告キャンペーンを開始したときだった。ニューヨークタイムズ、ワシントンポスト、USAトゥデイなどの主要な新聞社がこぞって広告記事を掲載した。

フォーカス・オン・ザ・ファミリーなどのグループと、長らく影が薄かったエックス・ゲイ運動が融合することで、「エクソダス」のようなグループはかつてないほど全国的に脚光を浴びるようになった。一九九九年には、あのジェリー・ファルウェルまでもが、同性愛は異性間の不倫ほど罪深くはない、と語った。

二〇〇〇年代半ばになると、エクソダスはさらに、同性愛者の権利をめぐる広範な政治的議論への関与を強め、最終的には連邦議会で証言し、ジョージ・W・ブッシュ大統領とともに結婚保護修正条項を支持する記者会見に出席するようにもなった。

しかし、エックス・ゲイ運動は、世紀末の急激な盛り上がりをきっかけに発生し始めた多くの内的・外的要因によって一気に没落の一途を辿ることになる。

外的要因としては、「変化は可能である」という運動の主張が、かつてないほどさまざまな方面から激しい批判を浴び始めたことが挙げられる。変化は可能でも必要でもないと一貫して結論付けてきた主流の科学界や心理学界は、性的指向性転換への努力は潜在的に有害であり、非倫理的である可能性が高いことを示唆し始めた。二〇〇五年ごろになると、性的指向性の転換運動は、反対運動にも立ち向かわざるを得なくなった。

エックス・ゲイ運動の最終的な崩壊は、同性愛者から異性愛者への転換が、宣伝されているほど簡単なものではないという、当初からいわば公然とした内部秘密によって引き起こされた。多くの福音派は熱心にエックス・ゲイ宣教を奨励してきたものの、二〇一〇年までには、エクソダスの当時のアラン・チェンバーズ会長ですら、エックス・ゲイ運動で過去に出会った人の九九・九％は性的指向性の転換を経験できなかったと語っている（アラン・チェンバーズ、二〇一五年）。二〇一三年のエクソダスの解散後、福音派の指導者たちはエックス・ゲイ運動への支持をやめ、福音派の中の同性愛者への反感はおおかたの見方となっている。

二〇〇八年、元来同性婚には反対の立場だったＮＡＥ副会長のリチャード・サイジックは、その考えを撤回し、副会長を辞任した（ワシントンポスト、二〇〇八年一二月一二日）。サイジックの辞任は波紋を呼ぶことになる。翌年の二〇〇九年には、最も影響力ある穏健な福音派牧師のひとりと見なされているリック・ウォーレンは、自らのメガ・チャーチ、サドルバック教会の信徒に対して、当初は、カリフォルニア州での同性婚の禁止を求める修正第八号議案を支持するよう奨励していたが、この問題については距離を置いて立場の表明を避けた。福音派の重鎮たちは、ウォーレンのとった態度は福音派の進む方向に逆行する動きと見て、非難を浴びせた。その結果、彼は当初の主張通り、結婚は一人の男性と一人の女性の間で交わされる盟約とする聖書の教えを改めて強調したのだった（クリスチャニティー・トゥデイ、二〇〇九年、六月）。

二〇一四年、先述の、元福音派の宗教倫理学者、デイヴィッド・Ｐ・ガッシーは、『我々の考えを変える』という本を出版した。彼は、従来結婚は異性間であるべきという福音派の総意に基づく固い信念を抱いていたが、ここにきてその考えを撤回し、ＬＧＢＴＱ＋のキリスト教徒は他のキリスト教徒と同等に扱われるべきであるという考えに変わったことを正式に表明した。同書は福音派の重鎮に大きな衝撃を与え、かつて講義した大学からの講演依頼はピタッとなくなり、出版社も丁重に出版を断るようになったという。それ以来ガッシーは自らを福音派とは呼ばず、単にキリスト教徒あるいはキリスト教倫理学者と呼んでいると語った。二〇一八年の一一月一七日にアメリカ宗教学会（ＡＡＲ）の年次学術大会での会長就任講演のタイトルを「アメリカの白人福音主義の破滅の中で」としたのも偶然ではない。ガッシーはアメリカの白人福音主義は道徳的に退廃している、と筆者に語ってくれた（二〇一八年一一月一三日の聴き取り調査）。

翌年の二〇一五年、福音派左派のアンソニー・カンポーロは、ＬＧＢＴＱ＋に関心を示すペギー夫人の見解に同調して、同性愛者のカップルを教会に完全に受け入れることを表明した。また同年に、『クリスチャニティ・トゥデイ』の元編集長のデイヴィッド・ネフも、同性婚に賛成の意を表明している（クリスチャニティ・トゥデイ、二〇一五年、六月）。

福音派の間でのＬＧＢＴＱ＋は、聖書に忠実に宗教の力を使って異性愛者への転換を招来する手立てを駆使してきたが、結局、それが困難であることが明るみに出て、世の趨勢に傾く形でＬＧＢＴＱ＋を教会で受け容れるという見解を持つ福音派指導者も現れた。

ＵＣＬＡの法科大学院ザ・ウィリアム研究所（二〇一八年）によれば、転換療法は、著名な医師団体や精神衛生協会や一般市民の間で廃止が支持されているが、依然として行われていて、推定六九万八〇〇〇人のＬＧＢＴ成人が治療を受けている。二〇一八年一月現在、九つの州、コロンビア特別区、三二の自治体が免許を持つ専門家が青少年に転換治療を行うことを禁止する法律を制定している。

最後に、筆者が二〇二三年来調査しているミネソタ州ミネアポリスの教会での調査報告に触れて、本章を終わることにしよう。

ニュー・シティ教会

この教会は、規模も小さくまだ若い教会である。二〇一六年に中国系アメリカ人のタイラー・シット共同主任牧師がリーダーシップを執り、事前の関係構築とネットワーキングを始め、人々が集まりだし、二〇一七年一一月から毎週の礼拝を始めたという、まだ駆け出しの教会で、もう一人のダナ・ニューハウザーという女性の日系アメリカ人牧師と二人が中心になって切り盛りしている、リベラルで、ジェンダー的にも、性的指向的にも、人種的にも極めて多様な教会で、ＬＧＢＴＱ＋の人々に門戸を開く数少ない、進歩主義的でリベラルな合同メソジスト系の教会である。人種的には六〇％が白人で、その他は二人の牧師を含むアジア系アメリカ人、黒人、ヒスパニック系アメリカ人で構成され、フルタイムの信徒は四〇名、日曜日の礼拝式に参加する信徒は四〇名から六〇名、そのほかにオンラインで参加するシンパが一〇〇名ほどいるという。多様性という意味では理想的な教会だ。

教会は、ミネアポリス市街地から南に走る南一六番アヴェニューと東三一番アヴェニューが交わる住宅街に立地する。ミネアポリスの市街地とその南にある空港との中間地点からやや北の市街地寄りのところにある。礼拝式は午前一一時三〇分から一時間にわたって行われた。先述のサンクチュアリー・コヴェナント教会とは異なり、音楽はギターと一人の信徒がリードして合唱するという至って簡素な始まりだった。集まったのは比較的若い信徒で三〇名ほどだった。さらに、オンラインで参加するシンパやその日に教会へ行けなかった信徒が加わる。とても自由でカジュアルな雰囲気の中、高めの声を持つタイラー主任牧師のユーモア溢れる語り口が集まった会衆の気持ちを和らげ、盛り上げる。歌いながら隣の信徒とハイタッチをして楽しそうに遊びの要素を入れながら歌う様は今までに筆者が経験したことのない独特の雰囲気を醸し出していた。人種的には多様で、白人、黒人、ヒスパニック、アジア系アメリカ人が入り混じっている。合唱の後は、祭壇の上にあるスクリーンにプロジェクターから映しだされる聖書の引用を見せながら主任牧師による、「コロサイ人への手紙」第三章一二項から一七項の解説を通じて、寛容と許しの大切さを説いた。その後、合同メソジスト派の教会組織についての説明では、牧師は祝福を司るのではなく、信徒が互いに祝福し合うように仕向ける、そういう内容の説明をした。

読者のみなさんは第一章で紹介したダイアナ・バースさんの生い立ちを覚えているだろうか。彼女は、リベラルなメソジスト派の教会に中学まで通い、高校生のときに福音派の教えと出会って人生が一変。福音派の大学院まで修了し、将来は福音派の教会で牧師になることを目指していたが、福音派が宗教右派を結成し、政治の世界と関わりを深めていったとき、男性優位の教会風土に嫌気がさして再度リベラル派に戻るという経験をした女性だった。

このニュー・シティ教会にやってくる人々は、元々保守的な教会に通う家庭で育った人々が多い。次に紹介する四〇代後半の日系人女性の共同主任牧師、ダナ・ニューハウザーさんもそうだ。ダナ牧師との面談は二〇二三年七月のはじめての訪問時に行った。

筆者　ご両親のことを教えてください。

牧師　私の両親は二人とも南部バプテスト派。二人はイリノイ州の大学院の教会で出会った。父はテキサス出身、母はハワイ出身。二人に共通しているのは、二人とも南部バプテスト派だったということです。だから、私が小さい頃は南部バプテスト教会に通っていた。私たちはスコットランドに一年間住んでいました。父は一年間現地の大学教授の職に就いていました。その間、私たちはスコットランド教会に通った。アメリカに戻ってからは、長老派の教会を探しました。数年間はより保守的な長老派教会に通い、その後、アメリカ長老派教会に移ったので、主流派の教会です。私は元カトリック信者と結婚し、合同メソジスト教会を見つけました。

筆者　ダナ牧師を福音派と呼んでもいいですか？

牧師　どちらかと言えば、主流派ですね。南部テネシー州メンフィス市で育ったので、福音派の環境にいたことは確かです。メンフィスはもっと宗教運動が盛んだった。自分では福音派だとは思っていない。福音主義によって育てられましたが。

筆者　生まれ変わった（ボーン・アゲイン）経験はありますか？

牧師　そういうレッテルを貼ったことはありません。正直なところ、私が育った環境（家庭というよりは、友人やコミュニティ）への反動もあったと思う。だから、私はそのような枠組みや宗教的な経験には決して与《くみ》しないのです。でも、神との深いつながりや、ある意味での回心のようなものを経験したことは確かです。

筆者　いつ頃回心されたのですか？

牧師　たぶん中学生のとき。私はキリスト教の信仰にどっぷり浸かって生きてきた。そういう個人的な感覚を持ったのは中学生のとき。具体的な瞬間はわからないけど、あれはもう家族のせいではない。個人的な選択なのです。

筆者　教会についてお聞きします。これまでにいくつの教会で牧師を牧会されましたか？

牧師　聖職者として任命されたのは、実はこの教会が初めてです。他の三つの教会では信徒スタッフとして働きました。このニュー・シティ教会は、私がはじめて聖職者として仕えている教会です。

筆者　なぜこの教会を選んだのですか？　ご主人の教会だからですか？

牧師　実は彼はここには定期的に通っていないんです。ニュー・シティ教会はタイラーが開拓牧師になった新しい教会です。タイラーは創設牧師です。私は二〇一七年の七月にスタッフに加わりました。それは私にとっての選択でした。その理由は、多文化主義だけでなく反人種主義的であることにコミットしているという、この教会コミュニティのミッションが見えてきたからです。ですから、私たちはその活動に本当に力を注いでいます。環境問題へのコミットメントは、私の人生の大きな部分を占めていて、より深く関わっています。

ニュー・シティは人種的に多様です。若いし、三〇代が多い。私は常連参加者の中では間違いなく最古参の部類に入ります。二〇代半ばと若い。ですから、他の多くの合同メソジスト会衆とは世代が違います。そしてそれは、環境と人種的正義に対する公約に関係していると思います。教会は最初から多人種の信徒で構成されています。教会は他の教会よりも包括的であろうとしている。そうですね、ニュー・シティはジェンダーや性的指向に関して、一般的な合同メソジスト教会よりも、多様な背景を持つ信徒を受け容れる包括的なコミュニティです。私たちは指導者として多様性を維持することに尽力してきました。私たちが行う意思決定の優先順位は、多様性と包括性へのコミットメントに根ざしています。

ダナ牧師もやはり、保守的なキリスト教の環境で若い頃を過ごし、その後、より開放的で多様な雰囲気の合同メソジスト系のこの教会に属した人物なのだ。教会運営の立場からダナ牧師が語るように、ニュー・シティ教会は極めて多様な信徒を受け容れる包括的な教会である。

それでは、実際にこの教会に通う信徒にどのような人がいるのだろうか。タイラー牧師から紹介された信徒に対して面談を行った。その記録を記しておきたい。三人目までは対面であったが、四人目と五人目はオンラインでの面談となった。面談は、二〇二四年四月二九日から五月一日の間に行った。

ワンダ・クラッセンさんは、白人の二〇代後半の女性で、メノナイト派の保守的福音派の敬虔な家庭に生まれ育った。彼女の母親はアフリカのマリで生まれ、人種的多様性については、寛容だったため、自分も人種的偏見はなく、多人種と交わることに違和感を抱かずに育った、と語る。学生の頃、インター・ヴァーシティという大学のキャンパスで布教活動をする団体に属し保守的な福音派として学生時代を過ごした。母親の影響もあってか、成人してからは白人中心の福音派キリスト教から距離を置くようになった二〇二〇年に、白人警官のデレク・ショーヴィンが黒人男性ジョージ・フロイドを不適切な拘束方法により殺害した事件が発生。実は、この事件現場は教会から直線距離にして一・五キロほどのところにある。この事件を境に、人種的多様性や人をより愛する必要性を強く感じ、ニュー・シティ教会に属した、という。

サラ・デグナー・リヴェロスさんは、地元の大学でスペイン語を教える四〇代後半の知的な白人女性である。保守的なルーテル派教会の牧師の父親と敬虔な原理主義者の母親の間に生まれ、中学に上がるまで、ホームスクーリングと呼ばれる在宅教育を受けた。一般に、ホームスクーラーは比較的裕福な家庭で育ち、両親から教育を受ける。その後、公立中学に入学して、世俗社会に接して、世界観が変わるほど大きなショックを受けた、という。彼女は、二五歳まで保守的福音派のルーテル教会ミズーリ・シノッドに属したが、二五歳からアメリカ長老派教会に属したり元のルーテル教会ミズーリ・シノッドに戻ったりを繰り返し、三八歳でアメリカ福音ルター派教会に移籍した。いずれも福音派の保守的な教会である。その間、白人男性と結婚して三人の子供を産み後に離婚した。その後、現在の夫である黒人男性と結婚し二人の子供を産み育てた。黒人男性と結婚後、保守的な教会を去り、二〇二一年からニュー・シティ教会に属している。サラさんは、宗教は人生で大切なものであり、日常祈りを欠かすことはない。聖書は神の言葉であると信じるも、かつてそうであったように、逐語的に理解することはない。福音派教会に属していたころは、保守主義を政治的信念とし、共和党を支持していたが、後に進歩主義、リベラルな信仰に転じ、民主党を支持するようになった。人工妊娠中絶は賛成、同性愛や同性婚は賛成、創造論ではなく、進化論を受け入れる立場である。サラさんは、ジェンダー、性的指向性、民族的多様性を受け入れ、軍隊や白人警官の暴力や横暴ぶりを極度に嫌う。

リプリー・ピエドラスータさんは、二〇代後半のヒスパニック系アメリカ人でレズビアンである。アリゾナ州で生まれ、宗派は不明だが、保守的福音派の家庭で育ち、一八歳で実家を出て大学に通い、それ以降ミネアポリスで自立の道を歩んだ。ニュー・シティ教会は、寛容であらゆるものを自由に受け容れる素地があり、とても居心地よく感じている。仕事の合間をみて、コミュニティ・サービスに打ち込み地域社会に貢献することが生きがいと感じている。政治的には、民主党のオバマ大統領もバイデン大統領も人種間の分裂を助長したため、現在では独立系の候補を支持している。宗教は人生で大切であり、教会には定期的に通い祈りは毎日欠かさない。聖書は神の言葉を反映しているが、字義通り逐語的理解はしない。自分はそうではないが、保守主義が最も共通した政治的イデオロギーとみなされ、共和党がそういう人たちに最も支持される政党だと認識している。小さな政府は大きな政府よりも良いとは思わない。人工妊娠中絶には賛成で、同性愛や同性婚は賛成、進化論は受け入れるが、自然淘汰ではなく、神によって進化に導かれていると信じている。

アダム・エヴァーズさんはゲイの白人男性で三〇代前半である。地元の保守的福音派の家庭で生まれ育ったが、保守的教会を転々とし、自分の性認識に違和感を抱いていた。ベスレヘム・バプテスト教会では、牧師の紹介で、聖職者のカウンセリングを受けたが、一度はカウンセラーに耳を傾けるようになったものの、極めて操作的で同性愛的傾向の矯正を強要されたことが切っ掛けで、聖職者のカウンセラーとの接触を断った。しかしアダムさんが属した教会は、アダムさんの性自認が聖書の記述に基づく教会の規約に著しく反するとして、教会を追われる。二〇代前半のことである。その後、自らのアイデンティティを求めて、世俗的なカウンセリングを受けることで、性的傾向を矯正することなく自らの性自認を受け容れることができるようになった。それ以来、NUドット・コミュニティという非営利団体に勤務することになり、LBGTQ＋のアメリカ人に救いの手を差し伸べる仕事をしている。ニュー・シティ教会へは二年前に知り合いの紹介で通うようになった。とても進歩主義的で居心地よく感じている。教会を通じて友人もでき、気心の知れた信徒たちと週一度の夕食会に参加するのを楽しみにしている、と語る。アダムさんは、宗教は人生で大切なものであり、礼拝式出席は月に一度程度だが祈りは欠かさない。聖書の記述は神の言葉であると信じているが、字義通り逐語的理解はしていない。終末論はフィクションだと信じている。保守主義が政治的に最も共通するイデオロギーとは思わず、共和党が最も頻繁な政党所属だとも思わない。人工妊娠中絶には賛成で、同性愛や同性婚にも賛成。進化論は認めるが、人は神に導かれて進化したと信じている。

リリー・ダンクさんは、二〇代後半のレズビアンの白人女性。ニュー・シティ教会とは、クィアに親切でとても進歩主義的な教会と聞いてタイラー牧師を通じて礼拝式に通うようになった。子供のころは宗教的に保守的な教会に通い、大学時代は、キャンパスでの布教活動を行う団体に二年間属した。リリーさんは、同性愛者から異性愛者への転換を図るエックス・ゲイ運動についてその存在は知ってはいたが、カウンセリングなどは受けたことがないという。宗教は人生で大切であると信じているが、教会出席や祈りはさほど頻繁に行っていない。聖書は神の啓示を受けた人が書いたものなので神の言葉を反映しているといってよいが、字義通り逐語的に理解する必要はないと信じている。保守主義が政治的に最も共通するイデオロギーとは思わず、共和党が最も頻繁な政党所属だとも思わない。小さな政府が大きな政府よりよいとは思わない。人工妊娠中絶には賛成。同性愛や同性婚にも賛成。人は単純な生物から自然淘汰により進化したと考えている。

＊　＊　＊

このように、ニュー・シティ教会に通う五人の信徒は全員が元々保守的な宗教の風土で育ち、より開かれた自由で多様なこの教会に来たのだ。この教会は、性的多様性や人種的多様性、人種を越えた愛の実践、社会正義の実現、環境保護など動機や目的はさまざまで、極めて多様な人々が集うコミュニティとなっているることがわかる。

第六章　宗教と環境

アメリカ人の気候変動の捉え方

アメリカ人は気候変動についてどのように考えているのであろうか。実は、アメリカでは地球温暖化の原因に関する見方は、信仰の度合いや信仰の形態により大きく左右されることがわかっている。

地球温暖化の原因について興味をそそる調査がある。図表6－1のように、ＰＲＲＩ（公共宗教研究所）が二〇二三年に実施した調査によると、六一％のアメリカ人が地球温暖化は化石燃料の使用などの人間の諸活動（人為起源説）によるものであり、二八％は地球環境の自然のサイクル（地球環境循環説）によると考え、一〇％は信頼に足る証拠がないと答えている。

しかし、信心深いアメリカ人ともなると様子が一転する。図表6－2のように、生活の中で宗教が最も重要だと考える人の場合、人為起源説を採る人は三九％で、アメリカ人全体よりも二二ポイント減り、地球環境循環説を採る人は四〇％と全体より一二ポイント増え、確固たる証拠が不足していると答えたのは二〇％で、全体より一〇ポイント増えている。この割合は、信仰心が薄れるにしたがって、人為起源説を採る人は増え、地球環境循環説を採る人は減っていく。宗教は重要ではないと答えた人の場合、その七八％（一七ポイント増）が人為起源説、一六％（一二ポイント減）は地球環境循環説を採り、五％（五ポイント減）はデータ不足と答えている。

一方、図表6－1にあるように、信仰の形態で見ると、宗教団体に属していない人では、人為説を採る

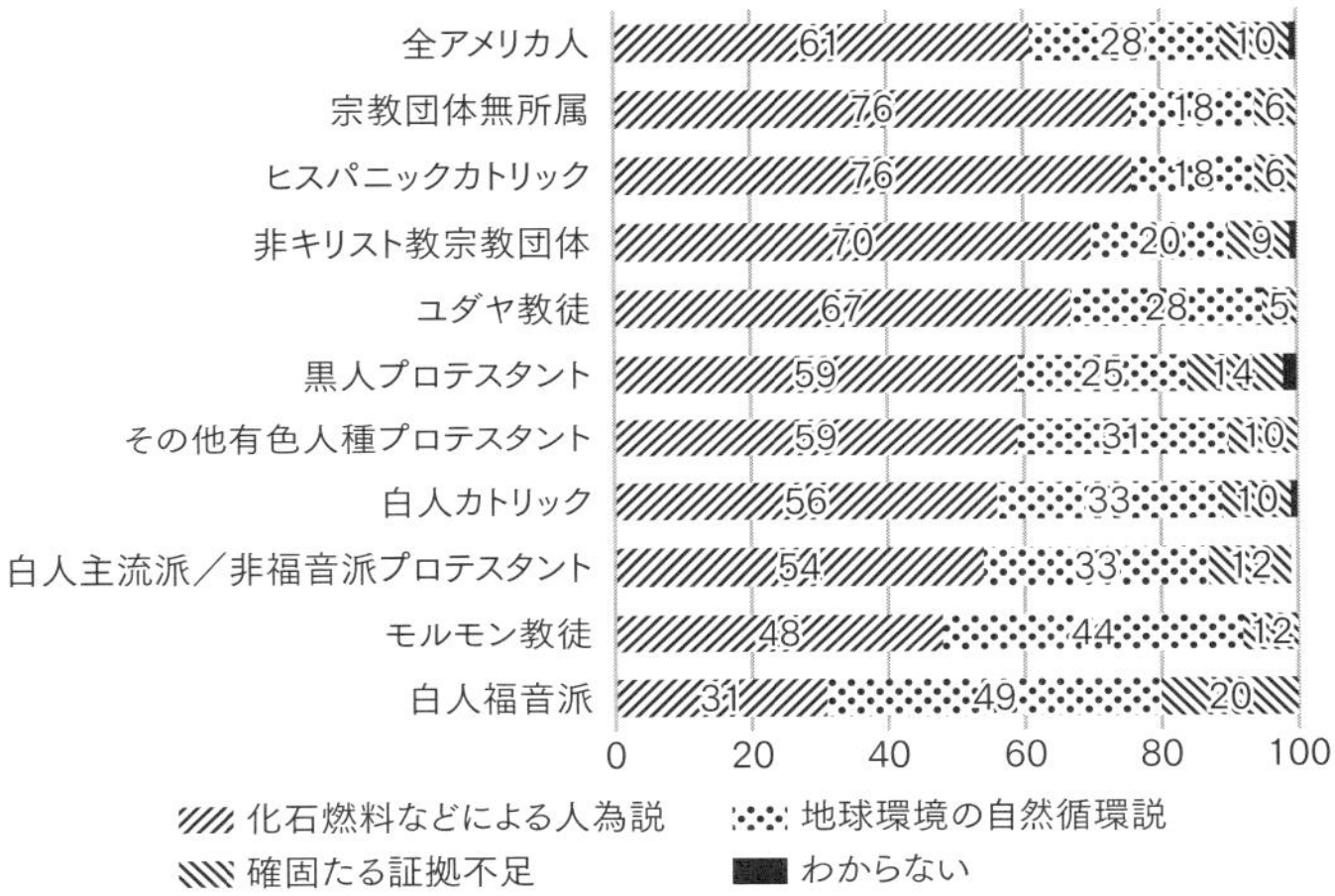

図表 6-1　気候変動の捉え方（信仰の形態別）
(PRRI, The Faith Factor in Climate Change: How Religion Impacts American Attitudes in Climate and Environment Policy, October 4, 2023.)

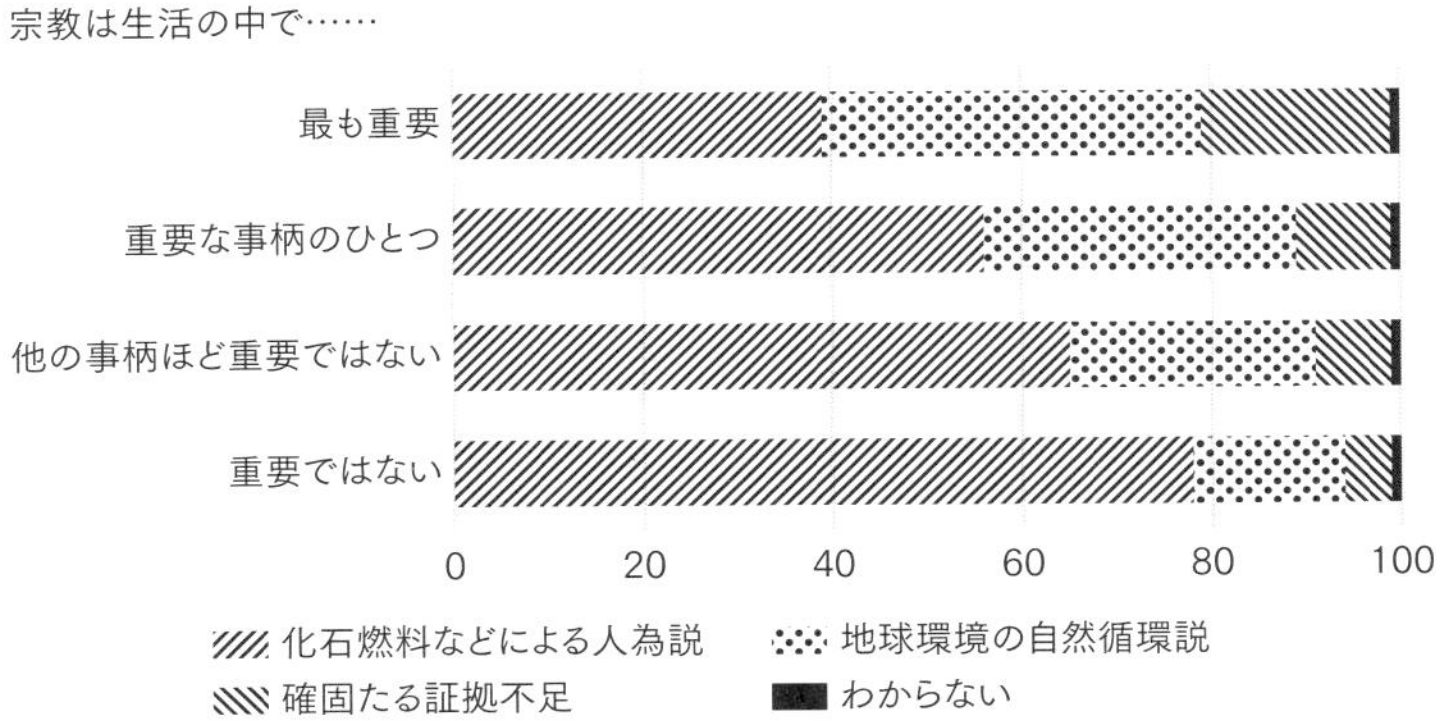

図表 6-2　気候変動の捉え方（生活における宗教の重要度別）
(PRRI, The Faith Factor in Climate Change: How Religion Impacts American Attitudes in Climate and Environment Policy, October 4, 2023.)

のは七六％（五ポイント増）で、地球環境循環説を採るのは一八％（一〇ポイント減）で、証拠不十分と答えた人は六％（四ポイント減）となっている。ヒスパニックのカトリック教徒も同様である。

白人主流派つまり非福音派のプロテスタントでは、人為起源説が五四％（一二ポイント減）、地球環境循環説が三三％（五ポイント増）、証拠不十分が一二％（二ポイント増）と変化し、モルモン教徒では、それぞれ、四八％（一三ポイント減）、四四％（一六ポイント増）、一二％（二ポイント増）となっている。

最も保守的な白人福音派プロテスタントでは、三一％（三〇ポイント減）が人為起源説、四九％（二一ポイント増）が地球環境循環説、一九％（九ポイント増）がデータ不足となっている。アメリカ総人口のおよそ二四％を占めるとされる福音派のおよそ二人に一人が、地球温暖化の原因を人為的なものではなく、自然のサイクルの一部とみていて、一〇人に三人が化石燃料の使用など人為的な出来事だと考え、五人に一人が証拠不十分としていることがわかる。

福音派の環境問題への関心と二つの立場

従来の福音派は、同性婚や妊娠中絶といったセクシュアリティや家族の価値に限定した問題を扱うことで知られていたが、二十一世紀になってますます環境問題に関心を持つようになった。そもそも、いつごろから福音派は地球温暖化現象に関心をもつようになったのであろうか。

宗教社会学者のローレル・カーンズによれば、キリスト教福音派が地球温暖化現象について関心を持つようになったのは、一九六七年に、中世史研究家のリン・T・ホワイトが気候変動の元凶はキリスト教にあるとして、批判してからである。

ホワイトは、『サイエンス』誌に掲載された「我々の環境危機の歴史的源泉」という論文の中で、自然界をわがもの顔に搾取することを常態化させた原因として、聖書的伝統の中に見られる支配の神学とそれに伴う人間中心主義を挙げている。

神は、人間にすべての動物に名前をつけ支配権を確立させた。神はこのすべてを、人間の利益と支配のために計画した。人間の体は粘土でできているが、単なる自然の一部ではない。西欧のキリスト教は、「最も人間中心的な宗教」で、古代のアニミズム的信仰を破壊して人間が哀れみなどの感情を抜きにして自然を搾取することができるようにした。人間を自然の一部と捉える仏教などアジアの諸宗教とは異なり、人間と自然を二元論的に捉え、「人間が本来の目的のために自然を利用することは神の意志だ」と主張した。科学と技術は人間に大きな力を与えたが、生態系に与えている結果から判断すれば、それは制御不能なものとなった。ホワイトは、もしそれが事実なら、「キリスト教は大きな罪悪感を背負うことになる」とキリスト教を批判したのだ。ホワイトが痛烈に批判した立場は、「創世記」一章二八節の「神は彼らを祝福して言われた。『産めよ、増えよ、地に満ちて地を従わせよ。海の魚、空の鳥、地の上を這《は》う生き物をすべて支配せよ』」に由来する。

ホワイトのキリスト教批判に対して、批判の矛先がキリスト教の解釈の仕方にあるとして、著名なカナダの神学者で福音派のフランシス・シェイファーは、一九七〇年に出版した『汚染と人間の死』の中で、福音派による最初の環境神学の構築を試みつつ、ホワイトの論文を批判している。

シェイファーは、ホワイトのキリスト教解釈自体が反環境的なものであり、肉体と魂を二元論的に捉え、物質世界の価値を否定するプラトン的なキリスト教の解釈だと断じる。その上で、宇宙・自然などすべてが神だと捉える汎神論、あるいは仏教が、キリスト教に代わって環境問題を打開する解決策を提供するというホワイトの主張を否定する。そして、改革派キリスト教神学こそが、物質に価値を与える、創造・受肉・肉体の復活といった聖書の教義に根ざす環境倫理に対して十分な基礎を提供すると主張。従って、神が創造された自然はそれ自体が価値をもっていて、神の似姿として創造された人間は、自然を支配し、ケアする道徳的義務を負っていると結論した。この立場は、「創世記」一章十五節に見える「主なる神は人を連れて来て、エデンの園に住まわせ、人がそこを耕し、守るようにされた」に基づいている。

こうした両者の応酬に対して、一九七〇年と七一年に、NAE（全米福音派協会）は危機に瀕する環境に着面して環境を管理・保護する立場として、二つの決議を公に発表した。一つは、「今日、神が定めた自然のバランスを軽率に破壊する者は、神の創造物に対して罪を犯している」（NAE、一九七〇年一月一日）。もう一つは、「私たちは、重大な環境問題を解決するための責任ある取り組みに協力し、所轄官庁が開発した実証済みの解決策を喜んで支援することを誓う」（NAE、一九七一年一月一日）というものである。福音派の旗艦雑誌『クリスティアニティ・トゥデイ』も論説で環境をテーマにシリーズで取り上げた。

環境神学の樹立

一九八〇年代以降に福音派による環境問題への関心は新たな段階へと入っていく。知的活動と高等教育での取り組みである。気候変動活動家のキャサリン・ウィルキンソン（二〇一二年）によれば、一九七七年から七八年にかけて、哲学者のローレン・ウィルキンソンと生物学者のキャルヴィン・デウィットを含む小グループが結成され、ミシガン州グランド・ラピッヅにあるキャルヴィン・カレッジで研究を行い、福音派環境神学の構築を試みている。このグループは一九八〇年に、『地球の維持――自然資源のキリスト教的保護』を出版した。その中で、神が創造した自然の中にこそ本来的な価値があり、人間は、保護者・管理者として、神が創造した自然のために尽くすべきだという考えを示した。管理・保護という形での自然の支配への呼びかけである。

一九七九年、こうした思想の下にデウィットは、オ・サーブル環境学研究所を創設した。創設のミッションは、環境学の知識と聖書の諸原理を組み合わせ、キリスト教徒が神とその創造物の管理・保護について理解を深めることにある。この研究所は、環境学と神学の研究を推し進め、福音派の諸大学との研究・教育交流や小学校における環境教育を実施したり、環境神学フォーラムを主催したりしている。

この初期段階の環境神学は、次のような基本的理念を含んでいた。

- 環境破壊に見られる人間の罪深さと、神が創造した自然に備わる価値の認識
- 現実世界の環境問題から目を背け、天国へと注がれる来世への指向性の放棄
- 自らの魂の救済のみを求める視座を超え、物質界の価値を下げる物質と精神という二元論の放棄
- 終末における滅亡ではなく、すべての被造物の贖《あがな》いを想定する終末論の受容
- 環境悪化は正義に反し、貧しい人々に悪影響を及ぼすこと
- 社会正義とクリエーション・ケアの融合

こうした研究者の努力や研究所の創設は、その後の環境問題に取り組む福音派の活動の土台となって大

学などの研究機関の枠を出て、社会的広がりを見せていく。

社会運動

一九八九年に発生したエクソン・バルディーズ号原油流出事故や、大気圏のオゾン層が一部破壊され穴が空いているという出来事が世に知らされると、キリスト教界では環境への対応の必要性が徐々に増していき、一九九〇年のアース・デイを境に、福音派内部でも環境保護への機運が高まっていく。同年にNAEは、「スチュアードシップ（管理保護）――すべては神の栄光のために」という決議案を可決した（NAE、一九九〇年一月一日）。

同年、モスクワで開催された精神的・政治的指導者のグローバル会議に参加していた著名な科学者カール・セイガンや三二名のノーベル賞を受賞した科学者たちが会議に「宗教コミュニティへの公開書簡」を提出した。この公開書簡に応答する形で、「科学と宗教の合同アピール」の発表に漕ぎ着けた。

一方、一九九二年に世界福音派フェローシップとオ・サーブル環境学研究所の共催で、福音派と環境と題したフォーラムを開催し、その結果は『福音派神学レヴュー』の特別号としてまとめられ、国際福音派環境ネットワーク（IEEN）が創設された。

一九九三年、ポール・ゴーマンの指導の下に、ユダヤ教徒やローマ・カトリック、主流派プロテスタントや福音派プロテスタントで構成される、環境のための全米宗教パートナーシップ（NRPE）が創設され、先述の「科学と宗教の合同アピール」がここに結実する。

NRPEを創設したゴーマンから勧められた福音派左派の神学者、ロナルド・サイダーは、一九九四年に、先述のIEENを、自らが設立した「イヴァンジェリカルズ・フォー・ソーシャル・アクション（社会活動のための福音派）」の下部組織として位置づけ、改称して、EEN（福音派環境ネットワーク）とした。さらに、『クリエーション・ケア』誌を発刊し、「神の創造物をケアする福音派宣言」を発表した。クリエーション・ケアとは、先述の旧約聖書の「創世記」に記されている、神による天地創造に関する記述に基づき、人は神から自然環境をケアすることを義務づけられているという思想に立つ、福音派キリスト教徒による環境保護運動である。現在は、社会活動のためのキリスト教徒と改称されている。

EENによる福音派宣言の背景には科学的裏付けがある。福音派気候イニシアティブには、『気候変動に関する政府間パネル（IPPC）評価報告書』（一九九五年）から、「一九九五年以降、科学界ではこの問題にもっとも真摯に取り組んできた研究者の間で、気候変動は現実に発生しており、主に人間の諸活動、特に、化石燃料の燃焼によって引き起こされているという大方の合意が成立している」という文言が引用されている。

二〇〇二年頃から、NAE（全米福音派協会）副会長（政府関係担当）を務めるリチャード・サイジックは、EENの活動に触発され、気候変動に関心を持ち、「クリエーション・ケア」を提唱した。二〇〇四年六月、サンディー・コーヴ会議を共催して、「サンディー・コーヴ盟約」を発表する。二〇〇六年二月には、サドルバック教会のリック・ウォーレン牧師やホィートン・カレッジのデュエイン・リトフィン学長らを含む八六名の福音派指導者が「福音派気候イニシアティブ」に署名し、首都ワシントンDCのアメリカ記者クラブで「気候変動――福音派による行動の要請」を発表した。このイニシアティブは、気候変動に福音派プロテスタントとして一石を投じるべく合意した、三〇〇名以上の福音派指導者を含む規模にまで成長した。しかし、NAEは、このイニシアティブを公式に支持しなかった。ダブリン・トリニティ・カレッジ環境人文学センターのマリサ・ローナンによれば、その理由については二つの見方がある。一つは、気候変動が人為的に発生しているという福音派イニシアティブの見解は、すべての福音派の意見を代表していないし、同協会には全米の多様な見解を持つ福音派が多数属しているため、物議を醸す立場をとるべきではないという理由である。もう一つは、超党派の失敗とする見方で、超保守的な宗教右派が、著名なリベラルな福音派の気候専門家に圧力をかけ、福音派環境イニシアティブに署名させなかったというものである。

いずれにせよ、この一連の進歩主義的な行動は大きなリスクを伴った。なぜなら、白人福音派プロテスタントが形成する団体の中でも最大規模を誇るNAEがリベラルなイニシアティブを採り入れたりすれば、福音派の保守的人口の牽引役を自任し、大統領選挙ともなれば共和党の大票田でもある、超保守的な宗教右派勢力を強く刺激する可能性があったからだ（ウィルキンソン、二〇一二年）。次に、福音派環境イニシアティブについてみていくことにしよう。

反クリエーション・ケア運動

案の定、福音派環境イニシアティブによるクリエーション・ケア運動は、反対勢力に厳しく批判されることになる。その首謀者はキャルヴィン・バイスナー博士である。バイスナーは、南カリフォルニア大学で宗教と哲学を学び、インターナショナル大学で経済倫理修士号を取得後、スコットランドに渡り、セント・アンドリューズ大学においてスコットランド史で博士号を取得した神学者であり気候変動活動家である。『繁栄と貧困――希少な世界資源の慈愛に満ちた使用』を一九八八年に、『成長の見通し――人口、資源および未来』を一九九〇年に著わし、自由市場経済の立場から気候変動を論じる環境問題の活動家でもある。コヴェナントカレッジやノックス神学校で教鞭を執った後、現在彼は、自ら創設した「創造物の管理のためのコーンウォール同盟」を主宰し、スポークスマンを務める。コーンウォール同盟は、神学者、牧師、科学者、エコノミスト、政策専門家、一般人から構成され、聖書の原則に基づき環境の管理と経済成長を共に促進する福音派団体である。また彼は、宗教と民主主義研究所のフェロー、アクトン研究所の非常勤フェローでもある。

キャサリン・K・ウィルキンソンによれば、同盟は二〇〇六年に福音派環境イニシアティブの「行動の呼びかけ」を支える四項目の各項目への批判を盛り込んだ文書をリリースする。「真実、慎重さ、貧しい人々の保護への呼びかけ――地球温暖化に対する福音派の反応」という文書で、「人間がエネルギーのために燃料を燃やし、大気中に二酸化炭素やその他の温室効果ガスを排出することが、地球温暖化の主な原因である」などという福音派気候イニシアティブの主要な指摘は、「虚偽」「誇張」である。「人間は地球を支配するために創造されたのであって、地球の奴隷になるために創造されたのではない」(二〇一二年)。コーンウォール同盟のウェブサイトによれば、二〇〇九年三月にバイスナーは、気候変動政策の神学、倫理、科学、経済学に関する専門家の証人として、米上院環境・公共事業委員会、米下院エネルギー・商業委員会、エネルギー・環境小委員会で証言し、ホワイトハウスの環境政策審議会でブリーフィングを行っている。

反クリエーション・ケア運動は、前節で述べた福音派左派を中心とするキリスト教徒による環境保護運動の意義を真っ向から否定し、彼らの運動に反対してきた。二〇〇〇年にバイスナーは「環境保護に関するコーンウォール宣言」を発表し、フォーカス・オン・ザ・ファミリーのジェイムズ・ドブソンなど宗教右派の重鎮を含む一五〇〇名の聖職者がこれに署名している。特筆すべきは、同宣言に、「人類は地球を支配すべきであり、自由市場経済は環境保護にとって最適の原動力である」と記されていることである。

NAEが気候変動に関心を持ち始めてから三年目の二〇〇五年、バイスナーは、政治的右派勢力、建設的未来委員会（CFACT）の助力を得て、異宗教間管理同盟を発足する。二〇〇六年一月、異宗教間管理同盟は「地球温暖化問題に関するNAE宛て書簡」を発表して、気候変動に関して公式の方針を示さないようNAEに圧力をかける。さらに、電話で署名予定者に支持を控えるよう訴えている。

クリエーション・ケア運動は当時三つの問題に直面した。第一に、宗教右派は同性婚反対や中絶反対などに戦略的優先順位を置いていたが、そこに気候変動問題を導入すれば、福音派は分裂すると宗教右派の重鎮は考えた。第二に、排ガス規制などによるエネルギー産業への悪影響がある。規制の極大化は企業のコストの極大化につながるため、エネルギー産業は大打撃を受けると考えた。経済成長重視の共和党的発想である。第三は、宗教右派と共和党連合の弱体化である。

このような抵抗に遭ったリチャード・サイジックは、二〇〇六年一月に、コーンウォール同盟の「地球温暖化問題に関するNAE宛て書簡」に関する責任を取る形で、「気候変動――福音派による行動への呼びかけ」の署名を断念する。翌二月、NAEは、副会長が署名しないまま、首都ワシントンDCのアメリカ記者クラブで「気候変動――福音派による行動への呼びかけ」を発表している。

二〇〇六年から翌年まで、宗教右派指導者は、サイジックを批判し続けた。ジェイムズ・ドブソンは

「環境問題に関心を持つ福音派は福音主義を分裂させ、アメリカ経済を破壊しかねない」とサイジックを批判した。二〇〇七年には、ジェイムズ・ドブソン、トニー・パーキンスらの宗教右派指導者は、NAE理事会に対し書簡で、サイジックの罷免を要求する。二〇〇八年、サイジックは折しも同性婚への反対意見を撤回し、NAE副会長を辞任すると同時にNAEを去ることになる。二〇一〇年、サイジックは、共通善のための新福音派パートナーシップを設立して会長に就任する。こうしてクリエーション・ケア運動は大きな痛手を被ることになる。

その後、NAEに次ぐ規模を誇る南部バプテスト連合は、アメリカ記者クラブにて「環境及び気候変動に関する南部バプテスト宣言」を発表し、個人、教会、地域社会、政府がそれぞれのレベルで地球環境の保全に尽くすべきことを主張する。

翌二〇〇九年九月二六日、直接的因果関係は不明であるが、アメリカクリーン・エネルギー及び安全法案は、下院では賛成二一九票、反対二一二票で可決されたものの、上院で廃案になっている。マイアミで行った聴き取り調査においても、バイスナーは終始クリエーション・ケア運動の主張を科学的根拠のない主張だと批判していた。

NAEのサイジックの後任のゲーリン・ケアリーやEENの副会長アレクセイ・ローシュキンとの聴き取り調査でも、EPNとは良好な関係で意見交換や情報の授受は行っていても、密接な関係を構築してロビー活動を行うなどの関係性はないという。

クリエーション・ケア運動が挫折の憂き目をみた原因には三つある。ひとつは、福音派指導者の士気と政策遂行能力に問題があった。署名をした福音派の多くの指導者は、署名はしたものの、積極的な態度で支持しなかった。また宗教右派からの抵抗や批判があまりにも圧倒的であったため、それらに対抗するだけの政策遂行能力や強い意志を欠いた。その結果、運動は指導者を失った。

つぎに、福音派の間で環境問題に関する政策論争を闘う準備ができていなかったことが挙げられる。福音派の指導者たちは、さまざまな教会活動がある中で、環境問題を教会活動の中に位置づけることができなかった。そのために、自らの教会の信徒たちに環境運動の意義を正確に伝え、動機づけることができなかった。

そして、福音派の指導者間の連携は図れていたものの、教会員には運動の趣旨が十分に浸透せず結束力を欠き、指導者の運動を支持する草の根運動、つまり、福音派による環境保護運動は、真の意味での民衆運動になってはいなかったのだ（ビーン&テレス、二〇一五年・ウィルキンソン、二〇一二年）。

キャルヴィン・バイスナーという人物

バイスナー博士は、地球温暖化が化石燃料の使用による人災ではないと、なぜこれほどまでに執拗《しつよう》に、主張するのであろうか。ここで、バイスナーとはどのような人物なのかということについて少し説明しておこう。

バイスナー博士をインタビューしたのは、二〇一五年と二〇一七年の二度である。二〇一五年一二月博士が住むフロリダ州マイアミを訪ね、筆者が宿泊するホテルでインタビューに応じてくれた。筆者の質問に答え、環境運動家になるまでの経緯について細かく説明してくれた。

バイスナーは、幼少のころインドのコルカタに滞在中に、両親に手を引かれて街を歩いているときに目にした、大きな蔦《つた》のある樹に咲く深紅の花を見て神の創造の美に触れる感動を得たということと同時に、餓死した人々の遺体が街路のいたるところに横たわる貧困という現実を目の当たりにして、その美と惨状のギャップに心を痛めその後の人生に影響したという。

一二歳のころ、一九六七年にアナハイムで開催されていたビリー・グレアムの伝道集会に参加してキリスト教に回心するまで、幼いころのあの記憶はあまり気にも留めなかった。高校生のとき、キャンパス・クルーセイドー・フォー・クライスト（一九五一年に、キリスト教伝道師ビル・ブライトが、UCLAを拠点に大学生にキリスト教を布教するために創設した宣教団体）のスタッフとして布教活動に勤しんだ。大学では宗教と哲学を学んだ。

後に、キリスト教研究所の創設者で反カルト運動の父と呼ばれるウォルター・マーティンに師事し、キリスト教の基礎を学び、カルトに属する人々と論争をする度に宗教書を読みあさりながらキリスト教研究所で研究に耽《ふけ》る生活を送る。

七〇年代から八〇年代にかけて彼の信仰はカルヴァン神学へと傾斜し、改革派神学や教会論を修得し、超保守的信仰を手に入れる。

一九八三年に神学者ラッセル・カークに見いだされ師事。カークの勧めでロナルド・サイダーの『飢えの時代と富むキリスト教徒』を読み、社会主義的に過ぎると批判した。貧困に深い興味を持ち、経済学を学ぶ必要性に駆られる。恩師の紹介で奨学金を得て恩師の自宅に下宿し、大学院修士課程で経済倫理を学ぶ。

先述のキリスト教研究所在籍中は、後のG・W・ブッシュ政権の「信仰に基づくイニシアティブ」というキリスト教会と政府の共同による貧困撲滅政策の背景にある「思いやりのある保守主義」という理念を考案したマーヴィン・オラスキーなど、さまざまな神学者と親交を深めた。その一人に、フランシス・シェイファーの弟子にあたるキリスト教再建派で、国際聖書的無謬性協議会の創設者、ジェイ・グリムステッド博士がいる。

バイスナーはグリムステッドの勧めで、新設を計画していた宗教復興連合の経済部会の部会長への就任を引き受ける。キリスト教の世界観に立ったシリーズものの叢書の経済部門の執筆を依頼され、先述の『繁栄と貧困――希少な世界資源の慈愛に満ちた使用』を刊行。その書籍の一章が資源と環境というテーマであったが、それは別途、出版することになり、『成長の見通し――人口、資源、未来についての聖書的見解』を出版。出版後、依頼を受け大学や学術機関で講演を行ったりしているうちに、さまざまな学者や活動家に出会い意見を交わして親交を深めた。

一九九九年、ミシガン州グランド・ラピッヅに本拠地を置くアクトン宗教・自由研究所のロバート・セリコ神父と知り合いその後交流を重ねる。このカトリック神父がイニシアティブをとり、聖書に基づく信仰を人口、資源および環境などに関わる諸問題に応用する基本的な諸原理を手短にまとめた宣言書を作成することを提案した。バイスナーが草稿の執筆を任されることになり、四〇名ほどの牧師や研究者が参加して、四日間のセミナーがコネティカット州ウエスト・コーンウォールにあるカトリック教会のセミナーハウスにおいて、アクトン研究所主催の合宿を開催し、四日間ひたすら草案の推敲を重ねて完成したのが、「環境管理に関するコーンウォール宣言」であるという。幼少のころ、まだキリスト教に帰依する前に目にした神の創造物の美しさと、対照的な貧困の悲惨さという二つのイメージを記憶に留めていたことは偶然ではなく、神の導きであると感じている。このように語る博士は、いたって真面目で真摯にキリスト教を奉じ、環境や貧困問題に注力する人物である。その反面、自身を誤解されたりすると人が変わったように攻撃的になるのも事実だ。

二〇一七年の二度目の聴き取り調査でバイスナーは、フロリダ州マイアミ郊外の自宅に筆者を招き、『根本原理』という書物を見せてくれた。同書は原理主義の原典であり、彼がキリスト教原理主義者である証拠である。

実は、この二度目の調査は筆者にとり奇跡的なものであった。なぜなら、宗教右派との関わりについて事実を知りたい旨メールで確認した八月半ば、どうやら逆鱗《げきりん》に触れたらしく、二か月後に迫った調査を突然断られた。筆者がコーンウォール同盟の活動の理解を求めているのではなく、宗教右派という政治運動と彼を同一視しようとしていると疑われたからだった。しかし何度かのメールのやり取りを経て、何とかバイスナーの要望に応じ、同盟の五つの公開文書を読み、同盟の意図を次のようにまとめることで、かろうじて、二度目の調査を許可された。

「気候変動は起きているが、その原因について正確で科学的なことは何もわかっていない。自然現象かもしれない。また、人類がどれだけ地球温暖化を引き起こしたのか、そのようなデータも存在しない。もし人類が温暖化を引き起こしたとしても、その被害は無視できるほど深刻なものではない。地球温暖化の原因について確信が持てない以上、二酸化炭素排出量を削減する政策を立てるのは論理的でない。そのような政策は健全な経済にとって有害である。大気中の二酸化炭素を劇的に減らすことはできない。このような政策による排出抑制は、第三世界の貧困層に悪影響を及ぼすだけである」

当時、福音派環境ネットワーク（ＥＥＮ）副代表だったアレクセイ・ローシュキンに、バイスナーのことととＥＥＮとコーンウォール同盟との関係について訪ねると、「キャル（バイスナー）は、私たちＥＥＮは進歩主義的な基金から資金を得て、リベラリズムをキリスト教会に浸透させる極めてリベラルな団体であり、政策目標を達成するためには事実をも曲げる団体」だとして、「目の敵にしていて、あらゆる活動に対して真っ向から反対する」と答えてくれた。同氏によれば、ＥＥＮの構成員は必ずしもリベラルな福音派だけではない。ほかでもない、ローシュキン自身が、財政保守、軍事保守、社会保守であるという。超保守的な原理主義者のバイスナーから見れば、保守的福音派ですらリベラルに見えるのだろう。「リベラルなアル・ゴア元副大統領ほどではないにせよ、ＥＥＮは危険な存在だと見なされている」という答えが返ってきた。

原理主義研究の第一人者のジョージ・マースデンは原理主義者を「何かに怒る」「攻撃性を露わにする」キリスト教徒であると定義したが、バイスナー博士との聴き取り調査は、この定義の正しさを実感させる出来事だった。

トランプ政権と環境問題

ハートランド研究所は、シカゴに拠点を置き「全米の社会・経済問題に対して自由市場経済に基づく解決策を発見、開発、促進する非営利研究団体」である。バイスナーはこの非営利組織の政策顧問を務めている。二〇〇八年には、「気候変動に関する非政府間パネル」と題した研究成果を出版している。二〇〇九年に、同研究所は、気候変動に関する政府間パネル（ＩＰＣＣ）の第五回レポートに対し「気候変動再考」と題した反論を提出している。二〇一一年には、一〇〇〇件におよぶ新たな研究成果を盛り込んだ分析とその結果をまとめ上げ、「人為起源の温室効果ガスが温暖化をもたらさない、あるいは過去にもたらさなかったと言っているのではない。われわれの結論は、人為起源の温室効果ガスが以下のような実質的な役割を果たしていないことを示す証拠があるということである」と結んでいる。

二〇一三年、気候変動に関する非政府間パネルは、「気候変動再考Ⅱ――物理科学」を、ハートランド研究所、二酸化炭素と地球環境変動研究センター、科学と環境政策プロジェクトという三団体の財政支援を得て公にしているが、同社と同社財団からの慈善寄付に関する年次報告書によると、「エクソン・モービルは、一九九八年から二〇〇六年にかけて、ハートランド研究所に六〇万ドルの資金提供を行っている」（ニューヨークタイムズ、二〇〇九年三月八日）。

二〇一六年一二月、次期大統領として当選したドナルド・トランプは、オクラホマ州司法長官で、化石燃料業界において知古のあるスコット・プルーイットを環境保護庁長官に抜擢した。オバマ大統領の気候変動対策の取り組みや環境保護庁の抜本的改革がねらいであった。プルーイットは、オバマ大統領の気候変動政策に対する法廷闘争の中心人物のひとりであり、次期大統領の選挙公約と軌を一にする考えの持ち主である。トランプは、人為的な地球温暖化の確立された科学はデマだと批判し、気候変動対策に取り組むことを義務付けているパリ協定を離脱すると宣言し、オバマ大統領の代表的な地球温暖化政策であるクリーンパワープランを「石炭との戦争」だと攻撃した（ニューヨークタイムズ、二〇一六年一二月七日）。

トランプ政権の初期段階で、ハートランド研究所、コーンウォール同盟のバイスナーやインホフ上院議員が政府の環境政策に大きく影響していたことがわかっている。

ファースト・バプティスト教会の助祭であるスコット・プルーイットが上院で環境保護庁の長官への就任が承認された。プルーイットも同様に、化石燃料産業と強いつながりを持っている。二〇一四年にニューヨークタイムズが報じた関係である。当時オクラホマ州の司法長官だったプルーイットは、連邦政府の規制当局が、州内で新たに天然ガスの井戸を掘削するエネルギー企業によって引き起こされる大気汚染の量を著しく過大評価しているという告発状を環境保護局に提出したのだった。

二〇一六年一二月中旬、「トランプ次期大統領への公開書簡――プルーイット氏の環境保護庁長官就任を再考せよ」が発表された。この書簡は、七〇〇人以上のプロライフのカトリック、福音派の指導者、全国の四五〇〇人以上のプロライフのキリスト教徒や福音派の指導者の支持を得ている。ドナルド・トランプに対し、スコット・プルーイットの環境保護庁長官指名を再考し、撤回するよう求めた。

二〇一七年一月九日、バイスナーは、『クリスチャン・ポスト』紙に「キリスト教徒がスコット・プルーイットを環境保護局長官に支持すべき理由」と題する論説を寄稿した。その中でバイスナーは、プルーイットは人為起源の気候変動否定論者ではないと主張することで、彼は化石燃料産業とつながりを否定した。彼はコーンウォール同盟の「スコット・プルーイットを環境保護庁長官に支持する公開書簡」を引用している。その中には、五三人の科学者（一三人の気候科学者）、一四人の経済学者と法学者、二九人の神学者、哲学者、倫理学者、一六人の牧師とその他の宗教指導者が含まれている。この書簡は、福音派環境ネットワークの「福音派公開書簡」への反論と思われる。

この二通の書簡は、人為起源の気候変動に対する福音派の見解の相違を明確に示している。さらに、これらの書簡は、福音派団体の相互のつながりと、一般大衆に影響を与えようとする彼らの集団的な目的を改めて明らかにしている。福音派気候変動イニシアティブが生み出した懸念と反発は、衰える気配を見せない。

トランプ大統領は二〇一七年六月一日、アメリカの経済成長にとって不利となるパリ協定から離脱する旨を発表し、二〇一七年一〇月一〇日、オバマ政権時代の二〇一五年に二酸化炭素などの排出量を制限するためにＥＰＡが策定したクリーンパワープラン（ＣＰＰ）を廃止し、それに代わる新たな規制の策定を進めると表明した。そして、二〇一九年一一月四日、パリ協定からの離脱を正式に国連に通告した。

四つの対立点

最後に、クリエーション・ケア運動と反クリエーション・ケア運動の対立点を四つ挙げてこの章を終えたい。

❖ (一) 科学：人為起源の気候変動説ＶＳ自然現象説

第一点目は気候変動に関する科学的見方の相違が挙げられる。クリエーション・ケア運動は常に「気候変動に関する政府間パネル評価報告書」といった科学的データに基づいて地球環境に関する現状把握を基に判断を下し、環境保護運動を展開してきた。

それに対して、反クリエーション・ケア運動、つまりバイスナーのコーンウォール同盟や宗教右派の指導者は、自然現象説を唱え、クリエーション・ケア運動の掲げる科学的根拠を「不完全な科学」と批判し、彼らの警告を「気候に関する不必要な警告」だとして排斥している。

❖ (二) 神学：保護VS支配（stewardship vs dominion）

第二点目は神学的相違である。クリエーション・ケア運動は聖書の「主なる神は人を連れてきて、エデンの園に住まわせ、人がそこを耕し、守るようにされた」（「創世記」一章一五節）を拠り所とし「保護」の立場を主張し、他方、反クリエーション・ケア運動は「神は彼らを祝福して言われた。『産めよ、増えよ、地に満ちて地を従わせよ。海の魚、空の鳥、地の上を這う生き物すべて支配せよ』」（「創世記」一章二八節）を基準として「支配」の立場をとる。

❖ (三) 経済：大きな政府（社会主義経済）VS小さな政府（自由主義経済）

第三の対立点は、経済の領域に見られる。クリエーション・ケア運動が、民主党のオバマ政権下では、国家主導の環境政策、福祉政策、教育政策といった「大きな政府」を支持するのに対して、保守派の反クリエーション・ケア運動は、政府の市場介入を嫌い、経済成長重視の自由主義経済を推進する共和党寄りの政策、つまり、小さな政府を支持する。コーンウォール宣言には、「持続可能な豊かさ、技術革新、人的・物的資本の投入は環境改善に不可欠であり、環境保護の名の下に経済成長を抑える傾向は自滅的である」とある。

❖ ㈣ 政治：民主党リベラル派VS共和党保守派

第四は、政治である。運動は民主党などの政治団体とのパイプは存在せず、連携はしていないようである。例えば、全米福音派協会や福音派環境保護ネットワークは環境保護庁（EPA）などと良好な関係を構築し情報交換などを行っているものの、そこには構造的な連携は見られない。それに対し、反クリエーション・ケア運動陣営は、一九八〇年以降共和党の支持母体となり、共和党保守の三本柱である財政保守、防衛保守、社会保守の一翼を担うようになった宗教右派勢力との緊密な連携が存在する。例えば、バイスナーが主宰するコーンウォール同盟は、ジェイムズ・パートナーシップという民間企業の傘下にあるが、同時にCDRコミュニケーションズという広報を手掛ける企業もその傘下にあり、ジェイムズ・パートナーシップは、宗教右派諸団体の広報活動を委託されている。またそれを運営するクリス・ロジャース（Chris Rogers）は共和党諜報員を務めるほか、レーガン政権当時シンクタンクとして創設された保守的なヘリテージ財団とも密接な関係にある（ジェイムズ・パートナーシップのウェブサイトおよびバイスナーとの聴き取り調査による）。

第七章　宗教と教育（一）――プロテスタントとカトリック

第六章では、地球温暖化という現象に対する宗教側の認識の相違に現れた断層線を辿ってきた。一方で、地球温暖化は人為的な現象だと認識したリベラルな福音派左派はクリエーション・ケアという運動を起こしてこの問題の解決にアプローチしたが、他方で、保守的な原理主義者や研究者が地球温暖化は自然環境の循環による現象であるとして、人為的現象説を否定し、クリエーション・ケアに断固反対の立場を採ってきた。この両陣営は、神学的、政治的、科学的、経済的にも対立する運動であった。

第七章と第八章では、教育の場において現れたアメリカ社会の断層線を辿っていく。

現代のアメリカではプロテスタントが最大規模を誇るが、ローマ・カトリックはプロテスタントに次ぐ規模である。ジョン・F・ケネディーや二〇〇四年に現職のG・W・ブッシュ大統領と大統領選挙を戦い、オバマ政権で国務長官を務めたジョン・F・ケリーもカトリック教徒である。

カトリックが北米大陸に伝来したのはプロテスタントよりも早い一五六五年のこと。フロリダがスペイン帝国領の時代にセント・オーガスティンに初のローマ・カトリック教区が成立した。

植民地時代の教育

イギリスのマサチューセッツ湾植民地では、複数の教派に分裂していたプロテスタントがいち早く住み着いていたが、一六四三年に、カトリック教会がメリーランド植民地の公認教会となった。その後一八三〇年代以降、アイルランドのジャガイモ飢饉《ききん》の影響もあり、カトリック移民が大量に押し寄せ、一八六〇年までに単体の教派としては最大規模の教勢を誇った。

マサチューセッツ湾植民地の教育はどのような形で行われていたのだろうか。ボストン大学で宗教学を講じるスティーヴン・プロセロによれば、「かつてアメリカ人は聖書を読む国民だった。（略）聖書的な知識は、植民地においても初期の共和国においても、文字通り雰囲気としてそこかしこに漂っていた」と書いているように、植民地時代から聖書が読まれていた。

ピューリタンは教育についてどのように考えていたのであろうか。彼らは、教育を極めて重視していた。特に、聖書（欽定《きんてい》訳聖書、一六一一年に、英国国教会の典礼で使用するため、英国王ジェイムズ一世の命令で翻訳・刊行されたもの）による教育は重要だった。教育学者のハントとマリンズが『アメリカの学校における道徳教育――果てしない挑戦』の中で書いているように、子供たちの「魂の救済」が当時の教育の目的とされていたため、聖書や教理問答書を通じて「キリスト教の教理や道徳的な教訓」に関する知識を蓄え、情操を養うとともに、「重要な法律」を読み理解する能力を養うことで社会の治安や安寧を図った。

植民地の子供たちが読み方と宗教の指導を最初に受けたのは家庭だった。今日、ホームスクーリング（在宅教育）は支流の教育と見なされているが、当時は家庭で受ける教育が主流だった。一六四二年に制定された同年の名を冠した法律は、家庭でキリスト教の教理を読み理解できるようにするのは家庭の義務だとした。その後一六五〇年にコネティカット植民地がこれに続き、他の植民地はこれに倣った。

当時の子供たちは、親の膝の上で読み書きを学んだ。書き方は会計事務所や役所あるいは聖職で必要とされる技術として教えるのは男児に限られていたが、読み方は「神の恵みへの備え」として男児も女児も平等に学んだ。欽定訳聖書が当時の中心的な教科書だった。子供たちは暗唱や暗記をして目と同じく耳や口を使って復唱して聖書の物語を暗記・吸収し、やがて読めるようになっていた。こうした家庭の機能は、アメリカの独立後も続いた。一七七九年生まれの新聞編集者ジョセフ・バッキンガムの回想録によれば、一六歳になる前に少なくとも一二回聖書を読み終え、聖書の物語や表現は食前・食後に捧げる祈りよりも身近なものとなっていたという。

当時の教会はミーティングハウスと呼ばれる多目的集会場だった。一六三五年には法律によって出席が義務づけられ、アメリカ独立戦争前には一三のうち九つの植民地で公認教会があった。先述のスティーヴン・プロセロも書いているように、当時の教会での説教は聖職者自身の人生で経験した出来事を宗教に関連づけて物語風に脚色して話すのは希で、聖職者が聖書の神学的な解釈を平易な言葉で説明するといったものだった。また、宗教哲学者のウォーレン・ノードも同様の記述をしている。礼拝は、情緒に訴えたり儀礼を重視したりするよりも、神学を理論的に語るものだった。説教や礼拝もかなり知的なものであった。それもそのはず、一六三〇年から四六年までにニューイングランドに移民したピューリタンのうち一三〇名はケンブリッジまたはオックスフォード大学の卒業生で、うち九八名が聖職に就いた。独立戦争までで、大学を卒業していない聖職者は、全体のわずか五%であったというから、当時としては、かなり高学歴な人々が聖職に就いていたことが窺える。

一六四七年法により、五〇世帯の町には学校を設立して読み方と書き方を教え、経費の一部はその地域で賄い、同じような形で一〇〇世帯の町には小学校（グラマー・スクール）を設立することとなった。都市への人口の集中が教育効果を高めたことから、一七世紀を通じて家庭で行われていた教育はほとんど学校へ移行した。学校の種類は豊富で、家事一般を学ぶ女性学校、聖書を読むためにヘブライ語やギリシャ語の文法を教えたグラマー・スクール、アカデミーと呼ばれた民間の学校、下級学校、夜間学校と多種多様だった。

アフリカ系の奴隷や先住アメリカ人たちへの教育は比較的緩やかに行われた。奴隷に関しては、当時、聖書を読めるようになって「ガラテア書」三章二八節「イエス・キリストにおいては……奴隷も自由人もない」を読んだら、奴隷は自由を要求するだろうとの懸念が所有者の間にあった。奴隷で書物を読めたのは一八六一年ごろで五％に過ぎなかったという。先住アメリカ人では、マサチューセッツの宣教師ジョン・エリオットが文法書や読本を著したおかげで、字が読めるようになったという。中部や南部植民地では、白人でも識字率は高くなかった。ニューイングランドは当時地球上でもっとも識字率の高い場所と言われていた。

余談だが、当時の校長に求められた義務は、親から預かった子供たちに宗教の真理を教え込み、道徳的に正しい行為の原理原則を身につけさせることだった。子供たちが街角で出会う目上の人々に対して適正なマナーと礼儀正しい振る舞いで接するよう絶えず指導することが求められた。また、校長は子供たちの朝夕の祈りと奉仕について指導することも義務のうちだった。

また、当時の教師の職務内容は、次のようなものだった。

- 裁判所のメッセンジャーを務めること
- 裁判所の出頭命令を伝えること
- 教会の儀式を司ること

・日曜日の聖歌隊を統率すること
・公の礼拝の際に鐘を鳴らすこと
・墓を掘ること
・学校の授業を行い、行事を遂行すること
・その他の職務内容を遂行すること（ハントとマリンズ、二〇〇五年）

教科書の変遷

ここまで、植民地時代のアメリカにおける教育について見てきたが、ここでは、アメリカの教育現場で使用されてきた教科書の変遷を辿ってみよう。

❖ ホーンブック

植民地時代初期の初等教育の教科書は、ホーンブックと呼ばれる柄の短い櫂《かい》のような形をした板の上に学習内容を貼り、その板を動物の角で作った透明の薄紙で覆ったものだった。ヨーロッパから植民地に持ち込まれたが、家庭や学校、あるいは教会で用いられた。様々な形態があるが、典型的なホーンブックには、大文字、小文字のアルファベットが並べられ、母音や二文字の音節の表。その下に、十字架、「天にましますす我らの父よ」で始まる主の祈り、「父、その子、聖霊の名においてエイメン」という三位一体の神の降臨を願う短い文章が書かれていた。

❖『ニューイングランド初等読本』

紙媒体に印刷された書物が植民地で手に入るようになると、ホーンブックは次第に使用されなくなる。初等教育において最初にベストセラーになった教科書は、『ニューイングランド初等読本』だった。だが、この初等読本は、植民地や初期アメリカ合衆国のバイブルにはならなかった。なぜなら、聖書が宗教・道徳教育の文字通りバイブルだったからだ。子供のころに暗唱した「山上の垂訓」などを手掛かりに、福音書を読み進み学びを深めていったからである。それでも、この初等読本は聖書に次ぐベストセラーとしておよそ一世紀にわたって教科書として重宝された。初版は一六九〇年ごろと推定されているが、著作権などない時代だっただけに、類似したタイトルでおびただしい数の海賊版が出回った。プロセロによれば、推定印刷部数は二百万から八百万とされるが、価格設定が比較的高額だったために学校では子供たちに使いまわしをされたと言われる。

『ニューイングランド初等読本』の内容は、宗教を最初に学ぶ入門書の役割を果たすため、聖書で語られている出来事の主要な項目がアルファベット順に配列され、例えば、Aはアダムの堕落、Bは聖書と天国の話、Cはキリストの磔《はりつけ》と罪の贖《あがな》いなどを、韻を踏む押韻二行連句という形式をとって綴るなどして、声に出して記憶しやすいように工夫が施されている。一七七七年版でも、いまだにカルヴァン主義の真理を伝達するものだった。このアルファベット順に並べた詩に続いて、旧約・新約聖書に関する教理問答が一頁設けられている。例えば、最初の人間の名前や最初の女性の名前を質問形式で答えさせるようになっている。その後、少し難しくなり、「誰が地獄に落ちた魂を救うのか」(イエス・キリスト)や「誰がキリストを裏切ったか」(ユダ)と続くが、この教理問答の登場人物が時の経過とともにアメリカ化が進んで、

「誰がアメリカを救ったか」（ジョージ・ワシントン）、「誰がアメリカを裏切ったか」（ベネディクト・アーノルド。独立戦争当時の植民地軍の将軍でありながら、ウエストポイント砦をイギリス側に引き渡そうと画策した人物）となった。この初等読本には、主の祈り、使徒信条、聖書からの引用、登場人物の名前一覧、『ウエストミンスター――信仰告白』などが収められていた。子供たちはこの教科書で英語の基礎的な識字率を身に付けると同時に、キリスト教のカルヴァン主義も身に付けたのだ。

❖『アメリカ英語綴り方教本』

『ニューイングランド初等読本』は一七、八世紀のアメリカの教育を支配し、二〇世紀になっても散発的に使用されたが、売り上げでは比較にならないほど、ノア・ウェブスターの『アメリカ英語綴り方教本』の方が上回っていた。

一般に、ウェブスターといえば辞書が思い浮かぶが、『アメリカ英語辞典』の編集者として、あるいは、移民の国アメリカに独自の英文法、英語リーダー、綴り方教本を出版し、スペリングの考案を含むアメリカ英語を確立した人物としても知られている。例えば、labour や colour から、u を削除して labor や color にしたり、あるいは、centre の r と e を入れ替え center にしたりした。

また、連邦主義に立つ教育者としても知られている。彼が活躍した時代は、独立間もない時代であったため、個々人の人格形成が国家の形成に寄与するという思想に基づき、人格形成による道徳教育を重視した。ウェブスターは「幼少期に受けた印象が、通常、すべての個人の性格を形成し、それらの結合が国家の一般的な性格を形成する」とした上で、学校の任務は、「アメリカの青少年の心に美徳と自由の原理を植え付け、祖国への侵すべからざる愛着を抱かせること」だと、一七九〇年に出版された「アメリカの青少年教育について」という随筆に書いている（スプリング『アメリカの学校』、二〇一八年、六一頁に引用されている）。社会生活をする上で守るべき公徳は、ウェブスターにとってはキリスト教に基づく道徳であった。従って、彼にとって、良き市民とはキリスト者として人生を歩むことに他ならなかった。

さて、『アメリカ英語綴り方教本』は一七八三年に初版が出版され、バーモント州の出版社だけでも一七八七年から一八二〇年までに二七版を重ね、ウェブスターの概算では一八二九年までに一〇〇〇万部が印刷された。数千部を売り上げられたら大成功という時代での一〇〇〇万部の売り上げは快挙と言える。生涯で四〇四版を重ね、発行部数は一億をくだらないと言われ、販売総数は概算で七〇〇〇万部に達したという（プロセロ、二〇〇七年）。

ノア・ウェブスター・ジュニアは、一七五八年にコネティカット植民地に生まれる。父はノア・ウェブスター・シニアー、母はマーシー。父は農業を営んだが、会衆派教会の助祭を務めた。独立戦争中に自警団の隊長を経験していたことから独立後は、公安判事に任命されている。ジュニアは、一七七四年にイエール・カレッジ（現在のイエール大学）に入学し、七九年に卒業する。弁護士を志し一七八一年に司法試験に合格。教育者として私立学校を、八一年と八二年に二度にわたって開設するが、いずれも長続きせず、法律家としての仕事もはかばかしくなかった。定職にも就かず歳月が流れ、一七八三年にコネティカット州に著作権法が制定されたのを切っ掛けに、不満のあった学校の教科書を刷新するために教科書の執筆に取りかかり、二五歳のときに英語の教科書三部作と『アメリカ英語綴り方教本』を出版した。彼は、一八〇〇年から辞書編纂に取りかかるが、一八〇八年、五〇歳のときに第二次大覚醒運動、つまり、信仰復興運動の集会に参加して大きな衝撃を受け、その信仰は、カルヴァン主義の正統派に傾いていき、一八三三年には、ウェブスターの人生の集大成として『コモン・ヴァージョン』と題した聖書の改訂版を出版する。だが、全く普及しなかったという（ロリンズ、一九八〇年）。

とはいえ、ウェブスターが二五歳の若さゆえの、深みのないキリスト教への帰依心で手がけた綴り方教本は、『ニューイングランド初等読本』の足下には及ばないものの、聖書からの引用も少なくない、とプロセロは書いている。綴り方教本の最初の読み方のレッスンには、次のように絶対者への敬虔な言葉が綴られている。

誰も神の法則を先延ばししてはならない。
私の喜びは一日中神の法則に従っていること。
罪の道に進みませんように！
悪人どもの道に進ませないでください。

そして、悔い改めや敵を愛すること、罪の贖いや永遠の生命の尊さ、誓いや嘘、地獄といった内容が平易な言葉で説かれている。

綴り方教本には「道徳的教理問答集」が掲載されている。例えば、「道徳的美徳とは何ですか？」に対して、「人と関わるときはいつも正直で正しい行動をすることです」と答えている。こうした問答が、謙譲、慈悲、和解、清らかな心、怒り、復習、正義、寛大、感謝、真理、慈善、施し、貪欲、質素、倹約、勤勉、そして快活について作成されている（ウェブスター、一八三一年）。

❖『マクガフィー読本』

『ニューイングランド初等読本』が一七世紀前半から一八世紀前半の植民地時代の教科書であるなら、『アメリカ英語綴り方教本』は一八世紀後半の合衆国の独立から一九世紀前半の南北戦争前の教科書であり、『マクガフィー読本』は一九世紀前半から南北戦争を跨いで二〇世紀前半の教科書と言ってよい。読本は、一九二五年までに一億二千万部が発行された。読本はニューイングランドよりも中西部や南部、都市というよりは地方において人気があったが、一八九〇年には三七の州において標準的な教科書として採用された。この読本は、著者の名前を冠した珍しい読本となっている。

ウィリアム・ホームズ・マクガフィー（一八〇〇～一八七三年）は、一八〇〇年九月二三日にペンシルヴェニア州西部のワシントン郡で生まれ、オハイオ州の開拓地で育った。彼の両親は一七七四年にアメリカにやってきたスコットランドからの移民で、キリスト教信仰の篤い人々だった。開拓地だったためか、幼少期は植民地時代初期にそうであったように自宅で母親から読み書きを学び、オハイオ州ヤングスタウン近郊の教会の牧師からラテン語を習い、ヘブライ語やギリシャ語も学んだ。記憶力が優れていたマクガフィーは聖書をまるごと暗記した。一四歳でオハイオ州のカルカタという町の一室だけの学校を開き四八人の生徒を教えたが、一八一八年にペンシルヴェニア州ダーリントンのオールド・ストーン・アカデミーで一年間古典を学び、その後、ワシントン・カレッジへ進学。一八二六年に優秀な成績で卒業し、その年から一八三六年まで、オハイオ州オックスフォードのマイアミ大学で古代言語の教授として教鞭を執り、一八三六年からシンシナティ・カレッジ学長、一八三九年からオハイオ大学学長、四三年からシンシナティ・のウッドワードカレッジの学長を歴任する。二九年には長老派教会の牧師として任命されていた。『マクガフィー読本』の編纂は、マイアミ大学の教授として教壇に立っていたマクガフィーが、一八三五年にシンシナティのトルーマン&スミスという小さな出版社から初等教育向けの教科書の編纂を依頼され、契約を結んで始まった。その後一九二五年まで版を重ねて出版された息の長い教科書となった。私たちが子供の頃に歌った「きらきら星」の歌詞や「志のあるところに道あり」といった諺《ことわざ》は読本の中で紹介され、今日までアメリカ人の記憶に留まっていると言われる。

著者の名前を冠した読本ではあるものの、マクガフィー自身が関わったのは初版にすぎなかった。一八七九年の四編の読本のうちの最後の第四編を手がけたのはヘンリー・ヴェイルだったが、初版と改訂版では大きな相違があったという。初版では、「救済、正義、敬虔といった際立った価値」が随所に見られたが、ヴェイルの改訂版では削除され、「アメリカ社会の統合という国家目標に応じ、世界中の抑圧された大衆のための人種のるつぼという理想」のために奉仕するという側面が際立っている。

読本には、さまざまな徳目が奨励されているが、正直、誠実、真理、勤勉、倹約、勤労、節制は特に重要な徳目だった。

ミニッチは、マクガフィーがさまざまな徳の中でも倹約が突出していると指摘している。「貯めた一ペニーは稼いだ一ペニー」という諺があるが、これについて、韻文が読本に記されている。

成功する者は

五時に起き、
成功した者は
七時まで床にいるだろう。

これを倹約の重要性を示す格好の事例としているが、倹約と密接にかかわるのは、勤労であるが、マクガフィーは「偉大な勤労がないところに卓越性はない」をモットーとしたという。

教会史研究者のジョージ・マースデンによれば、初期の版は、「一八三六年から三七年に出版されたが、超越した神を中心としたカルヴァン主義の色濃い読み物で、この世の人生は死後のもっと大切な人生のための準備段階として捉える聖書を中心とした世界観に満ちていた」。さらに、読本が次世代の子供たちや入国した移民に伝えた労働倫理についてマースデンが引用しているのでここで紹介しておこう。読本にはレッスンごとに様々なストーリーが採り入れられていたが、「怠け者の少年」「心を入れ替えた怠け者の少年」「勤勉の利点」というタイトルのストーリーが語られている。「勤勉の利点」というストーリーでは、ジョージ・ジョーンズという怠け者の少年が主人公で登場するが、何年も経った後に「一文無しで友人もいない哀れな浮浪者」になっている惨めな姿を指して、ナレーターが「ジョージ・ジョーンズのストーリーは、実話だが、怠け者であることがいかに罪深く人を破滅に導くものかを示している。キリスト教徒であろうとする子供はみな、天国に家を持ちこの罪から自分自身を守らねばならない」と述べて、ストーリーを結んでいる。働かず怠けるという原因が結果として、一文無しで頼れる友人もいない人生を送らざるを得ない、という未来の姿を見せることで子供たちの戒めとしたのだ。

読本は、版が改まるにつれて、マクガフィーのカルヴァン主義的な人生観や世界観は一変して、「極度に世俗化」し、当時台頭しつつあった中流層が理解していた「良い人格」という概念に生徒たちを誘ったのだった。

一九世紀の後半の金ぴか時代から二〇世紀初頭に育った子供たちは『マクガフィー読本』を学び育った。T型フォード車で一世を風靡したヘンリー・フォードも例外ではなかった。それどころか、彼はマクガフィーの大ファンで、マクガフィーの死後その生家を保存するため改装・移築している。

ホーレス・マンと公立学校（コモンスクール）

アメリカのプロテスタントは、会衆派、長老派、オランダ改革派、クエーカー、ルター派などさまざまな教派を形成し、各教派の学校も同様に宗教的な教育を展開したが、共通していたのは聖書を教科書としていたことだった。コモンスクールと呼ばれる公立学校は一八世紀末にニューイングランド地方のほぼ全域に、そして一九世紀にはそこから全米へと拡大していく。では、公立学校では宗教教育は行われていなかったのだろうか。

マサチューセッツ州の公立学校では、特定の教派の特性を盛り込んだ教科書を使用することを禁止する法令を制定していたし、当時、他州でも公立学校を設立するうねりが起きていた。とはいえ、公立学校でも、聖書やベンジャミン・フランクリンの『プアア・リチャードの暦』、国家の仕組みやその背後にある哲学をまとめた『ザ・フェデラリスト』などで称揚されている信仰や徳目や思想を統合したようなキリスト教的な教養を広めたという。ホーレス・マンがマサチューセッツ州で教育改革を行ったのには、こうした公立学校の背景があった。
ホーレス・マン（一七九六〜一八五九年）は、奴隷廃止論者として、また、公教育の推進者として知られる。この人は、一七九六年にマサチューセッツ州フランクリンに生まれる。父は貧農であったため、ホーレスはろくな学校教育を受けていなかったが、読書好きだったことから、フランクリン公共図書館を利用して知識を吸収し、二〇歳でブラウン大学に入学、三年で卒業した。一八二一年からコネティカット州で法律を学び、マサチューセッツ州の法廷弁護士として登録される。その後、政治家を志し、一八二七年から三三年までは同州の下院議員と上院議員を歴任し、一八四八年にマサチューセッツ州教育委員会の事務局長を任ぜられる。

クレミンによれば、マンは公教育を道徳的な事業だと認識していて、教育、哲学、共和性の基礎だと考えていた。「民衆教育は、共和制が確実に成り立つ唯一の基盤であり、本質的に道徳教育のひとつ」だと認識していた。あらゆる階層の子供たちが公立学校に集まって展開される公教育は、「大人の生活の緊張や亀裂が決して破壊することのできない、相互の団結と尊敬の精神を燃え上がらせるだろう」と公教育にかけた胸の内を吐露している。従って、マンにとって、社会の調和が公教育の第一の目標だった。

公教育の目的は、良きキリスト教徒というよりは、良き市民の育成であった。だが、道徳は宗教に根ざしているという共通認識が共有されてきたことが、後に、大問題を引き起こすこととなる。

南北戦争前には、ヨーロッパからのカトリック教徒の移民が増加し、すでにさまざまなプロテスタント諸教派が存在するアメリカにおいて、すべてのキリスト教徒に共通する信仰など存在するのだろうか。各教派を分離することなく、多様な宗教や民族的背景を持つ子供たちをどのようにしてアメリカ人に仕立て上げるのか。多様性の中の統一を覆すことなく、どのようにすれば彼らに宗教を教え込む事ができるのだろうか。これが、マンに課せられた最大の課題だった。

この課題は、後に、「非教派主義」と呼ばれる解決策によって克服されることになる。これは特定の教派的信条、たとえば、カルヴァン主義やメソディスト派のような特定の信仰を保護・支援する行為は合衆国憲法修正第一条が禁止している通りだが、この修正条項は、一般的なプロテスタンティズムを説くことを禁止しているわけではない、というのが背景にある論理だ。こうした形で課題を克服したのは、一八二七年のマサチューセッツ州とオハイオ州だったが、後に全米に広がった。学校で教える信仰が非教派的であれば、公立学校の教員は何憚《はばか》ることなく教えることができた。

聖書戦争

ホーレス・マンにとって、植民地時代からアメリカのプロテスタントが使用してきた欽定《きんてい》訳聖書が教育において重要な役割を果たしてきた。当時、公立学校で使用されていた教科書には反カトリックの風刺が記載されていたが、カトリックはこれに対して抗議した。ところが、カトリックが公立学校の教育に関して本質的な憤りを隠さなかったのは、そうしたプロテスタントの反カトリック感情ではなく、聖書だった。カトリックは欽定訳聖書ではなく、ドゥーエイ・リームズ翻訳版を使用していたのだ。この聖書は欽定訳聖書がそうであるように古代ヘブライ語やギリシャ語の写本ではなく、四、五世紀に翻訳されたウルガタ・ラテン語訳聖書に基づいていた。

どの聖書を公立学校で使い何を子供たちに教えるかという問題は極めて重要だった。一八四〇年に、欽定訳聖書を学校で使用していることに対するカトリック教徒からの抗議を目の当たりにして、「教皇派に成り下がるくらいなら、いっそのこと異教徒になったほうがましだ」と吐き捨てたニューヨーク在住のある牧師の言葉が記録されている。

一八四四年には、オハイオ州の長老派と会衆派の大会は、良心の命じるままに神を礼拝する自由は、合衆国憲法により権利として認められているが、この原則はどう解釈しても、キリスト教とプロテスタントの国の自治体当局を困惑させる権利だと解釈することはできない、と公式に表明した。同年、ペンシルヴェニア州フィラデルフィアでどの聖書を公立学校で使うかをめぐって、両教派の信徒が暴動を起こし、十数名が死亡、挙げ句のはてに、プロテスタントの手によってカトリック教会が全焼した。一八五〇年代には同様の事件がボストンやニューイングランド地方でも発生している。

スティーヴン・プロセロによれば、もっとも議論が白熱し後世に決定的な影響を及ぼしたのは、一八四〇年代初期のニューヨークの私立学校での論争だった。当時、ニューヨークには民間の教派に偏らない公立学校協会というプロテスタントの組織が、公的資金を拠出して、プロテスタントによる学校運営を推進してきた。カトリック教徒は、子供たちと同じ言語や信仰の教員が教える学校の設立を謳ったウィリアム・シワード知事の呼びかけに応じ、助成金の提供を要請したが、却下された。その後、ローマ・カトリックのジョン・ヒューズ司教は、ニューヨーク市内の非教派系の学校が実は反カトリックのプロテスタントの学校であることを明かした。聖書は欽定訳聖書で教派的であり、かつ歴史の教科書がカトリック教を専制君主が君臨する宗教だと中傷した。これに対して、アメリカ聖書協会は、公立学校の教科書としてふさわしい聖書を排除すれば、言論の自由や信教の自由を蹂躙することになると反論した。一八六九年と七〇年に、オハイオ州シンシナティの教育委員会は公立学校における聖書輪読や宗教教育を禁止した。

一八四八年に準州から三〇番目の州となったウィスコンシンでは公立学校制度を採り入れるという考えが広がり始めていた。二年前の一八四六年に開催された州憲法制定会議では、教育綱領から宗教的な教義や信念を記した書物を削除し、その代わりにこの州の公立学校ではいかなる特定教派の教義も使用または許可されないこととした。ただし、この表現の背後には聖書は特定教派の教義ではないという暗黙の理解があった。

ところが、一八八六年に、ウィスコンシン州エドガートンのカトリック教徒の保護者数名が、地元の子供たちが通う村立学校にある訴えを起こした。それは、聖書の輪読で、欽定訳聖書を使っているが、それは特定の教派的な教えであり、カトリックの生徒がその良心に従って自由に信仰する権利を蹂躙するものであり、法律違反であるとして、学校側に抗議を申し立てたのだった。教育委員会は、欽定訳聖書の使用は特定教派に偏向した教育に当たらないとして、抗議を退けたが、彼らは、これをロック郡ジェイムズヴィルの第一二巡回裁判所に提訴した。ジョン・R・ベネット判事は、「特定教派」とは、聖書の偉大な精神的真理を完全な形で伝えていない信仰に由来するものであって、今回の聖典の輪読は、欽定訳聖書であって、その真理を不完全に伝える特定教派に偏向した聖典ではない、として不服を退けた。しかし、この保護者たちはさらに、州の最高裁判所に上告。エドガートンの教育委員会を代表したA・A・ジャクソンは、州憲法を制定した意図が、一般市民を教育し、知識を与え、自立させ、自由に自分の宗教に関する意見を持ち、自分なりの礼拝方式を選ばせることだったが、彼らは見事に成功した。欽定訳聖書は全国民が読む聖典であり、道徳やキリスト教の諸原理を教えるための聖典だと述べた。

一八九〇年三月一七日、ウィスコンシン州最高裁判所は、公立学校における聖書の朗読は、特定教派の教義を教え込む行為であり、学校を礼拝の場所にしている。従って、これはウィスコンシン州憲法に違反する行為であるとして、教育委員会の敗訴となった。通称、「エドガートン聖書」判決と呼ばれる。

ウィスコンシン州最高裁は、公立学校で欽定訳聖書を使用した聖書の輪読を行う行為は違憲だとしたが、この判決は公立学校での宗教行事の禁止に関する初の判決というだけでなく、その後の展開にも影響を与えている。一九六三年、合衆国連邦最高裁判所は公立学校での国や地方自治体政府の主催による聖書の輪読と主の祈りの朗読を禁止する判決を下した。いわゆる、「アビントン学校区対シェンプ」判決である。時の判事であったウィリアム・ベネットは判決に当たって、通称「エドガートン聖書」判決を判例として引用した。判決当時、三七州で公立学校における聖書輪読を許可し、うち一三州は義務化していた（ハントとマリンズ、二〇〇五年）。

スティーヴン・プロセロは、聖書戦争が四つの結果をもたらした、と述べている。第一に、ほとんどの公立学校で宗教について議論することはなくなって、宗教という科目はカリキュラムから外された。第二に、南北戦争を挟んで聖書戦争が起こったが、公立学校では、賛美歌の斉唱、祈禱、聖書輪読といった市民が行う儀礼が整理統合され、実際には信仰を伴わないうわべだけの儀礼となっていった。第三に、宗教が道徳にすり替えられた。公立学校でかつて教えられた最小公倍数的なプロテスタンティズムは一般的なキリスト教に変容し、ついに、一般的な道徳に変わった。聖書以外の他の教科書にしても、例えば、『マクガフィー読本』においては、かつて罪や魂の救済を説いたカルヴァン主義の教えが、勤勉や倹約、従順や権威への服従といった教訓へと変わり、世俗化していった。第四の帰結は、教派の単体として最大規模に成長していたカトリック教徒の教区学校の教育が急速に発展したことである。

こうした公立学校の世俗化は、反知性主義を育む土壌を形成していく。一九六三年、リチャード・ホフスタッターは『アメリカの反知性主義』の中で、ピューリタンの聖職者は知識人であり建国の父たちは、古典学に精通する教養人であったが、時代の変遷にともなう民主主義や資本主義の発展により、高学歴で教養のある知識人や富裕層よりも、直感で判断する民衆の知恵の方が勝るという認識が広く行き渡った、と述べている。

本章では、植民地時代からの教育や教科書について述べ、一九世紀のプロテスタントとカトリック間の聖書をめぐる衝突が公立学校での祈りの禁止という結果を生み、その結果としての学校教育における世俗化について歴史を辿ってきた。

次章では、二〇世紀になって、教育の世俗化に反旗を振りかざす傾向が顕著となる。教育におけるもう一つの断層線、すなわち、二〇世紀末から二一世紀初頭の教育における保守とリベラルの断層線をめぐる攻防について詳しく見ていこう。

第八章　宗教と教育（二）――宗教右派と一般市民

ここでは、改めて宗教右派とはどのような団体でどのような運動を展開し、どのような要求を社会、特に、学校教育現場に突きつけ、一般市民からどのように見られてきたかについて、ジョージタウン大学政治学教授、クライド・ウィルコックス著『見よや十字の旗高し――アメリカ政治における宗教右派』に基づきながら簡単に解説しておこう。

宗教右派と一般市民感情

宗教右派とは、主に福音派プロテスタントのキリスト教徒を動員して保守的な信仰と価値観を反映させるために政治活動を展開する社会運動を指す。彼らが動員する対象は、主に白人福音派のプロテスタント・キリスト教徒だが、名称について簡単に説明すると、キリスト教に限定した「キリスト教右派」、保守的なカトリック教徒やユダヤ教徒を含むあらゆる宗教を信仰する保守的な信者を対象とする「宗教右派」。あるいは、「右派」が名称に含まれると政治的主流派の「外」というニュアンスがあることから「宗教保守」という呼称をキリスト教連合のラルフ・リードが好んで使用したが、多くの保守的福音派がキリスト教連合を嫌ったため、この名称はあまり浸透しなかった。ある団体は自らを「プロ・ファミリー」と呼んだが、運動の達成目標が多岐にわたるという問題点がある。本書では、より包括的な名称である宗教右派を採用した。

第三章で、一九一〇年から原理主義の成立にまつわる来歴を概説した。実際にその理念に基づいて運動を展開する一九二〇年からジェリー・ファルウェルのモラル・マジョリティ解散の一年後、キリスト教連合成立の四年後に当たる、一九九〇年までの宗教右派に共通する特徴を列挙するとこのようになる。㈠当時の主な達成課題は、反共産主義、性や生殖に関わる問題と教育だった。㈡各運動が、カリスマ性をもった牧師がけん引し、大集会、ラジオ放送、テレビ、電子計算機、ダイレクト・メールといった時代の最先端技術を駆使して運営された。㈢既存の組織インフラを利用して人々を動員した。㈣動員されたのは原理主義者という福音派の中でも限定された人々であり、原理主義者の指導者の不寛容が原因で草の根運動の持続的な運営はできず、短命に終わっている。ただし、㈤キリスト教連合は広範囲なキリスト教徒の教派は言うに及ばず、保守的ユダヤ教徒にまで対象が及んだことは事実である。

次に、宗教右派が社会に対して行った要求の性質と一般市民がこの運動をどのように受け止めていたかについて述べていこう。

第一に、宗教右派の活動目標には、アメリカ政治で最も論争を呼ぶテーマが含まれている点だ。一般に、合法的な妊娠中絶を大幅に制限し、最終的には禁止することを求めてきた。また、同性愛者を職場や住宅から排除する職業差別や住宅差別を禁じる法律を撤廃しようとしてきた。また、保守的な福音派の信仰に適《かな》うように公立学校のカリキュラムの変更を求めてきた。その他内容の幅は極めて広く、性教育から歴史、社会、生物、地学におよぶが、特に、妊娠中絶、同性愛者の権利、教育がホットなイシューとして論争の的となっている。

第二に、保守的な福音派を政治活動に動員していることから、次のような批判に晒《さら》されてきた。㈠アメリカ社会は合衆国憲法修正第一条で謳われているように、政教分離社会であって、政府が特定宗教や教派に対し特権を与えることが禁止されていて、それによって信教の自由が保障されている、という大前提がある。この大前提に立てば、アメリカは世俗社会であるから、公教育などの公共の場で宗教は役割を演じるべきではない。㈡確かに、宗教的な価値は政治の領域に持ち込まれても良いが、牧師のような宗教の指導者は選挙で選ばれる政治的指導者になってはいけないし、教会は選挙運動の一環として政治的な動員を行う場であってはならない。また、㈢宗教的な価値観や指導者は政治において積極的な役割を果たすべきだと考えているが、キリスト教連合などの宗教右派がすべてのキリスト教徒の代弁者であると主張するところが不快だ。このように、公共の場で完全に宗教に拒絶反応を示す市民もいれば、部分的に拒否をする市民まで温度差が存在するのだ。

第三に、宗教右派が論争を呼ぶ原因のひとつが、特にこのグループの指導者が選ぶ言語表現にあったことだ。彼らのレトリックはさまざまな場面で、極端な立場から発言をするために、多くのアメリカ人はそうした暴言に脅威を感じている。例えば、キリスト教連合のパット・ロバートソンが募金運動の手紙に次のような一節を書いた。「フェミニストの活動目標は、女性の平等な権利ではなく、社会主義的で家族を軽んじた政治運動であり、女性に夫を捨てさせ、子供を殺し、魔法をかけ、資本主義を破壊し、同性愛者になることを奨励するものだ」。

こうした発言から多くの一般のアメリカ人は、宗教右派の活動家がいずれはアメリカ政治に不当な影響を及ぼすことを恐れているのだ。例えば、もし、こうした保守的な福音派が自分たちの保守的な信仰を保っておく信教の自由の権利を守るために、防御に徹する消極的な活動をするのであれば、恐らく一般人は彼らを恐れはしないだろう。だが、同性愛者の公民権を奪ったり、公教育に科学以前の超自然的な価値観を押しつけたり積極的に行動するから、一般人に恐怖心を抱かせることになる。

特に、一般人と保守的な福音派とはライフスタイルが大きく異なることも、恐怖心を煽る要因となっている。公共図書館や学校の図書室から子供たちに人気のある『オズの魔法使い』や『ハリーポッター』シリーズを撤去する運動を展開している。前者の作品に「善良な魔女」が現れること、そして後者では、魔女が主人公で、現実世界に類似した省庁や学校などの存在が宗教右派の活動家や支持者には神への冒瀆《ぼうとく》として映るのだ。

一例を挙げよう。一九九九年に、宗教右派のフォーカス・オン・ザ・ファミリーの報道担当のポール・ヘトリックは、反対の理由をこう述べた。「愛と勇気、そして善が悪に打ち勝つ究極の勝利について力強く貴重な教訓が含まれてはいるが、そのポジティブなメッセージは、聖書で直接非難されている魔術という媒体にパッケージされている」と批判している（ホリー・カーツ、一九九九年一一月六日）。また、ブッシュ大統領の元スピーチライターを務めたマット・ラティマーによれば、宗教右派との関係が密だったブッシュ政権時代に、ホワイトハウスのスタッフが、シリーズの著者であるJ・K・ローリングが魔女信仰や魔術などの魔女文化を社会に流布しているという理由で、大統領自由勲章の授与を見送ったという（アリソン・フラッド、二〇〇九年九月二九日）。

宗教右派と公立学校

一九六三年の「アビントン学校区対シェンプ」判決において連邦最高裁判所は公立学校における主の祈りや聖書朗読を禁止したことについてはすでに述べた。しかし、この判決に対してこうした宗教的行事を復活させようともくろむアメリカ人は当時多数存在した。だが、今もなおこの闘争は続いている。

一九四七年の「エヴァーソン対ユーイング郡区教育委員会」判決は、ニュージャージー州ユーイングの学校区が、宗教系学校への公共交通システムを利用した通学助成金を租税で賄っていたことに対して、国教の樹立を助長する法律の制定を禁じた修正第一条に違反するとして州法に適用した最初のケースとなったが、この判決以来、これを判例として最高裁判所は国教樹立禁止条項を公立学校に適用するようになった。一九六〇年代から最高裁判所は、宗教右派や保守的福音派の主張を敗訴に追いやる一連の判決を下してきた。

ニューヨーク州法は、一九五一年以来、公立学校の生徒が「国家と国旗に対する忠誠の誓い」や特定教派に偏らない「祈禱」を義務づけていた。しかも、生徒が反対意見を持った場合にこの行事に参加しない権利を州法は認めていた。しかし、一九六二年、子供を公立学校に通わせているエンゲルら原告は、学校での祈禱は国教樹立禁止条項と信教の自由を盛り込んだ修正第一条に違反するとして、被告である教育長のウィリアム・J・ヴィターレを相手取って訴訟を起こした。合衆国最高裁判所は、公立学校が主催する祈りは合衆国憲法修正第一条に違反すると判断したのだった。「エンゲル対ヴィターレ」判決である。その後、一九六三年には宗教的・道徳的教育の一環としての聖書輪朗読を禁止し、ついに二〇〇〇年には高校でのフットボールの試合における学校主催の祈りも禁止するに至った。

この判決以降の裁判での判断は、公立学校の生徒に対する宗教教育の実施が合衆国憲法に違反していることを繰り返し強調してきた。しかしよく考えてみれば、子供に宗教を教え込むとか、学校が祈りを主催するとか言った場合に、何をもってそうした行為と言えるのか、という点では曖昧な部分が多いのも事実だ。例えば、聖書を文学作品として読む授業で、聖書が宗教的真理を語る書物である、あるいは、そうではない、というバイアスを挟まずに、果たして授業が成り立つだろうか。クリスマスをテーマとした音楽会に出席するように生徒を強要できるだろうか。また、もし生徒自身がバスケットの試合で祈りをささげた場合、学校はそうした生徒の宗教的表現について法的責任を負うべきだと言えるだろうか。

一九七一年の「レモン対カーツマン」判決は、こうした曖昧性の解消に資する基準として適用された。この判決は、ロードアイランド州のカトリック教区学校で世俗科目のみを教える教師の給与一五％の補塡とペンシルヴェニア州の教区学校で使用する世俗的な書籍や教材費への経費支弁に関するものだった。最高裁判所は修正第一条に違反するかどうか次の三つの基準を設けた。

第一に、法令には世俗的な立法目的がなければならない。
第二に、その主たる効果は、宗教を助長も阻害もしないものでなければならない。
第三に、その法令は政府が宗教に過度に関与してはならない。

二件とも世俗的な目的であったため第一の基準は満たしていた。使用法が世俗的かが不明であったため、第二の基準を満たしたかは不明だったが、第三の基準を満たしていなかったために、違憲な法令という判断だった。それ以降、レモンテストとして適用されるようになる。

宗教右派が関わったり、その影響を受けたりする、公立学校での宗教に関連する事柄には、主の祈りを含む祈禱、カリキュラム、宗教的言論・表現、聖書輪読・学習、教科書、教育委員の選挙などが挙げられる。ここからは、それぞれの項目ごとに見ていくことにしよう。

学校や学校関連行事での祈り

公立学校における祈りについては、先述の「エンゲル対ヴィターレ」判決（一九六二年）では超教派の祈りであっても公立学校での祈りの実践は禁止としてはいるものの、祈りを完全に否定しているわけではなく、ニューヨークという自治体が主催者の立場で、宗教的行為や表現を公共の場へ持ち込んだことのみが問題視されていた。

ところが、翌年の一九六三年には、「アビントン学校区対シェンプ」判決で最高裁判所は、学校主催の宗教的諸活動は憲法に違反していると、従来のように宗教的活動を限定的にではなく、包括的に広く捉えた上で判断を下したのだ。この判例以来、裁判所は政府自治体のあらゆる行為はおおむね世俗的な事柄を目的とすべし、という原理原則を確立させ、聖書の輪読も公立学校では居場所を失ってしまう。そうすることで、裁判所は公立学校に子供を預ける保護者に対して、学校はあくまでも世俗的な教育を行い、子供たちを宗教的な環境で育ててきた信心深い保護者と争うつもりは毛頭ないと言いたいのであろう。

こうして、「エンゲル対ヴィターレ」判決と「アビントン学校区対シェンプ」判決で最高裁は、公立学校が主催する宗教的活動や表現を禁止する基準を設けたと言えよう。その後、一九八〇年にはモーセの十戒のポスターをすべての公立学校内に掲示することを義務付けたケンタッキー州の法律が憲法違反に当たるとした「ストーン対グレアム」判決が下され、一九八五年に最高裁は、沈黙の時間または黙想の時間を毎日設けることを義務付けたアラバマ州の法律に、レモンテストの目的の世俗性という第一の基準を満たしていないため、「ワレス対ジャフリー」判決が違憲判断を下した。この判決でサンドラ・デイ・オコナー判事は沈黙の時間が世俗的な目的で行われている場合は違憲ではないという提案をした。

この提案を受けて、二〇〇九年の「クロフト対ペリー」判決において、第五巡回区連邦控訴裁判所は、祈りを義務付けるテキサス州法を支持した。この法律は、州議会が同法を成立させるにあたり、世俗的な目的を十分に明示したと判断したためである。

裁判所は沈黙の時間の設定については、州に対して一定の自由裁量権を与えているものの、実際の祈りにはさほど注意を払ってこなかった。二〇〇〇年には、最高裁は「サンタフェ独立学校区対ドウ」判決において、自治体が後援する高等学校のバスケットボールの試合において学生主導の祈りはこれを禁じると判断された。

もっと影響力の大きい判断は一九九二年の「リー対ワイズマン」判決であろう。この判決は、ロードアイランド州の州都プロヴィデンスの公立学校の公式の卒業式に聖職者を招いて祝禱《しゅくとう》を捧げるという、全米の高等学校で広く行われている行事を禁じるものだった。五対四の僅差での判断だったが、決め手は卒業生が強制的に宗教行事に参加させられているという状況がレモンテストの基準を満たさず、違憲判断となった。この判断は、宗教右派や保守的福音派の反感を買ったのは言うまでもない。

最高裁は、二〇一九年、フットボールの試合終了後に選手らを先導して祈りを捧げた公立高校のコーチの学校側による解任を支持した第九区巡回連邦控訴裁判所の判断の見直しを拒絶した。主な理由は、重要な事実関係に関わる疑問が未解決であること、第九区巡回連邦控訴裁判所の公立学校の教員の言論の自由についての理解に問題があるということであったが、この件で、保守派のアリトー判事は、将来にいて再審の余地は十分あると述べている（ピュー研究所、二〇一九年一〇月三日）。

この節では、公立学校や学校関連行事での祈りをめぐる司法の判断について述べてきたが、果たして、当事者の生徒たちは学校での祈りについてどのように考えているのであろうか。ピュー研究所（二〇一九年一〇月三日）の調査結果に沿いつつ、彼らの声に耳を傾け、この問題を立体的に見ていくことにしよう。調査は、英語とスペイン語による自記入式のウェブアンケート調査で、二〇一九年三月二九日から四月一四日の間に、公立学校に通う一三歳から一七歳までの生徒一八一一名を対象に実施された。

この調査によると、八％の公立学校の生徒が、違憲とされる教員主導の祈りを授業で経験している。同じ生徒が、教員が合憲とみなされる、文学作品の例として聖書から引用したことがあると答えている。南部諸州では、こうした行為はより頻繁に発生していて、公立学校の教員が祈りを主導したと一二％が、教員が聖書から引用したことがあると一三％が答えた。全米で見ると、公立高校に通う一〇代のおよそ一〇人に四人（一〇代の福音派プロテスタントの六八％を含む）が、教師が先導して祈りを捧げることは適切だと思うと答えている。また、こうした生徒のうち八二％（福音派プロテスタントでは七九％）は、公立学校の教室における教師主導の祈りの合憲性に関する事実に基づいた質問に正しく答える。つまり、ほとんどの生徒は教員主導で公立学校内で行われる祈りが、違憲であることを理解している。わずかに一六％が教員主導の祈りは合憲だと勘違いしている。

カリキュラムの中の宗教

司法は、教育委員会やその他の関係団体が、ある特定宗教や教派の伝統を、直接推進したり誹謗中傷したりするようなカリキュラムに変更しようとする試みに長い間対応してきた。最もよく知られているのは、ダーウィンの進化論と創造論をめぐる問題だ。旧約聖書の「創世記」に、神は天地創造の流れの中で自分の姿に似せて人を創造したと記されていることから、創造論を信じる聖書中心主義の福音派は、人間が下等な動物から自然淘汰によってヒトへと進化したとする進化論を真っ向から否定したり、神に導かれて進化を遂げたと信じていたりする。

一九二一年から二九年にかけて、進化論を公立学校で教えることを禁じた反進化論法がテネシー州、オクラホマ州、フロリダ州、テキサス州を含む二〇余りの州で法制化が進み施行された。一九二五年にテネシー州デイトンを舞台として開廷したスコープス裁判、通称モンキー裁判は良く知られている。オクラホマ州では一九二六年に反進化論法が廃止されたが、テネシー州では一九六七年まで州法として留まった。その後アーカンソー州が反進化論法を保持する最後の州として頑迷に廃止に抵抗したが、一九六八年、「エパーソン対アーカンソー」判決によってついに廃止される。ピュー研究所（二〇一九年一〇月三日）によれば、最高裁は、アーカンソー州が進化論をカリキュラムから排除したのは、聖書の天地創造の記述を州法が優先したからであり、国教樹立禁止と信教の自由を定めた合衆国憲法修正第一条に合致する宗教的中立性という、アーカンソー州が定めた憲法上の義務に、そうした優先行為が違反すると裁判所が判断したからだった。

一九七〇年代から八〇年代にかけて、近代科学の手法を取り入れた創造論が創造科学として地歩を確立していった。そして進化論と創造論の両者を均等に公立学校で導入しようという動きが活発化していた。そうした状況下で、一九八七年に最高裁は、「エドワーズ対アギラード」判決において七対二で、進化論と創造科学の授業時間を均等にして、進化論を教える公立学校では創造論も教えるべきことを求めるルイジアナ州法を憲法違反として却下した。裁判所の表現では「この法律は、超自然的な存在が人類を創造したという宗教的信念を助長することで、宗教を不当に推奨している」というものだった（ノーマン・ゲイスラー、二〇〇七年）。この州法の目的は、聖書に基づく創造論を特定の教派的信仰として特定し、それを促進することだった。裁判所はまた、均衡の取れた取り扱いを義務づけることで、理科の教師が進化論を教えることを放棄するようになることを法案提出者が期待していたという証拠も指摘した。

「エドワーズ対アギラード」判決（一九八七年）以来、多数の創造論者が、創造論を、進化論と同様に認めてもらえる証拠と見なそうと、人類の起源にまつわるあらゆる科学理論を認める裁判所の判決に注目してきた。しかしその後、進化論に代わる理論を教えるより積極的な取り組みが、インテリジェント・デザイン運動の名の下に組織されていく。

インテリジェント・デザイン（ＩＤ）とは、地球上の生命はランダムな突然変異によって進化するには複雑すぎるため、至高の存在によって設計されたに違いないと主張する理論だ。これを後押ししたのはジョージ・Ｗ・ブッシュ大統領で、彼は進化論とＩＤ論の両方を生徒に紹介することを支持すると公言したことで注目を集めた。

ＩＤ論はカリフォルニア大学バークレー校の法学教授で、『裁判にかけられたダーウィン』（一九九一年）の著者フィリップ・ジョンソンのイニシアティブのもと、進化論と並行して何らかの形でＩＤ論が公立学校で教えられることを期待して、進化の自然主義的な根拠を攻撃する足並みが揃った。マイケル・Ｊ・ベーエの『ダーウィンのブラックボックス』（一九九六年）が微生物学レベルでのＩＤ論の科学的な理論武装の役割を果たし、ウィリアム・デムスキーの『単なる創造――科学、信仰、インテリジェント・デザイン』（一九九八年）がＩＤ運動の基盤を形づくっているのだ。

二〇〇五年、ＩＤ論を教えるための最初の試練は「キッツミラー対ドーヴァー学校区」裁判で行われた。ドーヴァー地区学校区はペンシルヴェニア州のハリスバーグ近郊にある公立学校で、同校は、生徒に次のような声明を読ませる方針を採用していた。

ペンシルヴェニア州の学力基準では、生徒にダーウィンの進化論について学ぶことを求めている。（略）ダーウィンの理論は理論であるから（略）事実ではない。（略）インテリジェント・デザインは、ダーウィンの見解とは異なる生命の起源の説明である。参考書『パンダと人間』は、インテリジェント・デザインが実際にどのようなものかを理解することに興味を持つ生徒のために用意されている。

（ディスカヴァリー研究所ウェブサイト）

このように、ペンシルヴェニア州の学校区では、進化論に代わる理論として同学校区の公立学校で科学を学ぶ生徒にＩＤ論を推奨する教育政策を掲げており、この政策に対する訴訟である。このドーヴァー教育政策は特に、シアトルに拠点を置く政治的に保守的なシンクタンクであるディスカヴァリー研究所や公立高校向け教科書の出版元など、ＩＤ論を推奨する団体が提案・作成したものではない。実際、ディスカヴァリー研究所は、ＡＣＬＵ（アメリカ自由人権協会）に対して、「インテリジェント・デザインの議論を違法とするＡＣＬＵの取り組みに強く反対する。同時に、インテリジェント・デザインの教育を政府に義務付けようとする動きにも反対する」と立場を明確にしている（ディスカヴァリー研究所ウェブサイト）。

ペンシルヴェニアの連邦地方裁判所は、このケースに対して、合衆国憲法修正第一条とペンシルヴェニア州憲法第一項第三節に違反するという、違憲判決を下した。つまり、ドーヴァー学校区の教育政策は憲法違反であり、ＩＤ論とその基礎となる創造論は科学ではないため同学校区で教えることはできない、そして、ＩＤ論やその他創造論から派生した教えは本質的に宗教的なものであり、レモンテストの基準を満たすものではなく、したがって、修正第一条の国教樹立禁止条項に違反する、というものだった。ドーヴァー地区学校区は、上告は見送った。なぜなら、当時反創造論支持者が過半数を占めていた教育委員会が上告を渋ったからだった（ノーマン・ゲイスラー、二〇〇七年）。ウィルコックスによれば、ＩＤ論の義務化に賛成票を投じた教育委員は全員、二〇〇五年一一月に投票により教育委員会を辞任している。

今後、ＩＤ論は最高裁判所まで持ち込まれるのだろうか。また、どのような判断が下されるのだろうか。ピュー研究所（二〇一九年一〇月三日ｂ）によれば、二〇一九年に、アリゾナ州、フロリダ州、メイン州、オクラホマ州、サウスダコタ州、ヴァージニア州を含むいくつかの州で、公立学校での進化論の教え方に影響を与えそうな教育政策が導入され、審議を行った州があったことから考えると、今後、いずれは連邦最高裁判所へ持ち込まれる可能性は十分あるだろう。しかし、ゲイスラーが述べているように、もし判例に従うなら、最高裁が学校に対して創造論やＩＤ論のカリキュラムへの導入を認めたり、超自然的な創造主を暗示するような見解を教えることを認めたりすることはないだろう。

宗教的言論・宗教的表現

司法は、卒業式など聖職者を招待して行う祝禱など、公立学校の公式の行事での宗教的言論と生徒たちによる私的な宗教的言論を厳格に区別してきた。先述の、一九九二年の「リー対ワイズマン」判決で裁判所は、公立学校の公式イベントで行われた聖職者による祝禱は、政教分離原則に反するものであることを示した。しかし、ピュー研究所（二〇一九年一〇月三日b）によれば、連邦裁判所は、公式の卒業式や類似した行事で、生徒が自主的に宗教的言論や祈りを実践した場合には、対応が異なるという。

例えば、第一一巡回連邦控訴裁判所の「アドラー対ドゥヴァル郡教育委員会」判決がある。フロリダ州の高校三年生のクラスにおいて学校のスタッフが介入することなく、生徒たちが卒業式でのスピーチを選んだ。このケースでは学校のスタッフはスピーチをする生徒の選抜に何ら影響を与えず、スピーチの選定にも加わっていなかった。こうした状況下での控訴裁判所の判断は、スピーチの宗教的内容に関して学校側の責任は一切ないことを認めたのだ。

また、卒業式で宗教的な感情を生徒のスピーチの中に認めた、学校側のポリシーを無効とした判決もある。一九九六年の「ＡＣＬＵ対ブラック・ホース・パイク地区教育委員会」判決では、ニュージャージー州の公立高等学校の三年生のクラスで、事前に内容の把握をすることなく投票によって、生徒たちの中からスピーカーを選んだところ、第三巡回連邦控訴裁判所は、高校が卒業式のスピーチで宗教的な内容のスピーチを学校側が認めることはできない、と判断した。裁判所の棄却理由は、一九九二年に「リー対ワイズマン」判決で禁止されている聖職者による祈禱と同様に、この式典に出席した生徒も生徒主導の祈禱に同意するよう強制されたことだろうと判断したからだった。

さらに、二〇〇四年の「バノン対パームビーチ郡」判決では、フロリダの第一一巡回連邦控訴裁判所は、学校主催の美化プロジェクトで生徒が創作した宗教的なメッセージを撤去するよう生徒に命令する行為は正しい、との判決を下した。プロジェクトは生徒の私的な見解を表現するフォーラムではなく、学校側のスタッフが責任を負う学校行事だったことがこの判断の基準となった。

宗教的言論あるいは宗教的表現という意味で興味のあるデータをここで紹介しておこう。先述のピュー研究所（二〇一九年一〇月三日b）調査結果によれば、高校生が学校の正課内や正課外に、生徒たちの宗教的表現を目にする機会は少なくないという報告をしている。五三％の生徒は生徒が宗教的なシンボルが描かれた服や宗教的なシンボルを形取った装飾品を身につけていると回答している。スポーツイベントの開始まででは、三九％の生徒が祈りを捧げている。二六％の生徒が宗教に関係した青少年グループや礼拝式に友人などを誘ったことがあると回答した。また、一六％の生徒は食事の前にお祈りをし、八％の生徒が授業外で聖書などの聖典を読んでいると答えた。

宗教的表現には次の①〜⑤の五つのタイプがあるが、★日常的に目に触れる機会があるかどうかを聞いたところ、次のような回答があった。

①宗教的シンボルが描かれた服装やそれらを形取った装飾品を身につける
②スポーツイベントの前に祈る
③友人を宗教グループや礼拝式へ招待する
④学校での食事の前に祈る

⑤聖書や聖典を読む

★五つすべてを学校で見聞きする　三％
★どれか四つを学校で見聞きする　五％
★どれか三つを学校で見聞きする　一三％
★どれか二つを学校で見聞きする　二〇％
★どれか一つを学校で見聞きする　二六％
★めったに・まったく見聞きしない　三二％

①の「服装」や「装飾品」に関しては、年頃の青少年がファッション性を重んじて身につけることが大いに考えられるが、②④の「祈り」や、③の「宗教関連のイベントに招待する」や、⑤の「聖典を読む」については学校から指示されない限り私的な宗教的活動だと見なされるので法や条例に触れることはない。

聖書輪読・聖書学習

最高裁判所は文学作品として、あるいは、歴史の中で扱われるのであれば聖書学習は認めてきたものの、聖書学習プログラムを設けた学校区に対してプログラムの設置は違憲と判断したケースもある。外部の専門家のグループを招き聖書学習を運営する学校区は少なくない。こうしたグループは独自に教員を雇用するが、州の認証基準を満たさない聖書カレッジの学生や聖職者を雇用する場合もある。こうした聖書学習プログラムは違憲判決を受けることが多い。聖書を宗教的真理として、あるいは特定の宗教的情操を教条主義的に教え込むからだが、公立学校において憲法の制限を超えない範囲内で聖書学習を運営するには、そうした授業は、信仰を深めるためでなく批判的に聖書を学習し、歴史的背景や聖書の記述内容を自由に探求する必要がある。

教科書

生徒と保護者は、教育委員会が生徒の宗教的信条や信念に反する価値観を教え込んだ教科書を読むことを強制しているのは、宗教の自由を行使する憲法修正第一条の権利の侵害であると主張していた。進化論はそのような見解のひとつであり、彼らはこれに異議を唱えたのだった。

連邦地裁はこれを支持したが、第六巡回区裁判所はこれを覆した。後者の裁判所は、たとえ生徒が不快感を覚えたとしても、テキストや授業で教えられた思想や実践について、誰かが自分の信念や不信心を肯定するよう求められたという証拠はないと主張した。同裁判所は、暴露と思想の受け容れを強制されることとは異なると主張した。彼らは、すべての違反行為を避ける唯一の方法は、何も教えないことだと指摘した。そして次のように主張した。宗教的信条を不快にさせたり、宗教的信条に疑問を投げかけたりするだけの政府の行為は、それだけで信仰の自由を侵害することにはならない。彼らは、攻撃的な見解にさらされることとは、単に他の見解に対する市民的寛容の問題であり、他の宗教的見解と同等の地位を与えることを強制されるような宗教的寛容を誰かに強制するものではないと主張した。それは単に、多元的な社会で生きなければならないという認識を必要とするだけである。

教育委員会

アメリカでは、学校のカリキュラムや教科書の選定、学校の運営、教育委員会のメンバーは、主に州や地方の教育委員会がその決定に関わっている。教育委員会の委員の任命や選挙は州が行う場合と、州が郡や地方自治体に委任する場合とがある。州が主催して州全体の教育委員を選出し、同州の教育政策を策定する州もある。

宗教右派は近年、保守的なキリスト教徒を教育委員会に送り込むために、教育委員を選挙で選出する制度設計をしている州や郡の数を増やすために資源を投入してきた。教育委員会の選挙は他の選挙よりも候補者の情報量も少なく一般市民の関心も低いことから、宗教右派のような組織化された少数派が当選する確率は高いはず、と踏んだのだ。とはいえ、彼らは、こうした動きに対抗すべく立ち上がった全米教職員組合や公立学校における宗教右派の動きに反対するリベラルな保護者グループによる組織化され、資金力のある強力な抵抗に遭っている。そのため宗教右派の候補者は知名度の高い対立候補が出馬した選挙で手痛い敗北を期していたため、地域によっては、あまり目立たない候補を立て選挙を戦った（ウィルコックスとロビンソン、二〇一一年）。

メリサ・M・デックマンによれば、宗教右派の中でも教育委員の選挙に深くかかわってきたのは、「キリスト教連合」と「卓越した教育を求める市民の会」だった。

キリスト教連合は、一九八七年に、大統領選挙への出馬経験のあるパット・ロバートソンによって創設された、「家族の伝統的価値に深い関心を寄せるアメリカ人から成る」団体で、「そのために、キリスト教徒を特定し、教育し、動員して効果的な政治活動」を展開している（アメリカ・キリスト教連合ウェブサイトより）。初代事務局長を務めたラルフ・リードの離職、負債や非課税措置をめぐる内国歳入庁との問題などで弱体化し、現在はアメリカ・キリスト教連合と改称している。一九九六年当時、会員二百万人、二千の地方支部を抱え、二万七千ドルの予算を計上する団体だった。一九九四年に、連合は特に、地元教育委員会の委員を希望する人々を対象に全米規模で教育委員を対象とする教育委員養成セミナーを開催した。こうしたセミナーを通じて、候補者に「選挙運動の展開のノウハウ、選挙運動のための資金調達法、キャンペーンメッセージの作り方、遊説の仕方」を事細かに指導した。

キリスト教連合が地方、州、全米を対象に活動しているのに対して、後者の市民の会は唯一教育委員会を対象としている。一九八三年にロバート・L・シモンズ神学博士によって創設された「卓越した教育を求める市民の会」の目的は、全米のあらゆる学校区に支部を設立して保守的キリスト教徒を教育委員会に送り込むことだった。二〇〇一年に、市民の会は一六八〇の支部を有し、全米五〇州に三五万人の同組織を支持する保護者がいた。市民の会は候補者を教育するセミナー開催こそ行っていないが、教育委員の候補に関心のある保護者には「公立学校への意識」キットを渡している。このキットには、保護者に公立学校の教育問題について知ってもらうための資料と、保護者が自分の学校区で現在どのような問題が起きているかを調べるためのチェックリストなどが含まれている。

ここで、宗教右派による主な事例をいくつか紹介しておこう。

まずは、一九九三年のニューヨーク市の教育長ジョセフ・A・フェルナンデスをめぐる事件である。前年の一九九二年に、教育長は多文化主義に立つ「虹の子供たち」と呼ばれる新規のカリキュラムを支持した。このカリキュラムは、物議を醸していた女性同士のカップルの家庭を扱った『ヘザーには二人のママがいる』というタイトルの教科書を使って、小学生の同性愛者に対する寛容性を育むのが狙いだった。一九九三年に、この教科書の採用を阻止しようとしたのが、キリスト教連合とその他の保守的キリスト教徒だった。ラルフ・リードによれば、ニューヨーク市の三分の二の学校区の教育委員会の選挙で保守的キリスト教徒の委員候補者を立て、一三〇〇の白人福音派教会、カトリック教会、黒人教会に五五万部の『投票者への手引書』を配布した。保守派のキリスト教徒は、ニューヨーク市の二八八名の委員の席のうち五〇席を獲得し、キリスト教連合や多の宗教右派はこの勝利を祝った。

しかし、この動きは、フェルナンデス教育長を辞任に追いやり、カリキュラムは新たに選任された教育長の指揮下で改訂されはしたものの、宗教右派の候補はその他の候補とほぼ同数の票しか獲得できなかった。また、予算削減には漕ぎ着けたものの、不適切と彼らが考える本や、アメリカを重視しながらもヨーロッパ中心の歴史観を教えることを禁止するなど宗教右派が狙った目的は達成できていない。保守的な候補は多数いたが、キリスト教連合の傘下で選挙を戦った候補は少なかったことがこうした結果を生んだという分析もある。

次に紹介する三件は争点が論争を呼ぶものであり、かつ教育委員会に占める保守派が多数派であったためにメディアに取り上げられた事例である。

第一に、一九九三年、カリフォルニア州ヴィスタでの事例である。宗教右派が多数を占める教育委員会で進化論と同じ授業時間数で創造論を教えるという法案が八月十四日、三対二で可決された。新規に選任された保守派委員の一人は科学理論として創造論の教育を推進する創造科学研究所の役員だったのだ。また保守派は、貧困な子供たちに無料の朝食を提供するプログラムを可能にする助成金の提供に反対票を投じてこのプログラムは実現しなかった。

第二は、ニューハンプシャー州メリマックの一九九四年に禁欲主義に基づいた性教育を承認した。この件で最も物議を醸したのは、同性愛を肯定的な人生の選択肢として奨励または支持する目的や効果を持つプログラムや活動を、学区が実施または実行してはならない、とする反同性愛方針の可決だった。

第三は、一九九九年、カンザス州の州教育委員会は宗教右派が支配しているが、州の推薦する科学のカリキュラムは、創造論の理論と矛盾する生物、天文学、地学といった科目の中核的な教科内容を除外すると発表した。その後すぐに穏健派の委員が多数派を占めたが、二〇〇五年までに、宗教右派の候補者が委員会の多数派の座を取り戻し、一一月には新たな指針を採択して、生徒は進化論の概念を理解する必要はあるものの、最近の生物学上の新発見によってダーウィンの理論の信憑性が揺らいでいる事実も同時に学ぶようにした。その上で、カンザス州教育委員会は「科学」を再定義して自然現象のみの説明を廃し、創造論を反映させるものとなった（ウィルコックスとロビンソン、二〇一一年）。しかし、二年後の二〇〇七年、同州教育委員会は、進化論に疑問を呈する科学指針を廃止し、主流の科学的見解を反映した新しい指針を導入した。「この動きは、廃止される規格の起草に協力したインテリジェント・デザインの提唱者にとって、政治的敗北となった」（ニューヨーク・タイズム、二〇〇七年二月一四日）。

ここまで、合衆国憲法修正第一条の国教樹立禁止と信教の自由という、いわゆる、政教分離原則をめぐる、宗教的な保守の立場にある宗教右派と一般市民やリベラル派との間に横たわる断層線について考えてきた。最後に、宗教学習について見ていこう。

宗教学習

スティーヴン・プロセロ（二〇〇七年）が指摘しているように、憲法に照らして判断を下す判事の見解を再度まとめてみると、必ずしも彼らは公立学校における宗教に関わる教育を真っ向から否定しているわけではないことがわかる。例えば、「アビントン対シェンプ」判決（一九六三年）でトマス・クラーク判事は、比較研究や歴史的研究などを通して宗教を理解しなければ人間の教育は完成しないとした上で、学術的研究については太鼓判を押している。「ストーン対グレアム」判決（一九八〇年）では、聖書が歴史や文明や倫理などの科目で使用されるのは合憲であることを認めているのだ。つまり、実践の対象ではなく知的理解の対象という意味では、宗教や聖典に関する学びは修正第一条に抵触しないということになる。

ワォレン・A・ノードは、『宗教とアメリカの教育――国民的ジレンマ再考』（一九九五年）の「宗教学習」という章で次のように説明している。

> 政治を研究する上で重要なのは、民主党と共和党、資本主義者と社会主義者のどちらがより合理的な立場なのかを整理することである。政治学がこのような規範的な道徳的・政治的問題を啓蒙してくれる限りにおいて、それは教養教育の中でも特に価値のあるものなのである。（略）すなわち、二次的な政治研究の価値は、かなりの程度、一次的な政治の実践に寄生している。（略）教養教育における宗教研究の価値は、精神的な問題に光を当てることができるかどうかにかかっている。宗教を研究することで、学生は善と悪、そして人生の精神的領域についてより明確に理解し、考えることができるようになるはずである。二次的な宗教研究は、一次的な宗教的主張と実践について、私たちの思考

を、確かに力強く啓発することができる。（引用文中の強調は筆者による）

ここでのノードの主張は、政治の実践者とその実践を研究する研究者との関係と同じように、宗教の実践者とその実践を研究する者との関係は、全く別の生物に宿る生物と寄生虫との関係に似て、研究者は実践者から吸収した有効な資源を自らの研究という活動に活かしている、ということなのだ。ノードは別の箇所で、学問としての宗教研究を行う研究者は、信者が神々とか聖なるものとか神が存在すると信じている事実を観察し、彼らが考え実践する内容について研究することができる。従って、宗教学習においては、生徒が自らの信仰を深めるために宗教を実践的に学ぶのではなく、世俗的な方法で宗教実践とは明確に区別した上で、宗教の信者が考え行動する有様、つまり信仰とそれに基づく宗教的行為を宗教に関わる事実として、学ぶのである。

では、公立学校でこうした宗教学習がいつごろから、どのようにして可能になったのであろうか。まず、本書ではここまであまり論じなかった高等教育から、歴史的に概観しておこう。

高等教育においては、一九世紀末に多くの大学で宗教的教化のための科目はカリキュラムから消えていった。いくつかの公立の大学ではキリスト教諸教派が援助する聖書の講座が開講される程度で、ほかはキャンパスの周辺で教派が主催する単位の認定されない聖書教室が開催される程度だった。二〇世紀に入りその半ばにかけて公立大学では宗教を世俗的な目的や方法で教授する方向へと舵を切る。例えば、社会学科での宗教社会学、哲学科での宗教哲学、そして文学科での聖書的文学といった類の科目が開講された。一九三〇年代に宗教学科や宗教研究学科を設置する動きが加速し、この傾向は、一九六三年の「アビントン学校区対シェンプ」判決において、連邦最高裁判所が、違憲と見なした宗教の教え込みから合憲と判断された宗教についての教育を区別して以来、六〇年代にうねりをなして拡大を見せる。

余談だが、最高裁は高等教育における宗教の教育に関する合憲性については言及したことがないというが、期しくも一九六〇年代は、宗教研究の主要な団体だった「全米聖書教員協会」が現在の「アメリカ宗教学会」（ＡＡＲ）へと名称を変更した時期と重なる。

大学において宗教を世俗的に講じる学科設置のうねりに話を戻そう。うねりといっても、すべての大学がこうした学科を設置したわけではなく、設置した大学での宗教系学科の位置づけも、必ずしも主流の学科として市民権を獲得していたわけではなかった。一九九二年のアメリカ宗教学会の調べで、全米の公立大学で宗教系科目を担当する教員の職の不安定さが露呈した。宗教系の多くの教員から、社会科学や人文科学を担当する教員とは財政的に、平等な立場に置かれておらず、大学が経済的に危機的状況に直面した場合の学科の先行き不安に駆られるとの懸念が聞かれた、という。ある意味で、これは、宗教研究が高等教育では新しい学問領域であることによるものだが、大学の経営陣の同学問への無知や理解不足も働いているとされる。特に、多様な宗教を研究する宗教研究は神学と誤解され、単一の信仰を深める学問だと捉える誤解から、無視されたり、敵対視されたりするという。

次に、最も物議を醸し、保守とリベラルの断層線の真上に位置して揺れ動いた、中等教育における宗教学習の歴史的展開について述べていこう。

従来、宗教右派などの保守的なキリスト教福音派は学校を祈りや聖書朗読など宗教実践の場、「神聖な公立学校」と捉え活動をしてきた。これに対して、キリスト教リベラル派や信仰を持たない市民やキリスト教以外の信仰を持つ市民は、公立学校は政教分離の場、「裸の公立学校」であるとして保守派に対して抵抗してきた。しかし、こうした両局の中間に位置する立場がある。それは、宗教を促進したり、禁止したりするのではなく、客観的に宗教を学ぶ場、「市民的公立学校」として宗教学習を奨励する立場である（ノードとヘインズ、一九九八年）。

既に概観したように、高等教育において宗教研究は多くの公立大学において学科が設置されてきたし、数々の全米規模の宗教団体や教育団体が公立学校のカリキュラムへの宗教学習の導入を支持している。にもかかわらず、二〇世紀末の初等・中等教育では、いまだ独立した科目ではなく、既存のカリキュラムの中に無理のない自然な導入を望む傾向が強かった。大学では広く宗教研究は受け容れられているが、初等・中等教育では世界宗教や文学作品としての聖書の授業は散見されるが、宗教学習という科目自体がまだまだ少なく市民権を得られなかったことから、公立学校では宗教学習という独立の科目として立てる必要性が広く受け容れられなかった。その改善策としてノードは次の四点の措置を提案している。

第一に、公立学校で教鞭を執る予定の学生は、基礎科目として、公立学校における宗教と教育に関して、法律上と教育学上の主要な諸問題に触れておく必要がある。カリキュラムから教育の目的、教科書の内容に至るまで、修正第一条に関わる祈りや聖書の朗読に関する最高裁判所の判決などを踏襲すべきであり、その意味で、宗教学科と教育学部の学際的研究が理想的である（ノード、一九九五年）。

第二に、宗教学科ではどこでも「教員のための宗教入門」という基礎科目を必須または選択科目として学生に配当し、修正第一条と信教の自由、アメリカにおける宗教的多様性、宗教の理解の仕方と宗教についての教授法、宗教に対する固定観念と少数派の宗教を信仰する生徒に対する固定観念、世俗的世界観と宗教的世界観の間の相克、そして歴史、文学、科学の科目で発生した論議を呼ぶ諸問題について教えるための示唆を扱うべきである。

第三に、文学、社会学、科学を専攻する学生は、教職内容にかかわる科目との関連で宗教学関連科目を少なくとも一科目履修するべきである。

第四に、宗教学習が公立学校で教えられるようになれば、担当教員は、世界宗教、アメリカ宗教史、現代の宗教諸問題、宗教文学を教えることのできる宗教学の教員資格を取得すべきである。

さて、こうしたノードの提案を受けて公立学校では宗教学習を採用したわけであるが、そのプロセスについて述べていこう。

スティーヴン・プロセロ（二〇〇七年）によれば、一九九五年、アメリカ福音派協会（NAE）、アメリカ・ムスリム協議会、アメリカ人道主義者協会など多種多彩な三五団体が「公立学校における宗教――現代の法律に関する行動声明」に署名して、公立学校での宗教に関する教育について保証することで合意した。クリントン政権下の教育省は、一九九九年に全米の公立学校に向けて覚書を通達し、公立学校での宗教教育を禁じた上で、歴史、音楽、美術、比較宗教、文学作品としての聖書や聖典、宗教の歴史的役割などを授業で教えても構わない旨を示した。また、同年、『聖書と公立学校――修正第一条ガイド』というパンフレットが左派、右派の両陣営の主な団体によって承認された。

現在では、多数の州や学校区で公立高校でのカリキュラムの中で宗教学習の設置基準や政策形成が行われている。教員養成講座の整備・開設や資格認定ではカリフォルニア州やユタ州がかなりの実績を挙げているという報告がなされている。大学の研究者が学校区と協力関係を構築して講座や資格認定をおこなってきた。ハーバード大学神学部では、修士課程の学生を対象とした宗教学習と英語や社会科の学習との統合を試みている。また、公立学校における宗教の授業を開講している経済学部も増えつつある。さらに、修正第一条をめぐる諸問題と世界宗教に関する授業を行う大学の存在など、ノードが理想として描いた教育が公立高校で行われていることが見て取れる。こうした動きに連動して、シカゴ・トリビューンなどのメディアも公立学校で行われている聖書の教育を支持し、「聖書に関する何らの知識もなしにアメリカ文学や歴史を理解しようとするのは、魚について全く知識がないのに海というものを理解しようとするのに等しい」と社説に書いている（シカゴ・トリビューン、二〇一一年八月二一日）。

宗教学習の成果

今日こうして公立高校の標準的科目として扱われるようになった宗教学習はどのような成果を挙げているのであろうか。著者が二〇〇五年に調査したカリフォルニア州モデスト市の公立高校で必修科目となっている宗教学習の成果について簡単に報告をしておこう。

カリフォルニア州モデスト市の人口は当時一九万人であったが、カトリック教会、主流派プロテスタント教会、福音派のメガ・チャーチをはじめ、上座部仏教会、禅宗、シナゴーグ、モスク、シク教の寺院など一〇〇以上の多様な宗教施設が存在する人種的・宗教的に多様な町である。

エミール・レスターとパトリック・S・ロバーツが行った二〇〇四年と〇五年の調査（「カリフォルニア州モデストで世界宗教を学ぶ――公立学校における寛容教育の約束」『宗教と政治』二〇一一年、一～二五頁）によれば、「このコースは、生徒の他宗教の権利の尊重や、弱者である宗教的少数派のために行動する意欲だけでなく、憲法修正第一条や政治的権利全般の尊重にもプラスの影響を与えたと考えられる」また、世界宗教と修正第一条に関する小テストの平均スコアが、授業前と授業後ではほぼ二倍に向上したという報告をしている。

筆者は、二〇〇五年五月、宗教学習の導入直後、モデスト市教育委員会や市立モデスト高校を訪問し、二年生と三年生、一〇六人に対しアンケート調査を実施し、九八名（九二％）から、宗教学習の授業から何かを学んだという答えを得た。自由記述の部分を引用しておこう。

- この授業を聞いてさまざまな宗教集団に関心を持つようになった。イスラム教では毎日五回もお祈りを捧げ、女性は布で身体を隠す必要があることがわかりました。
- 人を見た目で判断するのは間違いで、自分がされたらいやな扱い方を人にしてはいけないということを学びました。
- 他の文化は自分の文化とは違うことを学びました。また、ある文化を知らなければその文化を判断してはいけないことがわかりました。
- 異なる宗教の人と気軽に話せるようになりました。どのような宗教を信じていてもその人たちを尊重することが大切です。違う宗教を信じていても自分と同じ宗教を信じている人と同じように接することが大事です。
- ユダヤ教、イスラム教、キリスト教、仏教について習いました。イスラム教ではムハンマドの生涯について学びました。それから、お祈りの仕方や聖書の解釈の仕方も習いました。

- 宗教ごとに異なる祝日や儀礼について学びました。
- 他の人々の信仰や文化を理解することは重要です。すべての宗教を尊重することは大切です。アメリカ合衆国は多様な国です。だから、他の人々の宗教について忘れるのはよくありません。
- 違う宗教の友達が沢山できました。私たちはイスラム教、ユダヤ教、キリスト教について学びました。それぞれの宗教に神様が送り出した預言者によって書かれた聖典があることを学びました。イスラム教の聖典はクルアーン、ユダヤ教は一〇個の聖典をまとめたタナーク。キリスト教はイエスによって始まりました。彼は神の子として知られています。イスラム教はムハンマドの教えから始まりました。ユダヤ教はアブラハムによって始まりました。みんな神の声を聞きました。

こうした自由記述を読むと、生徒が学習することで自己変容を遂げていることが理解できる。特に、他の宗教を信じる生徒と友達になるとか、他の宗教を信じる人を尊重するようになったなどだが、学習効果は実際に上がっているという印象を受けた。特に、象徴や文化や内容よりも、他宗教を学ぶことで他宗教を信じる生徒についての関心の高まりや、尊重の必要性を学んだ生徒が多いことがわかった。つまり、宗教学習は他宗教に対する寛容性の向上や人間理解の深まりにつながっているといってよいだろう。

第九章　宗教と国家――アメリカの市民宗教

第七章と第八章では、公教育をめぐるプロテスタントとカトリックの衝突や公立学校の教育現場で起きている教育委員の選出をめぐる宗教右派と非宗教右派のせめぎ合いなどについて述べ、近年公立学校がとっている宗教に関する教育についても言及した。

本章では、宗教右派とも関わりの深い、宗教と政治との関わりや国家の宗教ともいえる、公共宗教、特に市民宗教について述べていく。

市民宗教とは

市民宗教という言葉は、フランスの思想家ジャン・ジャック・ルソーが『社会契約論』の中で初めて使用したもので、当時のフランスのカトリック教が国民の統合力を欠いていたため、それに代わる宗教として構築され、当時の政権を支持するように政権によって促進された、極めてイデオロギー色の濃い産物だった。そのため、これを政治的宗教と呼ぶ研究者もいる。

この用語をアメリカの国民統合の象徴の核として捉えたのは、宗教社会学者のロバート・N・ベラーである。一九六七年に学術誌『ダイダロス』に「アメリカにおける市民宗教」と題した論文を発表した。ベラーによれば、この「公的な宗教的次元」は「一組の信仰と象徴と儀礼」によって表現されている。多くの点でキリスト教と共通しているものの、特定の教派性を欠き、救済宗教であるキリスト教とも区別されている、という。市民宗教は、また、歴史的な経験に照らし、「アメリカ国民自身による宗教的な自己理解」を可能にする媒体としても機能している、というのだ。アメリカ国民の、歴史的経験を通じた、「宗教的な自己理解」とはいったい何であろうか。

一八世紀中頃にアメリカの独立を推進した政治指導者や聖職者は、新国家の正統性をキリスト教の聖書に求めた。新国家の誕生が聖書の記述に矛盾しないことを説明することで、独立の正しさを内外に示し、新しい国を持続可能なものにしようとしたのだ。事例を挙げれば、独立戦争を指揮したジョージ・ワシントンを、旧約聖書の『出エジプト記』の預言者モーセに擬《なぞら》えた。また、自分たち植民地人を古代イスラエル人に擬え、宗主国イギリスやヨーロッパを、古代イスラエル人を捕囚・隷属させたエジプトに譬《たと》えた。そして、新大陸アメリカを「約束の地」カナンに重ね合わせて正統化を図ったことが記録されている。

さらに言えば、古代イスラエル人が信仰したユダヤ教から選民思想を受け継ぎ、自らを「新しいイスラエル」とすら呼んだ。独立戦争はアメリカの市民宗教に、「自由」と「新生」という新約聖書のモチーフを与えた。一九世紀中盤の南北戦争では、新たに「犠牲」と「新生」というモチーフが付加された。奴隷解放を宣言し、南北戦争を機に合衆国の分裂を阻止した後に凶弾に倒れたリンカン大統領は、奴隷制度という国家が犯した罪を自らの死をもって贖《あがな》ったとアメリカ国民は捉えたのだ。このように、アメリカ国民は自らの歴史的な経験をキリスト教の聖書に照らして解釈し、その中から生まれた自己認識に基づいて国家を形作ってきたと言えよう。

市民宗教は、アメリカ人が個人的に信仰する救済宗教の教義や信仰の対象とは明確に区別されていて、市民には合衆国国民としての自覚や愛国心を、国家に対しては、正統性を与えることで、国民を統一する機能を担っている。さまざまな人種や文化の背景をもつ人々をアメリカ国民として統合しているのだ。このように、市民宗教の神はキリストへの帰依を通じて神を崇める救済宗教としてのキリスト教ではなく、市民を国民たらしめ、国家に正統性を与える公共的な信仰なのである。

さらに、市民宗教はこうした公共性を備えた神信仰のほか、儀礼や象徴を伴う。政教分離原則が合衆国憲法で謳われているが、首都ワシントンDCで挙行される大統領の就任式ともなれば、宣誓に先だって、さまざまな宗教、教派の聖職者により祈禱が捧げられた後に、宣誓式において大統領は、自らの聖書の上に片手を置いて宣誓する。宗教儀礼さながらのこの伝統は初代大統領ジョージ・ワシントンの時代から受け継がれてきた。

首都にあるモールと呼ばれる区域にある記念碑的建造物にも宗教性が投影され、市民宗教の象徴として機能している。大統領就任式の式典が行われるモールには、初代大統領ワシントンを記念して建てられたワシントン記念塔を中心に、東に大統領が宣誓をする連邦議会議事堂、西にリンカン記念堂、南に独立宣言が壁に刻まれたジェファソン記念堂、そして北には現職の大統領一家が住まうホワイトハウスが配置されている。地図上でこれらの建造物を線で結ぶと、驚くべきことに大きな十字架が浮かび上がる。さらに、独立宣言を起草したジェファソン大統領の立像は、ワシントン記念塔を隔てて北に位置するホワイトハウスを注視している。また、ワシントン記念塔の西にあるリンカン大統領の座像は、記念塔越しに東に位置する議会議事堂に視線を向けている。現職の大統領が建国の精神を守り、議会が奴隷解放の精神を遵守しているかどうかを、あたかも監視しているかのようだ。国民の歴史的、宗教的自己理解に基づく神への信仰、大統領就任式での儀礼、そしてこうした象徴的建造物が、極めて公共性の高いアメリカの市民宗教を形成している（ベラー、一九六七年・ピラード、一九八八年）。

では、なぜベラーは、一九六七年に「アメリカにおける市民宗教」という論文を執筆したのだろうか。なぜこの時期に、いったいどのような動機に基づいて論文を執筆したのだろうか。

論文発表の実に三二年後の一九九九年に、オーストラリアのラジオ番組「エンカウンター」のインタビューでこの論文執筆の動機が「ベトナム戦争への懸念」だったことを明かし、その翌年の二〇〇〇年に刊行された系列の雑誌『エンカウンター』の中で、アメリカにおける市民宗教の概念を世に問うたのは、議会の戦争決議を経ることなく大統領令のみで開戦に踏み切ったベトナム戦争への懸念が、市民宗教論執筆の背景にあったことを明かしたのだった。

論文では、アメリカ史には三つの国家的危機があったと述べているが、アメリカ革命（独立の問題）、南北戦争（奴隷制度の問題）に次いで、第三の国家的危機が、まさにベトナム戦争だったのだ。

ベラーが論文を発表した一九六七年当時、アメリカはベトナム戦争のまっただ中だった。当時は市民宗教という新たな宗教について明確な理解はなく、戦争を継続する合衆国の道徳的危機に直面して、過去の歴史の中にこの危機から発生しうる破局を回避するヒントはないものかと、「独立宣言」、「合衆国憲法」、「大統領の就任演説」などの歴史的公文書を読み耽《ふけ》ったという。

論文の中で、ベラーはアメリカ革命という独立の問題、南北戦争という奴隷制の問題、そしてアメリカは第三の危機に直面していると述べているが、その際に、市民宗教の重要な特徴を述べている。

我が国がより高次の審判の下にあるという自覚がなければ、市民宗教の伝統は実に危険なものとなる。幸いなことに、預言者の声は決して欠けてはいない。（略）幸いなことに、アメリカの市民宗教はアメリカ国家を崇拝するものではなく、究極的で普遍的な現実の光の中でアメリカ人の経験を理解するものである（略）。（ベラー、一九六七年。文中の傍点は筆者による）

このように、アメリカの市民宗教は、旧約の預言者さながらに、合衆国を神の審判の下に置き、歴史的に、リンカンが真っ向から反対をした米墨戦争やヘンリー・デイヴィッド・ソローの市民的不服従を一つの手本にした公民権運動やベトナム反戦運動を例に挙げながら、時の政治的体制を批判してきたことを指摘している。つまり、市民宗教はアメリカ合衆国を崇拝するものではない。むしろ、国家を審判の下に置くという市民宗教に組み込まれた神の国家に対する「超越性」こそ、ベラーが提唱した市民宗教の市民宗教たる所以なのだ。この特徴は、現代アメリカが置かれている政治状況に鑑み、いくら強調しても強調しすぎることはないだろう。

市民宗教を取り巻く時代の変化

先の論文でのベラーの論調は、預言者的な期待を担うアメリカの市民宗教への信頼を寄せ、比較的楽観的なものだったが、一九七五年に出版された『破られた契約』でのそれは、リチャード・ニクソン大統領のウォーターゲート事件と激化するベトナム戦争の影響を受け、極めて悲観的なものとなった。その中で彼は、市民宗教は「空っぽの抜け殻」に成り下がった、と断じている。

「アメリカにおける市民宗教」が発表されて半世紀を超える歳月が流れた。その間、アメリカ社会における宗教の様相も一変し、国内・国際情勢も大きな変化を遂げている。ここで確認しておこう。

アメリカの宗教については、第一に、プロテスタント主流派の人口が減少し、プロテスタント福音派の人口が増加した。第二に、キリスト教以外の信仰を持つアメリカ人の人口が増加した。そして、第三に、宗教調査の所属宗教の項目で「ナン」（英語のNONEはナンと読み、「なし」という意味）と答える人々の人口が増加し、宗教が多様化した。

第一に、戦後のアメリカの宗教社会を形成していたアメリカ聖公会、長老派教会、合同メソジスト教会、ELCAルーテル教会などの会員数が減少した。理由はさまざまだが、まず、ディーン・ケリーのように、主流派教会が提供する信仰の内容が現代文化や社会に迎合してしまった結果、教会に属する意味が薄れ、信徒が離れていったと考える専門家も多い。また、人口動態的に、信徒の少子高齢化も原因していると考える向きもある。これに対して、超教派のメガ・チャーチの台頭も手伝って、南部バプテスト連合やアセンブリーズ・オブ・ゴッド教会などの福音派プロテスタント諸教派は、急速に成長を続けている。その理由もさまざまだが、人口統計上の事実ははっきりしている。白人プロテスタント教徒のアメリカ人が、神学的、社会的、政治的に保守化した。

第二に、こうした国内のプロテスタントの宗教社会の変遷と共に、アメリカに流入する移民事情にも変化が生じている。近年では、ヨーロッパよりも、アジア、中東、中南米からの移民が増加し、それに伴い、イスラム教徒、ヒンドゥー教徒、仏教徒の移民が増えている。イスラム教徒やユダヤ教徒、仏教徒やヒンドゥー教徒の人口の総和は合衆国人口の一割に満たないが、公共の場や社会における存在感や重要性はますます増大しつつある。

最後に、この二〇年間で宗教的アイデンティティについて「全くない」と主張するアメリカ人が増加している。彼らは複数形で「NONES」と呼ばれるが、調査の宗教所属の欄に、諸教派の後に「NONES」という項目を立てた。一九七〇年代には一桁台だったものが、今日ではおよそ二五％に達している。内訳を見ると、そのうちおよそ五％のアメリカ人は自分たちを無神論者と見なし、神の存在は証明できないと考える不可知論者は三・四％ほどである。人口の四分の一は、宗教的伝統に属さず、宗教という社会制度から切り離されていることになる。

このように変貌を遂げたアメリカ社会は、明らかに、ベラーが論文を書いた時代の社会とは異なっている。こうした変化は、当然アメリカの政治にも反映される。例えば、移民の増加、特に、ヨーロッパ以外の国々からの、キリスト教徒以外の信仰を持つ移民の流入は、二一世紀初頭の移民に関わる議論の基礎にあり、こうした議論は二〇世紀中葉においてはなされなかった。

アメリカ合衆国がキリスト教国家であるかどうかが、再び大統領選挙の争点となっている。従来、民主党に投票してきた南部諸州の白人プロテスタント福音派は、一九六〇年代になって、黒人への参政権付与や人種隔離政策の撤廃による人種融合に反対して共和党へと鞍替えした。大統領選挙ともなれば、プロテスタントのアメリカはリベラルと保守の青い州と赤い州と呼ばれる二つの陣営に分断される。地域的にもこの分断は反映されていて、西海岸や東海岸の都市部には高学歴人口が多い青い州、対して、ハートランドと呼ばれる中西部やバイブルベルトと呼ばれる南部などの地方都市や農村地帯で低学歴人口が多数を占める赤い州だ。事実、宗教がこのように両極化し、政治との協調性が高まってくると、より多くのアメリカ人、特に、都市部に住む高学歴の若いリベラルなアメリカ人が「NONES」を名乗る可能性が高くなるように考えられている（レイモンド・ハバースキー・ジュニアほか、二〇二一年）。

公共宗教の諸類型

ベラーの論文以来、おびただしい数の類似しながらも相互に異なる諸類型が呈示されてきた。本書においても、ベラーの市民宗教をその一部として含む、いわゆる国家に関わる公的な宗教のことを、「公共宗教」という類概念として呼称することにしたい。当時公共宗教を最も包括的に取り扱っていたのは、ラッセル・リッチーとドナルド・ジョーンズの、一九九〇年に刊行された編著書『アメリカの市民宗教』である。その第一章「市民宗教論争」において、同論文集で提起された類型を、「超越的普遍主義的国家宗教」、「民衆宗教」、「宗教的ナショナリズム」、「プロテスタント的市民精神」、「民主主義的信条」といった五つの類型にまとめている。二人の著者は、ベラーが呈示した市民宗教は、超越的普遍主義的国家宗教に当たる、としている。また、超越性に注目して区別する概念として、同論文集の第八章で、宗教史家のマーティン・E・マーティーは、マックス・ウェーバーから着想を得て、「司祭型」と「預言者型」に分類している。この預言者型こそ、ベラーのモデルの「超越性」を強調した概念だ。さらに、特定の神学的立場に立った「公共神学」という概念も呈示した。このほかにも、「公共哲学」や「政治文化」といった概念も呈示されてきた。

さて、ここからは、イエール大学で社会学や宗教学を講じるフィリップ・ゴースキー教授が二〇一七年に著わした『アメリカの盟約――ピューリタンの時代から現代までの市民宗教史』を中心に考察を進めていきたい。本書で同教授の市民宗教論を取り上げる主な理由は二つある。第一に、彼がカリフォルニア大学バークレー校で教鞭を執っていたころのベラーの教え子であり、ベラーの市民宗教の超越性を核として他の類型と対比させていること。第二に、二〇二一年に発生した合衆国議会議事堂襲撃事件を契機にマスメディアにより取り沙汰され、学術研究の対象にもなっている、白人至上主義や白人種の優越感情と宗教が融合したキリスト教ナショナリズムを超越的な市民宗教と対置させつつ、保守派大統領、とりわけトランプ前大統領を分析しているからである。

ゴースキーは、半世紀以上も前に提起された議論を現代社会において取り上げる理由についてこう述べている。ホセ・カサノヴァが『近代世界の公共宗教』(一九九四年)の中で発表したように、ここ三〇年間で「公共宗教」がアメリカのみならず、スペインやポーランド、そしてブラジルにおいても観察されている。他方で、先述のように組織宗教に属さない「NONES」の人口増は、かつて西ヨーロッパに顕著に現れていたが、近年、アメリカにおいても急増している。同時進行で、人々や思想が国境を越えて瞬く間に移動したり交流したりするという、未曾有の現象が起きている。アメリカの宗教や文化が地球の至る所に伝播し、新来の信仰や文化が国内の隅々にまで行き渡っている。その結果、アメリカのキリスト教諸教派の多様性をはるかに超えるレベルの文化多様性が新たに形成されつつある。こうして出現した変化し続ける価値の多様性を目の当たりにして、どのようにすれば民主主義に基づく連帯を保つことができるのかという課題解決への糸口を、公共宗教の議論が与えてくれる。さらに、公共宗教の議論は、こうした変化に対して文化的同一性を保持しようとする反動的な伝統主義・保守主義に代わる、そして、あらゆる政治的紐帯《ちゅうたい》を分解する過激な個人主義に代わる解決策を提示してくれる、というのだ。

ただ、公共宗教にはいくつかの類型がある中でゴースキーが超越的な市民宗教を選択した理由として、第一に、ベラーのモデルが最も正しいこと、第二に、他のモデルは十分満足できるものではないという二点を挙げている。「公共哲学」には純粋な宗教性が欠落していて、「政治文化」は静的で歴史性が欠如している。リッチーが呈示したプロテスタント的市民精神は、単に「市民精神」とした上で、それはベラーの市民宗教に最も近似した代替モデルだが、儀礼の要素だけでなく、ナラティブ的な要素も欠落しているからだと採用しなかった理由を述べている。市民宗教は、アメリカ人がどこから来てどこへ向かっているのかを、そして、市民としての偉大さだけでなく、集団としての失敗や欠陥をもアメリカ国民に伝える物語でもあるからだというのである。

ゴースキーは、市民宗教は過激な世俗主義と区別されるべきだと主張する。市民宗教は制度としての政教分離は尊重するが、過激な世俗主義者が擁護する厳格な意味での政教分離を拒否する。過激な世俗主義者は、公的生活や空間は「中立の領域」であるべきだと主張するが、実際に彼らの言う公共空間は「宗教抜きの空間」なのだ。宗教のない中立な空間などあり得ないばかりか、アンフェアだと主張する。宗教的信念はかならず政治的な意味あいを持っているので、あり得ない。また、信心深い市民は自分たちの主張を世俗的な表現に翻訳できるが、世俗的な市民は宗教に対して無知であるため宗教的な表現に翻訳できないからだ。意味深長な表現はすべて宗教に根ざしている。例えば、リンカン大統領やオバマ大統領、あるいはキング牧師の演説を思い浮かべれば一目瞭然なのだ。

ベラーのモデルの弱点は、市民宗教と宗教ナショナリズムとを明確に区別していない点だと主張するゴースキーの指摘は極めて重要である。そのために、国家の偉業を称え、国家の自己崇拝に堕したレーガン大統領やG・W・ブッシュ大統領が信奉した司祭型の公共宗教を、ベラーが支持していると誤解されてきたのだ。

宗教ナショナリズム（またはキリスト教ナショナリズム）は、宗教と政治を結びつけ融合する思想だが、この思想の信奉者は、宗教または政治のどちらか一方における市民権を他方における市民権の印とし、その印を欠く者をすべて粛清し、必要ならば暴力によって王国の国境を可能な限り拡大することを望む。市民宗教を奉じる人々は、それぞれの王国には適切な国境があるが、その国境が互いに交差し、宗教の末端と政治の末端が重なり合う限界地帯を生み出す場所もあり、この空間を維持することが両王国にとって極めて重要だと考える。

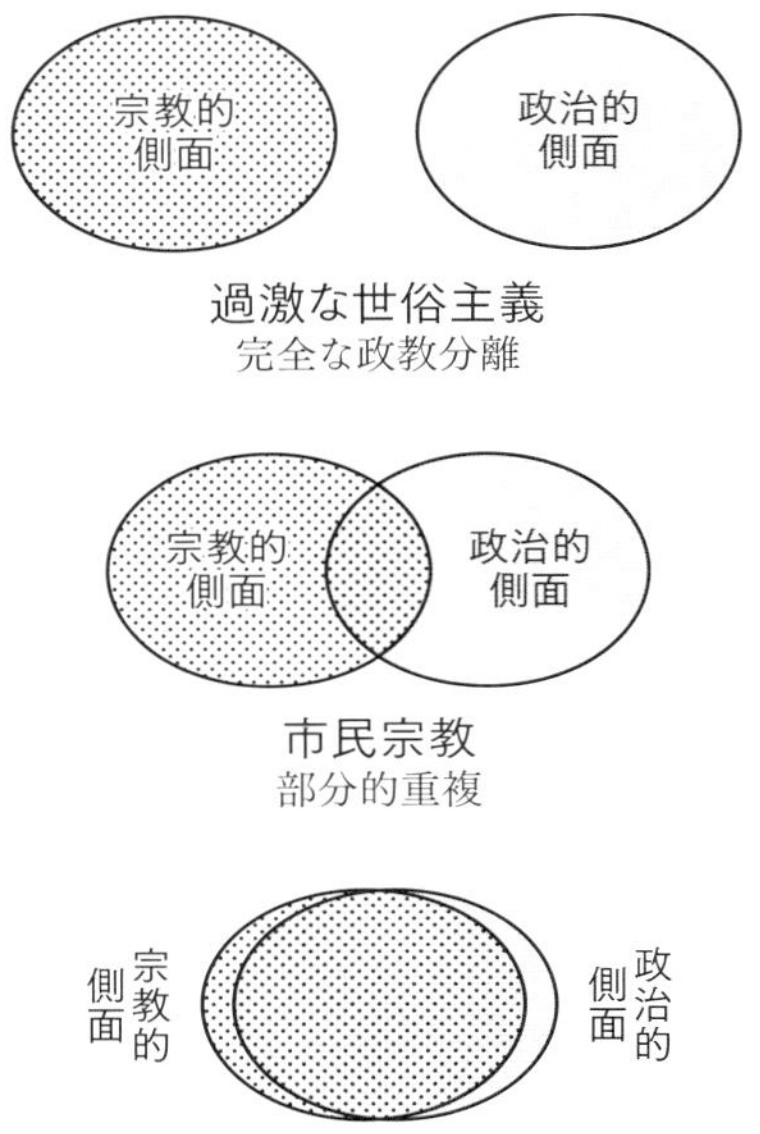

図表 9-1　三類型の相関図
（Philip Gorski, 2017, p. 18 より筆者作成）

市民宗教、過激な世俗主義、宗教ナショナリズムの三者は実質内容においても区別ができる。三者すべてはヘブライ聖書、キリスト教聖書と西洋哲学に根ざしている。しかし、アメリカの市民宗教は、特にヘブライの旧約聖書における預言者的宗教と市民的共和主義とに基礎を置いている。それに対して、宗教ナショナリズムは聖書的伝統の中の「征服」と「黙示」の物語に根ざしている。これに対して、過激な世俗主義はリバタリアン的リベラリズムと厳格な政教分離に基礎付いている。三つを図として示せば、図表9－1のようになる。過激な世俗主義は厳密な政教分離の上に成立し、宗教ナショナリズムは政治的側面と宗教的側面が融合している状態で成立する。他方、市民宗教は部分的に重複している状況で成立する（ゴースキー、二〇一七年）。

❖ 過激な世俗主義

過激な世俗主義はアメリカ史の中で過激な個人主義と深い関わりがある。過激な個人主義については、トクヴィルが一九世紀半ば自身のアメリカ訪問中に、アメリカ文化の中に感じ取ったものを「個人主義」という新しい用語を使って説明した。アメリカにおける過激な個人主義は三つの世俗的な哲学により構成されている。一つは社会原子論である。この世俗的な哲学では諸個人は文字通り社会生活の素粒子にあたり、厳密に言えば、マーガレット・サッチャーが述べたように、社会は存在せず、存在するのは個人だけ、ということになる。従って、社会生活は諸個人が求める自己利益間の相互作用ということだ。第二の要素は、リバティーン自由主義である。これは過激な自由主義の政治哲学である。自由は、束縛から解放され、欲望の赴くままに行動することと定義される。この自由の解釈は皮相的だ。薬物の乱用のように自らの健康や幸福を損なう場合や異なる欲望のそれぞれがぶつかり合う場合がある。束縛のない自由を求める余り、自らの限界を無視し、自滅へと向かう傾向が多い（ゴースキー、二〇一七年）。第三の要素は、功利主義的個人主義だ。良き生活とは、快楽から苦痛を減じた個人の効用の総和が多い生活をいう。ジョン・ロックは、個人は社会に先行し、社会というものは諸個人が自分たちの利益を最大化するために自発的に契約を結ぶことにより成立すると考えた（ロバート・ベラーほか、一九八五年）。

では、過激な世俗主義とは何であろうか。それは、社会原子論、リバティーン自由主義、功利主義的個人主義の要素のいずれかと、完全な政教分離という原理の組み合わせだ。完全な政教分離論者は、社会が世俗化したために宗教は社会的影響力を削がれ私事化し、いずれは消滅するという立場である。例えば、クリストファー・ヒッチェンズは『神は偉大ではない』(二〇〇九年)の中で「宗教はあらゆるものを毒す」と批判している。完全な政教分離論者は、建国の父たちが、啓蒙主義の理神論者として、宗教と政治の間に通り抜けることのできない壁を築くことで、「神なき憲法」を著したとして、合衆国憲法をよく引き合いに出す。これが過激な世俗主義なのだ。

❖ 市民宗教——市民的共和制と古典的自由主義

市民宗教を語る際に、社会の基礎にある政治哲学としての市民的共和制は不可欠な要素である。ゴースキーの立論に沿って、先述の過激な個人主義と対比しながら、市民的共和制の特徴を見ていこう。

まず、社会原子論に対して、市民的共和制では、人間は社会的存在であり、そこに生まれ育った社会により形成され、個人個人の幸福は社会の集合的幸福と密接に関係していると考える。

欲望の赴くままに振る舞うようなリバティーン自由主義に対しては、共和制の伝統の中心的な洞察のひとつは、市民がその自由の一部を自由な制度を維持するために使わなければ、そのすべてを失うことになりがちだということだ。個人の自由を守るためには、常にある程度の市民の徳が必要なのである。

功利主義的個人主義に対してはどうであろうか。一般的に、共和制にはある種の徳倫理が伴う。徳倫理では、良い人生とは、仲間から賞賛されるようなある種の全体的なパターンを伴うものであり、また、共通善とは、共通に生産され享受される財（例えば、音楽演奏や礼拝など）であるという理解を伴っている。しかし、功利主義的個人主義には、共通善もなければ、共有財産もない。あるのは、個人の効用と私有地だけなのだ。

一般に、アメリカでは公立学校の児童は毎朝、国旗に向かって右手を胸に当て、「忠誠の誓い」を暗唱することが慣例となっている。その内容はこうである。「私は、アメリカ合衆国の国旗と、それが象徴する、万民への自由と正義を備え、神の下に不可分の一国をなす共和国に忠誠を誓います」。

これは、文字通り国旗と国家への忠誠の誓いだが、海兵隊員や軍に勤務する国民は別として、一般国民は生活の中で共和国を意識するよりも断然、自由民主主義という政治体制を意識する人が多いだろう。

ここでは、市民的共和制とリベラリズム、いわゆる自由主義について比較しながら説明しておこう。その際の論点のうち三つを紹介しておこう。人間性、自由という概念、徳である。

第一に人間性であるが、共和制では人間は基本的に社会的な存在で、しかも、手段的な理由や、経済的な交換のためだけではなく、自然に他者を認め他者と交流する存在と見なされる。共和政体というのは人付き合いや社交性が自然に結実したものということだ。また、共和制では人は元来政治的だという了解が成り立っていて、自らが主体的に運営するコミュニティを形成する傾向がある。例えば、アリストテレスは『政治学』で人は生まれながらにして政治的動物であり、自然が人のみに話す能力を付与した。そしてこの能力は自治がなされているコミュニティにおいてのみ十全に機能すると述べている。従って、共和制では、自治というものが必要悪ではなく、積極的な善ということになる。

市民的共和制に対して、リベラリズム、特に古典的なリベラリズムの人間観はどうだろうか。リベラリズムでは、人間は基本的に反社会的存在である。ただ、経済的交換を目的としてのみ交流をするというものだ。『リヴァイアサン』の中でトーマス・ホッブスが唱えたリベラリズムにおいて、人間は、自然の状態では貪欲・闘争好きで「万人の万人に対する闘争」状態にある存在として描かれ、国民は、コモンウェルスと呼ばれる国家を形成し、国家との社会契約に基づいて自らの身の安全を保証するものと描かれた。古典的なリベラルにとって社会形成とは、市民的共和制の支持者が本性的、自己目的的に人が行うものではなく、自衛という目的のための手段だった。

第二は自由の概念である。共和制での自由は、文字通り、あるいは比喩的にも、奴隷状態ではないこと、つまり、誰かの恣意的な意志に従属しない状態をいう。奴隷とか隷属状態は、いずれにしても、政治的独立という基礎を根底から覆すものであり、純粋な意味での市民性とは相容れない。自由な社会では、誰かの恣意的な統治は非人間的な法による統治に道を譲るのだ。次に、市民的共和制における自由は、自らの情熱の奴隷にならない状態をいう。だから、自らの情熱を改良して、善良で正義に適《かな》うものを自ずと欲し、下劣で自己中心的なものを嫌うようになる。また、共和制における自由は、積極的な市民になる事を意味する。これらの特質から共和制の支持者は自由と政府は敵対するものではなく、相互に補完する関係にあるものとして見るのだ。

リベラリズムでは、自由の概念はどのようなものだろうか。リベラリストにとって自由とは、自らの動きを物理的に妨害されたり、制限されたりしないこと、だとされている。ジョン・ロックは部屋に閉じ込められた人の例で説明している。その人物が部屋を出る意志を持たない限りにおいて、その人物は自由だ、というのだ。このことから、奴隷も解放という自由を希求しない限り隷属状態は続くことになる。現代のリバタリアンはどうだろう。例えば、アイン・ランドにとって自由とは、法律や国家などの外的な制限が掛からない状態である。市場の操作や企業の力が個人の自由を制限したり奪ったりするという可能性は全く考慮の外に置かれている。なぜなら、自由は例外なく個人の選択だと理解されているからだ。

第三は徳である。共和制の徳は、ヴィクトリア王朝のそれとはことなり、禁欲や貞淑などとはほとんど無関係だ。むしろ、徳は倫理的で実践的な技術、つまり、何に価値がありどのようにそれを達成するかという知識だった。古代国家での市民が備えるべきとされた徳は、雄弁術や説得力やその他公的生活で必要とされた技術の習得と研鑽に明け暮れる市民生活への没頭だとされた。ルネッサンス期は、キリスト教がそこに加わり公共善への自己犠牲が市民として備えておくべき徳だとされた。市民的共和制では、一般に、自由な諸制度は本質的に脆弱で、それらを支える有徳な市民なしでは永続しない、と考えられている。徳のみでは不十分なので、適正にバランスの取れた社会組織が不可欠だった。このバランスは、政府の諸機関の間のバランスだけでなく、社会に存在するさまざまな集団の間のバランスを意味した。法や制度では権力の乱用は防ぐことができない。異なる集団の間の力の均衡が乱用を防ぐ鍵となる、という基本理念が根底にある。共和制から見れば、法律や制度は重要だが、腐敗を防ぐのに十分とは言えない。異なる社会集団間の権力の監視を必要とする所以である。

リベラルな立場からはどうだろうか。リベラリズムからすれば、制度設計がすべてであり、市民的徳や社会組織のバランスなど無用だと考える。一般に共和制支持者と考えられているイマヌエル・カントは、徳はいらない、なぜなら「悪魔で構成された人々でさえ、代表機関を通じて自らを統治することができる」と述べている。この見解はホッブスの思想に通底する。一旦適正な法律が制定されれば、個々人の自己利益が自動的に共通善を生産する、と考えたのだ。カントは絶対君主制下で人生を送り、代議士を議会に送るという民主的手続きを経験していないので、他の政治集団よりも大きな力を持つ政治集団が法律を書きかえるという事態を想像できなかったのだろう。バーナード・マンデヴィルは、自由市場が私的な諸悪を公共善に転換してくれるので徳は必要ないと主張するが、公共善が公共財であれば正しいが、生産においては正しくても分配となると話は異なってくる。現在そのような偏狭な見解は許されないだろう。

ここまで、市民宗教に必要な市民的共和制について述べてきた。まとめれば、共和制には社会に関心があり他者との交流を好む、独立した積極的にコミュニティ参加をする自由な市民と、適正にバランスの取れた社会組織と監視の目が必要、ということである。

次の節では、宗教ナショナリズムについて話を進めていこう。

❖ 宗教ナショナリズム――「血」のイメージ、「征服」ナラティブ、「黙示」

宗教ナショナリズムの背景には、「血」のイメージ、「征服」のナラティブ、そして「黙示」が存在する。ユダヤ教とキリスト教の経典は神と民との間に交わされた神聖な誓約、あるいは盟約と理解されてきた。旧約聖書において神は、ノア、アブラハム、モーセと契約を交わす。『創世記』に見える神とノアとの契約では、肉は血を含んだまま食べないこと、そして、人間同士で殺し合いをしないことを約束する。この契約の見返りとして、神はノアとその子孫に、「動いている命あるものは、すべて」食糧とさせ、子孫を多く残し「地に満ち」るよう命じた。神は、雲の中に虹が現れるとこの契約を心に留める、と述べ、虹によってこの契約を保証した。次に、アブラハムとの契約である。アブラムは神にアブラハムと名付けられ、神への忠誠を誓う。神はこれに応じ、「カナンのすべての土地」の所有と「子孫」の繁栄を約束する。そして割礼という儀礼でこの契約を保証したのだ（『創世記』九章一～一七節、一七章一～一一節）。そして、神とモーセとの契約である。モーセがエジプトから古代イスラエルの民を救出する逃避行を描いた出エジプト記の中で、神がかの有名な十戒を述べた後に契約が交わされる。神は、一六箇条からなる神の法を遵守するようモーセに命令し、モーセはイスラエルの民の代表者七〇名の長老に対して神の法を説き聞かせ、全員が法の遵守を誓い、神は違反に対する警告を発した。この契約は十戒で保証されている（『出エジプト記』二〇章）。

さて、これら三つの神との契約では、血の犠牲、生贄《いけにえ》が中心にある。だが、預言者の登場と共に、それが一変する。

例えば、『イザヤ書』一章一一節では、「お前たちのささげる多くのいけにえがわたしにとって何になろうか」と述べた後続けて「雄羊や肥えた獣の脂肪の捧げ物に私は飽いた。雄牛、子羊、親山羊の血をわたしは喜ばない」と言い切る。では、神は何を望むのか。『ミカ書』六章にその答えがあった。「人よ、何が善であり主が何をお前に求めておられるかはお前に告げられている。正義を行い、慈しみを愛しへりくだって神と共に歩むこと、これである」。さらに、『アモス書』五章二二～二四節には「たとえ、焼き尽くす捧げ物をわたしにささげても穀物の捧げ物をささげてもわたしは受け入れ」ない。「正義を洪水のように、恵みの業を大河のように、尽きることなく流れさせよ」と付け加えている。

要するに、形式的な儀礼ではなく、正義を尽くし恵みの業を実践せよ、というのだ。預言者が奉じた神は、血の犠牲に興味がなく、イスラエルの民個人個人の正しさと社会正義の実現を要求したのだ。『エレミヤ書』二二章一節には、「正義と恵みの業を行い、搾取されている者を虐げる者の手から救え」と主は述べる。つまり、預言者の出現以来、血の犠牲から、社会的弱者や虐げられた者への「恵みの業」の実践へと、主が望む行為は変化を遂げている。

先に筆者は、宗教ナショナリズムは、「征服」と「黙示」に根ざしていると述べた。この「征服」というナラティヴは政治的暴力、特に、国家建設における暴力を正統化する役割を果たす。血は国家を定義するのに役立つ。共有された血、つまり民族は、誰が国民で誰が国民でないかを告げる。血はイスラエルの神に対する最も基本的な義務を規定している。つまり、血の捧げ物である。『レビ記』四章には贖罪の捧げ物として無傷の若い雄牛を生け贄として祭壇でその血を振りまいて神に捧げる儀式が詳細に記されているが、血は国家に恵みを与える。

旧約の神は戦争を認めている。神がアブラハムに約束し、ヨシュアやイスラエルの民によって征服された約束の地カナンでの戦いについて、『申命記』二〇章一節は戦争について神の性質を語っている。多勢に無勢の大群に向かって出陣する場合「あなたをエジプトの国から導き上られたあなたの神、主が共におられるから」恐れる必要はないと諭す場面がある。同じ章の一六節では、神がモーセを通じて次のような指示を出している。

あなたの神、主が嗣業として与えられる諸国の民に属する町々で息のある者は、一人も生かしておいてはならない。ヘト人、アモリ人、カナン人、ペリジ人、ヒビ人、エブス人は、あなたの神、主が命じられたように必ず滅ぼし尽くさねばならない。

エリコの占領に際して、『ヨシュア記』六章二一節にも次のような記述がある。

彼らは、男も女も、若者も老人も、また牛、羊、ろばに至るまで町にあるものはことごとく剣にかけて滅ぼし尽くした。

このように、老弱男女の人間は言うに及ばず、家畜でさえも殺戮するのだ。ちなみに、こうした「征服」のナラティブについて、生物学者で著名な無神論者のリチャード・ドーキンズは、旧約の神は「執念深く、血に飢えた民族浄化者」、「人種差別主義者、幼児虐殺者、大量虐殺者、不潔殺人者」だと断じている（ドーキンズ、二〇一六〔二〇〇六〕年、五一頁）。

このような「征服」のナラティブは、預言信仰に基づく「黙示」に通底する。有名な『ヨハネの黙示録』にはこう描かれている。世界は急激に道徳的退廃の状態へと突入するや、七つの大災害が地上や大海や河川を襲う。終末の予兆だ。善と悪との最終的な衝突が起き、凄惨な戦争が世界の人口を壊滅させ、大火災が地表を焼き尽くす。すると、天から白馬に乗って天の軍勢を率いるキリストが、サタンの背後にいる悪の勢力を駆逐するために登場する。そして、キリストによる千年にわたる地上の平和と調和に満ちた統治が始まる。

黙示録にはさまざまな解釈が存在するが、アメリカでは二〇世紀初頭になるまでは、ポスト・ミレニアリズムとしての解釈が一般的だった。つまり、キリストの再臨は教会が世界を変革するまでは実現しない、というものだ。先にも述べたように、聖書を字義通り一字一句解釈する読み方は、二〇世紀初頭の原理主義VS近代主義論争時に登場した。その際に、ディスペンセーション理論と結びつき、差し迫ったキリストの再臨は千年王国の前に現実のものとなる、という解釈だ。それまで、聖書は複数の解釈で読まれてきた。例えば、予型論的解釈。つまり、これは新約聖書の原型が旧約聖書に予め暗示されているものとしてそのひな形を探す解釈法で、子羊の生け贄が型で旧約に予め示され、新約聖書ではイエスが究極の生け贄となる、というものなのだ。

要するに、黙示録的世界観は伝統的なキリスト教の中心をなすものではない。二〇世紀初頭のアメリカにおいて登場した新しい解釈法に過ぎないのだ。

ゴースキーは、黙示録的解釈に立った宗教ナショナリズムの危険性を指摘しているので、紹介しておこう。第一は、人間が知る術もないことを知っているという傲慢な態度を、その信奉者の中に呼び覚ます危険だ。第二は、他者を悪魔化することにつながる。すなわち、敵を物理的な悪の体現者にしてしまう危険性を秘めていること。第三は、宿命論につながり、戦争やその他の災難は人間の手に負えないものだと示唆する危険性。そして、最後は、あらゆる問題に対する究極の解決策は、敵の殲滅《せんめつ》を伴う暴力的なものであることを宿命として示唆するという点だ（ゴースキー、二〇一七年）。

宗教ナショナリズムと連邦議会議事堂襲撃事件

ゴースキーは、サミュエル・L・ペリーとの共著『国旗と十字架――白人キリスト教ナショナリズムとアメリカ民主主義への脅威』（二〇二二年）の中で、二〇二一年の合衆国連邦議会議事堂を襲撃した白人たちに聴き取り調査を試み、実証的に白人キリスト教ナショナリズムについて論じているので、ここで紹介しておこう。白人キリスト教ナショナリズムは、ここでは、宗教ナショナリズムと同義で用いている。

まず、彼らは自らを白人キリスト教ナショナリストとは決して名乗らない。ほとんどの暴徒たちは、「キリスト教愛国者」と自らを呼んだ。最も刑の重かった暴徒のひとりで、Qアノン・シャーマンとして知られるジェイコブ・チャンスリーは、極右の活動家でトランプ大統領支持者であるが、彼は暴徒と化した仲間たちを、「政府の中の裏切り者」である「暴君、共産主義者、グローバリスト」から「アメリカ人の生き方（生命、幸福、自由の追求の原則に基づくアメリカのナショナリスト精神）」を守り、「ここは彼らの国ではなく我々の国」だというメッセージを送る「神を愛し、キリストを愛する憂国の士」と呼んでいる。

白人キリスト教ナショナリズムの信奉者は、多様性を否定しグローバリズムを拒否するからナショナリストであり、国家の統一と国際的な力への願望を表している。彼らの考えでは、真のキリスト教国家とは、白人保守派の神聖な歴史、自由、正当な支配を称え、優遇するものであり、良くて他者を容認し、悪ければ奴隷化し、追放し、殲滅させるものである。これが、南部連合像の撤去やアメリカ史における人種差別について教えることに対する、一部白人たちの大規模な抵抗の根源である、とゴースキーとペリーは述べる。

次の七項目は、キリスト教ナショナリズムの指標である。

一、私は独立宣言や合衆国憲法のような建国の公文書を神の啓示によるものだと考えている。
二、合衆国の成功は神の計画の一部である。
三、連邦政府は合衆国がキリスト教国家であると宣言すべきである。

四、連邦政府はキリスト教の諸価値を奨励すべきである。
五、連邦政府は政教分離を徹底すべきである。
六、連邦政府は公共空間での宗教的シンボルの展示を許可すべきである。
七、連邦政府は公立学校での祈りを認めるべきである。

この七つの指標がキリスト教ナショナリズム尺度（〇から二八または二四）を構成している。調査の結果、こうした思想を持つ人々が最も多い教派は、最もスコアの高く、最も保守的なプロテスタントの教派である。具体的には、ペンテコステ教会（二〇・九）が最も高く、ホーリネス教会（一九・三）、バプテスト派教会（一八・一）、超教派教会（一八・一）、そして最も低いのは合同キリスト教会の順である。民族的・宗教的伝統との関係では、白人福音派のスコアが最も高く、リベラルな白人プロテスタントのスコアが最も低い結果となった。具体的には、白人福音派（二〇・四）が最も高く、黒人の保守的プロテスタント（一七・七）、東方正教会（一四・八）、そして最も低いのはリベラルな白人プロテスタントという順だった。

二〇二〇年五月の調査の結果、キリスト教ナショナリズムへの信奉が強まるにつれて、白人は移民法の緩さがパンデミックの一因であると感じたり、アメリカの雇用を守るために移民の入国を止めるべきだと考えたり、南部の防壁を建設することで将来のパンデミックを阻止できると考えたり、コロナウィルスを中国ウイルスと呼ぶのは人種差別ではないと考えたりする傾向が強くなっていることがわかった。

つまり、宗教ナショナリストの特徴は、超保守的なキリスト教を奉じる白人福音派のそれと親和性があり、移民法の強化を望み南部諸州の防壁の建設を望み、人種的多様性を嫌うアメリカ人の特徴とかなりの程度重なる部分があるということがわかったのだ。

この調査結果は、ＰＲＲＩが二〇二三年に行った「キリスト教国家？　アメリカの民主主義や文化に対するキリスト教ナショナリズムの脅威」（二〇二三年二月八日）と題した調査結果とも一致する点が多い。この調査では、キリスト教ナショナリズムの信奉者、共鳴者、懐疑論者、拒否者、無回答の五類型に分類される。

これによると、白人福音派プロテスタントが、他の信仰集団に比べてキリスト教ナショナリズムの信奉者が多い。白人福音派プロテスタントの三分の二が、キリスト教ナショナリズムの共鳴者（三五％）または信奉者（二九％）であることがわかっている。宗教実践では、教会でのサービスに週に複数回出席する人の割合は、キリスト教ナショナリズムの信奉者（五四％）はアメリカ人全体（二八％）よりもおよそ二倍多い。政党支持では、キリスト教ナショナリズム信奉者の二一％が共和党の支持者で、三三％が共鳴者である。大統領支持では、キリスト教ナショナリズム信奉者の三二％はトランプに対して好意的だが、六五％はそうではない。キリスト教ナショナリズム信奉者の七一％はトランプに好意的だが、その四三％は特に好意的だ。

二〇一六年の大統領選挙

二〇一六年の大統領選挙は、アメリカ・ファーストを掲げる共和党のトランプ候補が、ファースト・レディー、上院議員、国務長官を歴任し、アメリカ史上初の女性大統領の誕生を狙うヒラリー・クリントンを抑えて第四五代アメリカ合衆国大統領に当選した。敗れたクリントン候補は、二期目のオバマ大統領に次ぐ得票だったが、選挙人団の投票により、最終的に三〇六対二三二で涙を呑んだ。トランプ政権樹立の背景には、激戦州のオハイオ州やフロリダ州を獲得したこと、そして、ラストベルトと呼ばれるペンシルヴェニア州、ミシガン州やウィスコンシン州での勝利が大きいとされる。出口調査によれば、地方小都市や農村部に住む、四五歳以上の高卒以下の学歴をもつ白人の保守的なプロテスタントやカトリック教徒が過半数を占める。彼らの大半は国の行く末を憂い、民主党政権で家計が悪くなったと感じている。しかし、最も特徴的なのは、福音派の八一％が投票していることだ（ニューヨークタイムズ、二〇一六年一一月九日）。

ドナルド・トランプは、一九四六年に不動産業を営む父フレッド、母メアリーの間に第四子として、ニューヨーク州クイーンズ地区の病院で生を受ける。父はドイツからの移民で、母はスコットランドからの移民だった。ニューヨーク・ミリタリー・アカデミーを卒業したドナルドは一九六四年にフォーダム大学からペンシルヴェニア大学ウォートン・スクールで経済学を修め、一九六八年に卒業し、父の不動産会社トランプ・マネッジメントを承継し、後にその親会社として、トランプ・オーガナイゼイションを創設し、カジノ、ホテル、ゴルフ場の運営を手がける。『ドナルド・J・トランプの信仰』を著した伝記作家たちは、トランプの信仰について、プロテスタントで、長老派に属し、神を愛していると書いている（デイヴィッド・ブロディーとスコット・ラム、二〇一八年）。一九七七年には、チェコ出身モデルのイヴァナ・ゼルニコワと結婚、三人の子どもを設けるも、一九九二年に離婚。一九九九年にマリア・メイプルスと再婚し、一人の子どもを設けるも一九九九年に離婚。二〇〇五年、スロベニア人のモデル、メラニア・ナウスと再婚し、一人の子どもを設ける。二〇一五年にはフォーブズ誌が、トランプの純資産総額を四五億ドルと公表する。大統領就任後の二〇一七年にはトランプ旅行禁止令を大統領令で制定し、イラン、イラクなどの諸国の市民がアメリカへ入国することを禁じた。二〇一九年には北朝鮮の金正恩と面談するも、核廃棄は進展しなかった。二〇二〇年一月六日に、二期目をかけた選挙結果を受け容れられなかったトランプ支持者による合衆国連邦議会議事堂襲撃事件が発生し、トランプ大統領は暴徒を先導したとして容疑がかけられた。

一九八〇年の大統領選挙以来、福音派は一貫して共和党候補に票を投じてきたが、先述のように、二〇一六年はその八一％の有権者がトランプ候補に票を入れた。福音派の人々は、聖書を心の拠り所にして伝統的家族観に立って生活をする極めて真面目な市民だが、いったいなぜ、八割を超える福音派の人々が、トランプのように再婚歴があり性的に淫らで、人種差別者で不道徳的な人物を、一国の大統領として票を投じたのであろうか。

まず、トランプに関わる著名な聖職者の見解を紹介しておこう。徹底的に不支持を表明しているのは、南部バプテスト連合、倫理・宗教的自由協会会長のラッセル・ムーア牧師だ。ムーア牧師によれば、大統領候補はボーン・アゲインの福音派である必要はないが、純粋で思慮深い信徒なら候補の人格を問うのが筋であり、正しい。トランプ候補の女性に対する態度は「青銅器時代の武将のそれ」だ。世界のトップの女性たちと寝ると言ったり、二人の妻との離婚歴があったりする不埒な男に投票するとは、福音派は価値観を失ったに違いない、と反対の意を唱える（ニューヨークタイムズ、二〇一五年九月一七日）。

一方、テキサス州ダラスにある第一バプテスト教会のロバート・ジェフレス牧師は、候補者のライフスタイルではなくイシュー（争点）に注目して投票するように有権者は成熟している、とした上で、トランプ候補は生命尊重派（プロ・ライフ）であり、信教の自由を尊重し、保守派の最高裁判事を支持しているが、クリントンはこれらの問題については正反対の見解だ。だから、人格ではなく争点を重視しての選択だと強調する（ミッシェル・マーティン、二〇一六年一〇月一六日）。

しかし、支持するにしても福音派にとっては当然リスクもある。神学者のワード・ホールダー（二〇二一年）によれば、福音派がトランプ候補を支持するリスクは三つあるという。

第一に、一九八〇年の大統領選挙に向けて、テレビ伝道師でモラル・マジョリティの創設者ジェリー・ファルウェルはかつて、アメリカをキリスト教に根ざした国に戻すことを求める運動を牽引したが、トランプもこの国をキリスト教のルーツに戻そうとしている。ただ、そうした風習を否定するトランプのような人物を支持すると、偽善者の疑いをかけられることになる。

第二に、福音派はトランプを支持することで、①ロウ対ウェイド判決を覆す保守派の判事任命を支持しているように見なされる。②アメリカをかつての偉大な国に戻すという文化戦争の一つの理念と結びつけられてしまう。そして、③福音派は国境警備の強化を望む人々と同一視される、といったリスクを負う。

第三に、福音派が自らの目標を承認してもらうために現実的な政策を追求すれば、修正第二条の擁護を上院や下院議員に求めたりする全米ライフル協会や、関税の影響から免れることを求めたりする養豚農場組合のような利益集団と大差はなくなってしまう。こうしたリスクが伴うというのである。

福音派の八一％がトランプに投票した謎

それではなぜ、福音派の八一％がトランプ候補に投票したのか。

さまざまな原因が挙げられてきた。ヒラリー・クリントンに対する反対票がトランプに入ったということも一つの理由かもしれない。しかし、それだけで福音派の八一％が投票するとは思えない。共和党への忠誠心は確かに考えられるが、共和党の予備選では、福音派としての確固とした信念を持つ候補者が数多く登場した。しかし、複数の白人福音派が、G・W・ブッシュ大統領の弟のジェブ・ブッシュやテッド・クルーズよりもトランプを選んだのだ。白人至上主義や白人ナショナリズムなどにかぶれた人々に訴えるファシズム。しかしこれは、信心深い福音派の大半を動かすとは考えにくい。あるいは、ワシントン・エスタブリッシュメントに愛想を尽かした白人労働者階級に訴えるポピュリズム。だが、これも、ミシガン州やオハイオ州などのラストベルトに限定されているのではなかろうか。あるいは、権威主義的なパーソナリティの有権者に訴える権威主義的パーソナリティなどが原因として考えられる。確かに、こうした解釈は必ずしも間違いではないものの、トランプが福音派にアピールしていることの説明にはなりそうもない。

さまざまな見方がある中で主要なものを拾ってみると次のようになる。

第一に、評論家やメディアで最も有力な理由として取り上げられているのは、最高裁判事の任命に関わる事柄だ。確かに、これは説得力がある。なぜなら、宗教右派の発足以来、死亡または本人が辞退するまで任期のある、最高裁判事の任命権を持つ大統領を選出するために政治に関与してきたからだ。最高八年の任期しかない大統領に較べれば圧倒的に長く保守派のお眼鏡《めがね》に適《かな》う判決を下すことができることは極めて重要だ。

第二に、過去の福音派が優位に立っていた時代への回帰への期待だ。これは権威主義的パーソナリティとの関係が深い。

公共宗教研究所所長ロバート・ジョーンズが述べているように、一九七四年には全人口の六三％を占めていた白人プロテスタント・キリスト教徒の人口は、二〇一四年には四七％に落ち込んだ。一九九三年以来、カトリック・キリスト教徒の人口を加えても五〇％に届かなくなっている。そのタイトルが示すように、『白人キリスト教アメリカの終焉』が始まったのだ。二〇〇八年のピュー研究所の調査で、二〇〇五年には六七％を占めていた人種としての白人人口が、二〇五〇年までに四七％に低下するという予測が出ている。

かつて、いわゆるＷＡＳＰがアメリカを支配していた時代があった。しかし、多様な移民の流入による人口動態の変動により、白人のアメリカは縮小していった。ワード・ホールダーは、トランプの権威主義的思考と言動や人種差別主義が、歴史的モデルとしての福音派に適合していること。さらに、そのことが、社会秩序の中で人種と宗教がそれぞれの立場で位置づけられていた初期の時代への回帰の可能性を示唆していたと述べている（ホールダー、二〇二一年）。かつて白人福音派が人種隔離政策で優位な社会的地位を保っていた時代に戻ることができる、という夢や予感を、トランプの人となりが、福音派の有権者に与えたのだ。だから、トランプの「アメリカ合衆国を再び偉大な国にする（ＭＡＧＡ）」というスローガンが彼らの心を鷲づかみにしたのだろう。

第三の原因は、トランプの無遠慮さである。彼の太っ腹で豪快なスタイルは、福音を無心に伝道することに誇りを抱く多くの福音派のキリスト教徒にとって、文化的に親しみやすいものだ。「強い男」のイメージは宗教右派に通じるものがある。トランプはまた、カリスマ的なリーダーの特徴を有していて、多くの福音派に馴染みのイメージなのだ。

第四に、トランプの回心物語である。それは、キリストへの純粋な帰依を表明するものではないにせよ、リベラルな教義やリベラル派の文化と福音派のそれとの間で行き来する心のゆらぎを、福音派なら経験している。トランプは人工妊娠中絶や同性婚、またはトランスジェンダーの人権について、支持を拒否したり支持したり、自身の見解や対応を乱高下させたが、こうした個人的な立場の変容は福音派にありがちなことで、なじみのあるものだった（ハンナ・ディック、二〇二一年）。

第五は、トランプの経済力だ。その経済力の背景にあるものについても述べておこう。

一九五〇年代からブルーカラーのアメリカ人を中心に信徒が増加している信仰がある。デューク大学で神学を講じるケイト・ボウラー准教授によれば、これは「繁栄の福音」または「繁栄の神学」とも呼ばれるもので、ペンテコステ派（聖霊によるバプテスマを体験しトランス状態で異言を話すとされるロサンゼルスのアズーサ通りが発祥とされる教派）の信仰や第二章で述べたカーネギーの「富の福音」などの影響を受けた信仰で、神の恵みは物質的な財の増加として目に見える形で信者に提供され、富は精神的健康のバロメーターだと信じられている。信者は教会に寄付をすれば必ず数倍になって寄付者に戻ってくると信じている。

この信仰の祖師は、一九五二年に、ポジティブ・シンキングの概念を紹介して二千万部を売り上げた『ポジティブ・シンキングの力』の著者ノーマン・ヴィンセント・ピール牧師（一八九八～一九九三年）である。ピール牧師はニューヨーク市マンハッタン島のマーブル・カレッジエイト教会で五〇年間牧師を勤めた人物だ。

ジャーナリストでトランプの伝記の著者であるスティーヴン・E・ストラングによれば、ドナルド・トランプは、幼少のころ、両親に連れられて、ニューヨーク州クイーンズ地区ジャメイカの第一長老派教会に通っていた。一九五九年には、信仰告白により教会員となる堅信礼という儀式で教会から聖書を授かっている。その後、マンハッタンに転居したトランプ家は、マーブル・カレッジエイト教会に移籍して以来、ドナルドはピール牧師に魅了され、彼の説教の虜となる。神への信仰とポジティブな態度が人生で成功するカギだと説くピール牧師のメッセージは、若きトランプに大きな影響を与えることとなる。彼は、幼いころから教会に通い信仰を持ったものの、「明らかに原理主義的なキリスト教からは健全な距離」を保って成人を迎える（ストラング、二〇一七年）。

トランプは一九七七年にイヴァナとの結婚式をマーブル・カレッジエイト教会で挙げ、ピール牧師が司式を務めた。両親の葬儀も兄弟の結婚式もこの教会で行われるほど、トランプ家との結びつきは強い。このピール牧師の後継者である「微笑みの伝道師」ジョエル・オスティーン牧師は、テキサス州ヒューストンにある超教派のメガ・チャーチ、レイクウッド教会の牧師である。レイクウッドは全米最大の教会で、毎週末に四万五千人の信徒が礼拝式に参加している。もちろん、オスティーン牧師が説くのは、「繁栄の福音」だ。牧師が使う言葉は、罪悪感、恥、罪、懺悔、地獄などではなく、楽観主義、希望、運命、収穫、恵みといったポジティブな言葉だ。倉庫管理の仕事をするある信徒によれば、「ほとんどの人は、教会に入ったときよりも良い気分で家に帰りたい」と願って教会にやってくる。

オスティーン牧師の他に、クレフロ・ダラー、ケネス・コープランド、ポーラ・ホワイトなどの有名な「繁栄の福音」伝道師が運営するアメリカの教会のシェアは拡大傾向にあり、メガ・チャーチの七五％は「繁栄の福音」を支持していると言われる。つまり、過半の福音派に影響を与えていることになる。こうした二一世紀の伝道師には、二〇世紀のビリー・グレアムやジェリー・ファルウェルなどの著名な伝道師の説教にありがちな「火と硫黄」のニュアンスはまったくない。現代社会の荒波にもまれ疲労困憊した「壊れた中産階級」に対してポジティブな言葉をかけ癒す「セラピー」を実践しているようだ。

ちなみに、ポーラ・ホワイトは、トランプ大統領の就任式の祈禱式の際に、招詞（神の招き）という神の聖句を述べる役割を担っているが、大統領になる前にトランプは、マジソン・スクウェア・ガーデンでピール牧師の説教を聞いた後、オスティーンと妻のヴィクトリアをトランプ・タワーに招待して、ヴィクトリアには金の時計を、ジョエルにはネクタイをプレゼントした（ルース、二〇一九年四月一八日）。

第六番目の原因は、権力に関係している。福音派は一九八〇年の大統領選挙以来政治に圧力をかけ自らの道徳観・倫理観を政治、特に、法律に反映させるためロビー活動を行い、自らの信条を共有する候補を当選させるために運動を展開してきた。しかし、ロナルド・レーガンやG・W・ブッシュをホワイトハウスに送り込んではみたものの、一向に法制化が進まず挫折の憂き目を見てきたという歴史がある。政治的保守派も保守的福音派も、無力感を味わってきた。彼らにしてみれば、権力を手にして公立学校での祈禱や聖書の輪読を復活させ、家族法を修正条項に組み入れることが理想であり夢だった。権力さえ手にしていれば。

そうした保守的福音派の無力感に乗じたのがドナルド・トランプなのだ。二〇一六年一月のアイオワ州での集会でトランプは、自分が当選すればキリスト教は「力を手にすることになる」と聴衆に語りかけた。「私がいれば、十分な権力を持つことになるからだ。他の人は必要ない……それを覚えておくことだ」と言い放った。そして、この無力感への訴えは、効果的な結果を招くことになる。アイオワやサウスカロライナ、テキサスやミシシッピで人々が感じていたのは無力感だった。多くの福音派の人々にとって「力」

や「権力」はまさに彼らが聞きたかった言葉だった。権力を持つこと、そしてそれを行使することは、彼らを酔わせるに余りある考えであり、生命線だった。そして結局、権力は、多くの人々が大統領となったトランプから与えられたものだと確信した。

これは大統領に当選してからの話だが、フォーカス・オン・ザ・ファミリーの創始者ジェイムズ・ドブソンにしても、キリスト教連合の創始者パット・ロバートソンにしても、テレビのニュース番組などのメディアに取り上げられた際に、トランプに満幅の信頼を置いたこと、トランプが公約を守ったこと、そしてその結果福音派の希望を叶えてきたことを絶賛している。それは、ほかでもない、保守派の最高裁判事を指名したことである。

しかし、いったいどのようにしてトランプは、こうした福音派の重鎮たちを説得したのだろうか。

トランプには秘策があった。彼は、二〇一六年の六月二〇日に福音派のリーダーおよそ千人を招待して会合を開いた。この会合はトランプにとり選挙を勝ち抜くために最も重要な福音派の支持を得るための秘策だった。トランプは集まった福音派のリーダーたちに対して、自分がキリスト教徒にとって唯一の選択肢であることを明確に伝えた。「私に投票することによってのみあなた方は神に仕えることができる」と伝えた。怪訝そうだった重鎮たちの顔に笑みがこぼれ始めた。（道徳的な多数派を意味する）モラル・マジョリティのジェリー・ファルウェルは、聖職者のおめがねに叶う品格を持った候補者を探すことの無意味さについて触れると、ビリー・グレアムの後継者フランクリン・グレアムは、「この中で誰も完全な人間などいない。完全なのは我が主イエス様のみだ。しかし、主は大統領選挙に出馬などされない」と述べた。さらに追い打ちをかけるように、トランプは彼らに、信教の自由の大切さや、（日本の国税庁に当たる）内国歳入庁による宗教団体への非課税措置をめぐる懸案を持ち出し、信教の自由は守り、税金の問題もクリアしてみせると告げた。集会での話を終えたとき、トランプはスタンディング・オベイションを受けたという（ベン・ホーウ、二〇一九年）。

ここまで、トランプ候補が二〇一六年の大統領選挙で、福音派から八一％の票を獲得した原因について述べてきた。確かに、大統領が任命権を持つ、大統領よりも任期の長い最高裁判事の任命を公約に入れたことは、さすがに説得力がある。白人福音派は「ロウ対ウェード」判決を覆すことを期待していたからだ。しかしこの仮説は、次の点で行き詰まる。聖職者の主張にもかかわらず、中絶問題は今回の選挙における白人福音派の主要な関心事ではなかったのだ。ライフウェイ研究所による投票前の調査で、最高裁判事候補を重視したのは牧師が二〇％だったが、白人福音派信徒ではわずか一〇％だった。また、ピュー研究所が行った投票前調査（二〇一六年七月七日）で、投票の際に考慮に入れたい「非常に重要」な問題は何かという質問をしたところ、経済（九〇％）とテロリズム（八九％）と移民（七九％）が、最高裁判事の指名（七〇％）と妊娠中絶（五〇％）を上回った。つまり、白人福音派の多くにとって、最高裁判事や中絶に関する懸念は最も重要な要因ではなかったのだ。

彼の権威主義的なパーソナリティや無遠慮さといった特性や、強い男といったイメージが、かつて白人福音派が闊歩していた時代への回帰期待をかき立てたとする仮説は確かに魅力的ではある。

往時への「回帰期待」は例えば、プーチン・ロシアのウクライナ侵攻にも通じるものがあるからだ。とはいえ、こうした時代への回帰期待や彼の人格的特性のみが、多様な福音派の票を惹きつけることができると考えるのは無理があるのではなかろうか。

むしろ、福音派にありがちなキリストへの帰依のあり様や「回心のストーリー」は大方の福音派が経験する心情であり、こちらの方が彼の人となりやそのイメージよりも説得力があるような気もする。しかし、回心体験のストーリーということであれば、ジェブ・ブッシュやテッド・クルーズにも福音派を惹きつける要素が十分あったはずだ。やはり、それだけでは説得力を欠く。次に「経済力」はどうであろうか。

経済力は、確かに、多くの人々を惹きつける魅力はある。ましてや、保守的福音派が通う超教派のメガ・チャーチの七五%が支持していると言われる「繁栄の福音」の始祖ピール牧師とトランプ家との深い関係性を考えれば、彼の経済力やその背後にある「繁栄の福音」は多くの福音派を惹きつけるだけの影響力を持つものと考えるのが妥当ではなかろうか。しかしながら、繁栄の福音を極度に嫌い否定する筋金入りの福音派が少なからずいることもまた事実である。

最後に、「権力」について検討しよう。恐らく、それを最も欲したのは、福音派の重鎮たちではなかろうか。彼らは、自らの価値観を政治、特に、法律に反映させることに心血を注いだ。しかし、一九九〇年代クリントン政権での不倫もみ消し事件では、政治的保守派と共闘して、現職の大統領を弾劾裁判にかけることに成功したものの、裁判は無罪という結果となり、当時の保守派は敗北宣言をするという辛酸をなめたからだ。しかし、大多数の真面目な福音派が権力を欲するとは考えにくい。

結局、これらの要因は単体では八一%の謎を解くには説得力を欠いている。となれば、これらの諸要因が組み合わさって成立したと考えるのが妥当ではなかろうか。

トランプ大統領と宗教ナショナリズム

白人の保守的な福音派がキリスト教ナショナリストと親和性が高いことは先述の通りだが、トランプはどのような公共宗教を信奉しているのだろうか。本節では、トランプの奉じる公民宗教について検討を加えることにしたい。

対比する意味で、アメリカはキリスト教国家だと主張してやまなかった初期の宗教右派の牽引役を果たしたジェリー・ファルウェルの公共宗教観とトランプのそれを比較してみよう。

原理主義者のジェリー・ファルウェルは、アメリカがキリスト教国だと主張する宗教ナショナリストだった。先述の宗教ナショナリズムの指標にすべてあてはまる。また、キリストの再臨の際の血なまぐさい大戦争（ハルマゲドン）や黙示という宗教ナショナリズムの内実に共通している。

ファルウェルは自らを、「プレ・ミレニアリスト（前千年王国説信奉者）であり、プレ・トリビュレーショニスト（患難前携挙説信奉者《かんなんまえけいきょせつ》）」だと述べている（フィッツジェラルド、二〇一七年）。つまり、彼は世界を聖書のストーリーに基づき人類の歴史を七つの時代に分類・区分して現代人はキリストの再臨の直前の教会の時代に生きていて、切迫したキリストの再臨に備えて信仰を深めるべきと説くディスペンセーション主義と前千年王国説を信じ、教会に集う信徒に対して悔い改めを説く。また、携挙とは、キリストが再臨する際に、聖徒の霊が復活の身体を与えられ、キリストと出会う。そののち、地上のすべての真のキリスト教徒が空中でキリストと出会い、不死の身体を与えられ、身体のよみがえりを経験する出来事を指しているが、患難前携挙説では、この携挙が患難の直前に発生するので、真のキリスト者は患難を避けることができる。そのように信じる人々をプレ・トリビュレーショニストと呼ぶのだ。

また、国家が犯している罪というものに対する預言者的な批判の目を持っていたという点は興味深い。国家を神の審判の下に置く市民宗教の特徴に似ているからだ。ただ、市民宗教における批判は国是、つまり、独立宣言などに刻まれた建国の精神が目指すあり方に悖《もと》る場合に限定されている。次のジェリー・ファルウェルの発言を例として見てみよう。

妊娠中絶論者はこの件で何らかの責めを負うべきだ。神は嘲笑されることはないからだ。私たちが四千万人の罪のない赤ん坊を破壊したら、私たちは神を怒らせる。私は、異教徒、妊娠中絶論者、フェミニスト、同性愛者、アメリカ自由人権協会（ＡＣＬＵ）、ピープル・フォー・ザ・アメリカン・ウェイなど、こうした連中は皆、アメリカを世俗化しようとした。私は彼らの顔を指さして「あなたたちがこの事態を招いたのだ」と言いたい。（フィッツジェラルド、二〇一七年）

この発言は、二〇〇一年九月一一日のニューヨーク同時多発テロ事件から二日後に、パット・ロバートソンの七〇〇クラブというテレビ番組に出演した際のファルウェルの発言だ。確かに、彼は国家の犯した罪を旧約の預言者のように批判しているが、それは、性自認や妊娠中絶などの性に関わる、彼が認めた罪の問題であって、貧困や腐敗や帝国主義といった社会正義に関わる問題ではない。

では、ドナルド・トランプはどうだろうか。ファルウェルと共通する点は、同性愛者や同性婚への反対、人工妊娠中絶の反対などいわゆる性をめぐる問題に関する保守的思想である。

血のイメージという点では、トランプが二〇一六年の二月、サウスカロライナ州ノースチャールストンにおいて、オバマ大統領が拷問だとして使用を中止していた水責めなどの尋問戦術の支持を、トランプが説明するために集会で語った話がある。ワシントンポストに掲載された記事を紹介しよう。一九〇〇年代初頭にテロと戦っていたジョン・パーシング元帥の話だ。合衆国がフィリピンと戦った米比戦争ではイスラム教徒によるテロが多発していた。これはトランプの発言である。

そして彼〔元帥〕は、多大な損害を与え、多くの人々を殺した五〇人のテロリストを捕まえた。五〇人の部下を連れて、彼は五〇発の弾丸を豚の血に浸したんだ。そして部下にライフルを装塡させ、五〇人を並ばせ、そのうちの四九人を射殺させた。そして五〇人目にはこう言った。「お前は仲間のところへ戻って、何が起きたか話すんだ」と。そして二五年間、テロは起こらなかった。

歴史家はこの話を俗説として史実とは考えていないが、トランプはこれをまことしやかに集会の群衆に伝えた。この記事以来、アメリカ・イスラム関係評議会がトランプの発言を強く非難した。「トランプの先導的なレトリックは、憎しみの拡散から暴力の扇動へと一線を越えている」と同評議会の全国事務局長のニハド・アワド氏は述べる。テロを阻止する唯一の方法が、イスラム教徒が忌み嫌う豚の血を使うという、宗教的に攻撃的な方法でイスラム教徒を殺害することだと直接的に述べることで、トランプはアメリカのイスラム社会に住む何百万人もの無実で法律を守る市民を、自警団からの危険にさらしてしまったのだ（ジョナ・ジョンソン、二〇一六年二月二〇日）。

だが、トランプとファルウェルには、決定的に異なる点がある。それは、ゴースキーも述べているように、トランプが聖書に見える患難やキリストの再臨などについて全く語らない点である。悪魔も天使も、モンスターもドラゴンもいない。ただ、シリア難民の大群、イスラム教徒のテロリスト集団、メキシコ人強姦魔の大群に脅かされている現実のアメリカ人がいるだけだ。トランプの黙示録は世俗的なものなのだ（ゴースキー、二〇二一年）。トランプの公共宗教を宗教ナショナリズムの世俗版として読めば、どのような景色が見えてくるのだろうか。

確かに、福音派人口の八一％がトランプに投票したが、どのような人が投票したかについて詳しく見てみると、八一％の実態は必ずしも信心深い福音派ばかりで構成されているわけではないことがわかる。トランプに投票した人の教会出席率を見ると、毎日曜日に教会へ行く人の五六％、月に一度しか教会に行かない人の四九％、年に数度しか行かない人の四七％が、全く教会に行かない人の三一％が投票しているのだ（ピュー研究所、二〇一六年一一月九日）。選挙前の七月一三日のピュー研究所の調査でも、トランプに投票する予定と答えた人の中で、週に一度以上教会に行く人ではその内の七九％が、月に一度しか教会に行かない人の内の七六％が投票する予定だと答えていていた。教会出席率だけで見ると、敬虔な信者でない人が投じたトランプ票も少なからずあることがわかる。

第八章では、政治と宗教、国家と宗教について語ってきた。その際に、宗教右派の政治的活動や、大統領が奉じる公共宗教に焦点を当ててきた。本書では、ロバート・ベラーの市民宗教論を中核に据え他の公共宗教との比較を試みた。そして、市民宗教、過激な世俗主義、宗教ナショナリズムについて検討を加え、宗教ナショナリストであるジェリー・ファルウェルに対して、ロナルド・トランプを極めて世俗的な宗教ナショナリストとして描いてきた。また、二〇一六年の八一％の謎についての謎解きにつながる議論を行い、トランプの支持者についても、毎週礼拝式に出席する敬虔な福音派だけでなく、信仰心の比較的薄い有権者も含まれていたことを確認した。

次の章では、アメリカのイスラエル支持に光を当て、宗教と対外政策について見ていくことにしよう。

第一〇章　宗教と対外政策——アメリカのイスラエル支持の謎

アメリカを文明という巨視的な視点で眺めたとき、そこに見えてくるのは、ヨーロッパ、特にイギリスを形成したキリスト教文明の抑圧的な一形態から自らを解放し、分離したアメリカの姿である。アメリカ革命は脱ヨーロッパという歴史的過程の一部だった。これによりキリスト教文明は新大陸にもたらされた。

この旧世界からの離脱運動は、第八章でも取り上げたように、聖書に基づく宗教的解釈を伴った。それはモーセ五書などのユダヤ教の聖典を含むキリスト教の特殊性に負うところが大きい。その結果アメリカ人は独立前の植民地時代より、ユダヤ・キリスト教の立場から聖書を拠り所に自らの進むべき道に正統性を付与してきた。たとえば「出エジプト」に自らの姿を重ね、ヨーロッパは「エジプト」であり、アメリカは「約束の地」であると見なして自らを古《いにしえ》のイスラエルの民に擬《なぞら》え、「新しいイスラエル」と呼ぶこともあった。

イスラエルの民と共有する、神による選民という自己認識は、神の計画の中に世界救済の使命、その救世主的機能を担う民という意識と悪に対する善の最後の戦い、すなわちハルマゲドンを含む終末観を伴った。一七世紀初頭に抑圧的なイギリスからニューイングランド地方へと移住したピューリタンによってもたらされたのは、ほかならぬ、この選民意識と千年王国到来の預言を伴うキリスト教の終末論だった。

こうした聖書解釈は、アメリカ革命、南北戦争、二〇世紀の公民権運動のみならず、一九世紀末の米西戦争、二つの世界大戦や冷戦時のベトナム戦争といった対外政策、あるいは歴代大統領の就任演説や議会への教書など、アメリカ史の出来事の随所に色濃く投影されている。この聖書解釈は、「イスラエル」という原型を自らに投射する形で、世界に比類なきアメリカ文明を形成していったのだ。

アメリカ文明における「イスラエル」という原型が、一九四八年のイスラエル国の建国に伴い現実のものとなると、アメリカによる同国への直接的な援助が顕在化する。それ以来今日まで、アメリカは積極的に有形無形の支援の手をイスラエルに対して差し伸べてきた。第二次世界大戦以降アメリカ政府がイスラエル国に対して行ってきた対外援助の累積額はアメリカの対外援助の中で最大規模なのである。

イスラエル国に対する議会の強力な支持がなければ通常の対外援助の範囲を超えた支援は不可能と言われる。こうした議会の支持は、ユダヤ系アメリカ人や関連組織による議会へのロビー活動がその背景にあると一般に認識されている。確かにユダヤ系アメリカ人によるシオニスト運動はイスラエル・ロビーの一翼を担ってきたが、それのみでは議会を動かし、持続的な支援は行えない。

持続的な支援を可能にしているイスラエル・ロビーのもう一方の担い手は、キリスト教福音派の指導者と関連組織なのだ。そればかりか、一般のアメリカ国民にもイスラエルは支持すべき国という認識が広がっている。アメリカ国民の最大六割がイスラエルを支持しているという調査結果からも、イスラエル支持の広がりと奥行きを窺い知ることができる。

イスラエル・ロビー、議会、政府のみならず、これほど多くのアメリカ国民がイスラエルを支持する理由とはいったい何であろうか。本章では、こうした問題意識を念頭に置きながら、アメリカ文明における「イスラエル」の意味について考えていく。すなわち、選民意識の起源に遡って、ミレニアリズムという終末論を手がかりにアメリカ史を足早に辿り、現代アメリカのイスラエルに対する、いわば国民的支持の経緯や根拠について考えていきたい。

神に「選ばれし民」と神の「約束の地」の起源

旧約聖書の「創世記」において、神はアブラム（後のアブラハム）を選び、このように述べる。

あなたは生まれ故郷、父の家を離れてわたしが示す地に行きなさい。わたしはあなたを大いなる国民にし、あなたを祝福し、あなたの名を高める。祝福の源となるように。あなたを祝福する人をわたしは祝福し、あなたを呪う者を私は呪う。（一二章二〜三節）

こうしてアブラムとその子孫は神による選びに与《あずか》り、神の庇護を受けることになる。その後アブラムが九九歳になった時に、神はアブラムに現れこう語る。

わたしは全能の神である。あなたはわたしに従って歩み、全き者となりなさい。わたしは、あなたとの間にわたしの契約を立て、あなたをますます増やすであろう。

アブラムがひれ伏すと、神はこう続ける。

これがあなたと結ぶわたしの契約である。あなたは多くの国民の父となる。あなたは、もはやアブラムではなく、アブラハムと名乗りなさい。あなたを多くの国民の父とするからである。（略）わたしは、あなたとの間に、また後に続く子孫との間に契約を立て、それを永遠の契約とする。そして、あなたとあなたとの子孫の神となる。わたしは、あなたが滞在しているこのカナンのすべての土地を、あなたとその子孫に、永久の所有地として与える。わたしは彼らの神となる。（「創世記」一七章一～八節）

こうして、アブラハムとイスラエルの民は子子孫孫まで、カナン（現在のイスラエル国一帯）を「約束の地」として神から譲り受け、紀元前一七世紀ごろイスラエルの地に定住することになる。その後、イスラエルの地が飢饉《ききん》に見舞われ、イスラエルの民はエジプトに逃れ、四〇〇年の間捕囚となる。紀元前一三世紀ごろ預言者モーセが登場する。イスラエルの民はモーセに従い紅海を渡り「約束の地」カナンを目指すが、四〇年間荒野を彷徨《ほうこう》し、モーセはシナイ山で神より十戒を授かる。ところがモーセはピスガの山頂で神の命令に従いこの世を去る。後継者ヨシュアが民を率いてイスラエルの地へと至る。やがて一二部族の連合体が成立し、紀元前一一世紀ごろエルサレムがダビデ王国の首都となる。紀元前九六〇年ごろソロモン王が君臨し、王国は栄える。ソロモンはエルサレムに壮麗な第一神殿を建設するが、九三〇年ごろ王国はユダとイスラエルに分裂し、七二二年から二〇年までにイスラエル王国はアッシリアに敗北し、一〇部族が追放される。ユダ王国は五八六年にバビロニアに滅ぼされ、五〇年間捕囚となる。五三八年から五一五年までに解放された後、エルサレムに帰還。神殿を再建する。その間に、ユダヤ教は次第に成立していく。しかしながら、イスラエルは紀元前六三年にローマ帝国に征服された後、一九四八年のイスラエル建国までの長きにわたって、イスラエルの民はディアスポラを経験することになる（駐日イスラエル大使館ウェブサイト）。

アメリカにおける「選ばれし民」と「約束の地」

一八三一年にアメリカ合衆国を旅行したアレクシ・ドゥ・トクヴィルは、一八三五年に母国フランスで『アメリカの民主政治』を出版している。トクヴィルは、その中に「アメリカの全運命はアメリカの海岸に到着した最初の清教徒に含まれていたように思われる。それはあたかも最初の人間に全人類がとじこめられていたのに似ている」と書いた（トクヴィル、二〇〇四年）。

イギリスによる新大陸アメリカへの入植事業は一六〇七年ヴァージニア植民地に始まるとされるが、アメリカ文明に決定的な影響を与えたのは、トクヴィルが直観したように、それより一三年遅れてヴァージニア植民地よりもはるかに北、現在のマサチューセッツ州プリマスに到着した巡礼父祖（ピルグリム・ファーザーズ）と後に呼ばれるようになる清教徒（ピューリタン）たちであった。特許状を得ていたヴァージニアとは異なる土地への入植は、乗員に大きな不安を与えたに違いない。実際には、一〇二名のうち四一名が、本国イギリスでの宗教的迫害を逃れて植民地にやってきた、国教会からの分離を目指す敬虔な分離派ピューリタンであった。

ここでもっとも注目すべきは、彼らにとってもその後に続く入植者にとっても、「初めからアメリカそのものが宗教的な意味をもっていた」という点である（ロバート・ベラー、一九九二年）。この点を理解するために「メイフラワー盟約」を見ておこう。

神の名において、アーメン。

下にその名を記したわれわれは、神の恵みにより、大英帝国、フランス、アイルランドの王、信仰の擁護者であるわが君主ジェイムズ王の忠実な臣下である。

われわれは、神の栄光のため、キリスト教の信仰を増進するため、わが王と祖国の名誉のために、ヴァージニアの北部地方に最初の植民地を建設するため航海してきたものであり、この証書によって、神と、おたがいの前で、おごそかに、また相互に、契約を結び、一つの政治団体に結合し、いっそうよき秩序を保ち、生活を維持し、前述の目的を促進しようとするものである。またこの政治団体の力により、植民地全体のために、きわめて適切かつ適当と思われる正当で公正な法律、法令、条令、憲法そして官職を、随時制定、組織せんとし、それに当然の服従をなし、それを遵守することを約束する（「メイフラワー盟約」（一六二〇年）『アメリカ古典文庫⒂』一九七六年）。

こうして渡航した分離派ピューリタンではあったが、プリマスの冬は特に厳しく、翌年の春を生きて迎えたのはわずかその半数であったと言われる。その後皮肉なことにも、プリマス植民地は、後のマサチューセッツ湾植民地に吸収されてしまう。

マサチューセッツ湾植民地は、一六二九年、六隻の船で三〇〇人のピューリタンが一四〇頭の牛や山羊を伴ってセーラムに入植したことに端を発する。翌三〇年には、一〇〇〇人の入植者と、ピューリタンのジョン・ウィンスロプ総督がボストンへと送り込まれ、本格的な入植事業が始まった。この植民地は総督が思い描いた「丘の上の町」の実現を理想として掲げるなど、宗教的なビジョンをもった会衆派による政治・宗教共同体であった。その意味で、彼らは、巡礼父祖よりもはるかに明確に、神に「選ばれし民」として自己を認識していたと言ってよいだろう。ジョン・ウィンスロップは『キリスト教徒の慈愛のひな型』（一九三〇年）の中に、つぎのように述べている。

かくて神とわれわれのあいだには、目的が存在する。われわれは、この事業のために神との契約に入ったのである。われわれは神の委任を受けいれ、神はわれわれに規約をつくることを委ねられた。わたしたちは、これらの目的を達成するために、実行にうつることを宣言したのだ。（略）平和の絆において霊の一致を保ちうるならば、主はわれらの神となり、われらを神の民として、わたしたちのあいだに喜んで住み給うであろう。そして主の知恵、力、善、真理を以前にもましてよく見うるように、主はわたしたち一〇名が一〇〇〇名の敵に対抗しうるとき、また神がわたしたちを称賛と光栄の対象となし、後に続いて建設される植民地について人びとが「主なる神はこれをニューイングランドの植民地のようになし給うた」というようになるとき、イスラエルの神がわたしたちのあいだに給うことを知るであろう。というのは、われわれは丘の上の町となり、あらゆる人の目がわれわれの上に注がれることを、考えねばならぬ。（文中の強調は筆者による）

ウィンスロップにとって、植民地事業とは、神との契約に立つものであり、神の委任を受け容れた任務という信念に根差し、神の意志に従って人間が地上に宗教共同体を形成することであった。ピューリタンたちはイギリス本国では宗教改革を全うすることこそできなかったが、ニューイングランドにおいてその機会が到来した。この壮大な事業が実現すれば、荒野における彼らの植民地は全世界に対する道徳的、政治的な模範として「丘の上の町」になり得ると考えたのである。

この表現は、これ以降「アメリカの使命感とは、世界に冠たる」「丘の上の町」を建設することであり、アメリカは「世界のモデル」であるべき、といった文脈で使われるようになった（大西直樹、二〇〇五年）。時代は下って、一九八四年七月四日、伝統的価値の復権を主張し強いアメリカを標榜したロナルド・レーガン大統領は、アラバマ州ディケーターで開催された建国記念行事で、アメリカが「無限の可能性を秘めた国」であり、自由の「かがり火」であり、「全世界にとって丘の上の輝ける町」として存在していると述べている（ピラードとリンダー、二〇〇三年）。

「自由」と「解放」のモチーフ

聖書解釈の方法に先述の予型論的解釈法というものがある。これは、旧約聖書の記述の中にひな形が存在し、それが新約聖書に投影されているという認識に立ち、両者間の並行関係を前提に行う解釈法である。アメリカ史においては、旧約聖書に記されている出来事を史実に当てはめて意味づけし、理解しようとする一種の解釈法と言うことができる。神と契約を交わし、神の選びに与ったピューリタンたちは、この予型論的な解釈によって自らを古代イスラエルの民のイメージに重ねて、歴史において自分たちが占める位置を確認していった。

「アメリカにおける市民宗教」という概念を用いてこの問題を扱ったロバート・N・ベラーは、古代イスラエル人と選民思想を共有するアメリカ人は、自らを「神の新しいイスラエル」として見ていたと主張する。たとえば、「合衆国の人々は、地球上のどの国民よりも、古代イスラエル人と並行関係に近いものがあるとしばしば言われてきた。『われわれのアメリカのイスラエル』という表現がしばしば使用され」、当時のアメリカ人の間には、この表現が「適切であるという共通認識」があった、としている。さらに、「ヨーロッパはエジプトであり、アメリカは約束の地である。神は、すべての諸国民に示す光明となる新しい種類の社会秩序を打ち立てるべく、その民を導いた」と述べている。

アメリカ革命は、本国の中央議会に代表者を出すことも許されず、一級市民として扱われてこなかった植民地人にとってみれば、エジプトに隷属状態に置かれていた古代イスラエルの民が約束の地カナンを目指し脱出する、「出エジプト」という出来事と類似した経験であったに違いない。この革命において植民地人を束ね総司令官として祖国イギリスと戦った後の初代大統領ジョージ・ワシントンは、出エジプトに登場するモーセに例えられた。

「アメリカ革命は」「もうひとつの奴隷の館、第二のエジプトからの奇跡的な解放」と呼び、七月四日をイスラエル人が「エジプトから連れ出された」日になぞらえ、かつて「モーセを認め奮起させた」ように「神はワシントンという人物を奮い立たせた」と主張するスタイルが一般化した。（略）

それぞれの救済者の物語で最も重要な部分は、彼らがあらかじめ実行するように運命づけられていた大義、すなわち民族の解放だった。抵抗をし始めた当初、抑圧されていた二つの国は、どちらも勝利への希望をほとんどもっていなかった。しかし、二つの抑圧された民族にしてみれば、彼らの目的が無益なものに思えたからこそ、彼らの解放者が全能なる神の代理人だと認めるほかなかったのだ。解放のプロセスの類似点はさらに存在する。ニューイングランドのピーター・フォルソム牧師は「モーセはイスラエルの民を引き連れて紅海を渡った。ワシントンはアメリカ人を率いて血の海を渡ったのではなかろうか」と語った。(ピラードとリンダー、二〇〇三年)

このような解放のモチーフは、アメリカ革命に止まらず二〇世紀の公民権運動にも影響を与えている。公民権運動の指導者マーティン・ルーサー・キング牧師は、カラー・ブラインドな人種統合を運動の目標に定め、そうした社会を、予型論的な聖書解釈を駆使して、「約束の地」に例えた。彼は奴隷解放の宗教史という視点から、黒人の経験を解釈し、出エジプト記の枠組みの中に公民権運動を位置付けることで奴隷の予型論を復活させた。キングは、人種隔離主義者を南部のファラオに見たて、一九五四年の合衆国連邦最高裁判所による「ブラウン対教育委員会」判決を、「紅海の水を分ける」出来事に例え、このように述べる(堀内一史、二〇〇三年)。

後ろを振り向けば、人種隔離主義という勢力が海岸で徐々に死んでゆくのが見える。問題はまだまだ解決には程遠く、前途にはまだ巨大な抑圧の山々が立ちはだかっているが、少なくともエジプトを脱出したのであるから、後は辛抱強く堅い決意をもって、どんなことがあっても、約束の地にたどり着くのである。(キング、一九六三年)

キングは一九六八年テネシー州メンフィスのモーテルで暗殺者の凶弾に倒れる前夜「わたしは山頂に

行った」と題した説教で、自分自身は行けないかもしれないけれども、教会に集まった会衆は「約束の地」に必ず行くことができると強調した。旧約聖書のモーセもピスガの山頂から「約束の地」カナンを一望したあと、神の命に絶対的に服従し絶命した。

自由が蹂躙されている人々の「解放」や他者の「自由」の回復というイメージは、アメリカ革命や公民権運動にも投射されていたが、これらは、アメリカ史の中の他の出来事においても見出すことができる。

ひとつは、一八九八年一二月一五日、ウィリアム・マッキンリー大統領が米西戦争の結果フィリピンの領有をめぐってアトランタで行った演説である。一九世紀アメリカのフロンティアの拡大と帝国主義的膨張主義政策は、「明白なる運命」と結びつき、アメリカは天より授かった使命を担っているという意味で当時のアメリカ人に理解されていた。いまひとつは、二〇〇三年一月二八日に行われたジョージ・W・ブッシュ大統領の議会への一般教書演説である。一九八〇年以降のアメリカ社会の保守化傾向の絶頂期、「アメリカ帝国論」が声高に議論されたブッシュ保守政権時代に行われたものである。

迫害された民に自由を与えるという解放のモチーフは、出エジプト記のファラオやエジプト軍などの敵の駆逐を含意している。その民を率いた神はその敵を絶滅させることを暗に含んでいるのである。すなわち、解放のモチーフは、選ばれた民の救済と神による反神的な権力国家の破壊を伴い、選ばれた民は「主の戦い」を遂行する。そのために、その戦いは多くの場合「十字軍」という形態をとる（J・モルトマン、一九九六年）。こうしてアメリカは、「迫害された聖徒たちの避難所」、「自由と民主主義的自治の実験」場から、「世界的使命を担った世界権力」になっていくのである。

こうした議論は極めて興味深いことではあるか、ここでは以上のことを述べるに留め、ミレニアリズムについて考察を進めて行くことにしよう。

アメリカ史におけるミレニアリズム（千年王国説）という終末論

❖ ミレニアリズムとは

ミレニアリズムとは、救世主が再臨し「神の国」がこの地上に建設されるという思想である。これは終末論の一形態であり、救世主待望論に起源する。古代ユダヤ教では、第一に、イスラエルの民族が祖地から追放されるという現実世界の危機状態が前提としてある。第二に、そののちに危機状態でのユートピア実現への希望が生まれる。ただ、この思想ではユートピアは来世に存在するわけではなく、一貫して現世で実現すると認識されている点は重要である。第三に、救世主が出現して敵対する者を撃破するという、これら三つの要素からなっている。すなわち、追放という危機的状況➡救世主到来への希望➡救世主到来と敵の絶滅という図式である。

キリスト教はこの救世主待望論を受け継ぎ発展させた。「ヨハネの黙示録」を拠り所として、救世主イエスが再臨し、千年の間ユートピア的な世界を統治するというものであり、その前に世界は劣悪化して「反キリスト」が出現し、ハルマゲドンと呼ばれる最終戦争を経て、イエスが勝利するという展開である。歴史的には、国王やローマ教皇もしくはローマ・カトリック教会が「反キリスト」として敵対視されてきたが、その意味で、ミレニアリズムは、革命の精神的拠り所となりうる神学思想であったと言える。

では、ミレニアリズムの起源をどこに辿ることができるのであろうか。ここでは、ドイツの神学者ユルゲン・モルトマンに従って、ミレニアリズムが依拠し、それに対する「最も重要な新約聖書の箇所」とモ

ルトマンが述べる「ヨハネの黙示録」七章と二〇章の関連する記述を確認しておこう。まず、七章によれば、

終末の時のために「印を押された者」、すなわち選ばれた者は、イスラエルの一二の部族から一四万四千人、そしてその後、あらゆる国民から「数えきれないほどの大ぜいの群衆」が呼び集められ、天使たちと共に、神と「小羊」なるイエス・キリストを礼拝する。これは、「大いなる艱難をとおってきた人たち」で、すなわち神なき諸権力に抵抗し、深淵から上ってきた獣を拝まなかった者たち、イスラエルとキリスト教の殉教者たちである。（J・モルトマン、一九九六年）

つぎに、「黙示録」二〇章四節によると、

「イエスの証しをし、神の言葉を伝えたために首を切られた」殉教者が、「獣をもその像をも拝まず、その刻印を額や手に受けることをしなかった」ために、キリストと共に、「千年の間」生き、支配し、さばく、これが、「第一の復活」である。殉教者たちは、「神とキリストの祭司」となる。この千年の間、サタンは「縛られ」ている。千年が終わると、サタンはしばらくの間、解放される。それから、聖徒たちと愛されていた都エルサレムをめぐってゴグ、マゴグとの最後の戦いが来る。その後、大いなる神のさばきによって、終わりがくる。（前掲書）

ミレニアリズムは、ここに描かれているキリストの再臨の時期をめぐって様々な解釈がなされてきた。プレ・ミレニアリズム（前千年王国説）では、キリストの再臨が先行し、千年王国は再臨の後の未来の時期と信じられている。他方、ポスト・ミレニアリズム（後千年王国説）では、千年王国をもたらすのは人間の努力であり、千年王国はキリストの再臨の前の歴史の時期とされる。ア・ミレニアリズム（無千年王国説）は、ミレニアリズム全般を否定するというものである。

❖ 初期のアメリカ史とミレニアリズム

ミレニアリズムは、一六四二年から四九年までの間にイギリス国内で猛威をふるったピューリタン革命を推進する精神的エネルギーの源として、イギリス国内ばかりか、新大陸アメリカに地歩を固めつつあった植民地の人々の魂にも革命の推進力を提供し、移住者や帰国者が相互に影響し合いつつ歴史を動かしていった。

ここで、植民地でミレニアリズムを説教で説いた二人の人物に目を向けてみよう。ひとりは、ジョン・コットン（一五八五〜一六五二年）であり、もうひとりは、ジョナサン・エドワーズ（一七〇三〜一七五八年）である。

一五八五年にイギリスに生まれたジョン・コットンは、ケンブリッジ大学で学士号と修士号を取得した弁護士であり、敬虔なピューリタンでもあった。彼はイマニュエル・カレッジの特別研究員となったが、同カレッジはケンブリッジ大学の中でもピューリタン色の濃い学風が特徴だった。コットンは一六〇九年ごろには神の啓示などにより回心体験をし、信仰に目覚める。一六一〇年イギリスで聖職者に叙任されるが、一六三三年に新大陸に渡った。

コットンはニューイングランドでさまざまな説教を行っているが、それらは合計三冊の著作に結実している。『黙示録一三章に関する注解』（一六五五年）の中では、ローマ・カトリック教を、「ヨハネの黙示録」に登場する「獣をも像をも拝まず」の「獣」と見なし、これを徹底的に批判している。『復活する教会』（一六四二年）では、ニューイングランドを中心に据えた批判を展開している。

もし戦いがニューイングランドに対して行われたら、それは獣から与えられた権威と権力に由来するものだろう。（略）その権威と権力は、地獄や大いなる獣、カトリック教会、つまりあの獣の偶像に起因するものだからである。（略）神は、我々を獣の権力から解放し、我々をあの獣の似姿にすることから解き放ってくれた。

このようにコットンは、カトリックを獣あるいは反キリスト的存在と見なして批判を続けたが、神はニューイングランドの解放を約束したのである。こうしたコットンのミレニアリズムは、開始時期については、「この千年期は反キリストの崩壊とローマの破壊と共に始まる」と述べるにとどめ、キリストの再臨に関しては何も示していない。

さて、ピューリタン革命が終息し、王政復興が完了してから半世紀の時を経て、ニューイングランドでのピューリタンの「聖徒による支配」という神権政治の熱も冷め、社会の世俗化が進行してきたころ、アメリカが生んだ大神学者ジョナサン・エドワーズは登場する。

一七〇三年、コネティカットの牧師の家庭に長男として生まれたエドワーズは、一三歳でイエール大学に入学し、一七二〇年には首席で卒業する。一七二一年から二六年の間に修士号を取得し、講師として母校で教鞭を執り、ニューヨークとボストンの教会の牧師を務めた後、四〇年から大覚醒運動の指導的立場に立って活躍する。

アメリカ社会はもともと牧師や教会員数が少なく、宗教的飢餓状態が続いていた。そうした状況に信仰の潤いと滋養を与えたのがアメリカ史に二度（一七四〇年代と一八〇〇～三〇年）訪れた大覚醒運動であった。

敬虔主義に立つエドワーズを代表とする信仰復興運動の指導者たちやその後継者たちは、植民地の古い秩序を擁護する人々と真っ向から対立した。この宗教復興運動が当時の植民地の教区制度を脅かしたからだった。トマス・ジェファソンやジェイムズ・マディソンなど、当時の知識人や文化人は合理主義者であり、神の啓示を否定し、理性に基づき宗教を理解しようとする理神論者でもあった。合理主義者と敬虔主義者という一見して矛盾する立場にある人びとが、宗教の自由をめぐって手を結び、旧態依然とした既存秩序の擁護者と闘った。エドワーズが説いた「千年王国」はジェファソンにとっては共和政治を意味した。独立宣言の起草に当たりジェファソンは、大覚醒運動を牽引した宗教指導者の意見を十分参考にした。

この第一次大覚醒を導き、その後継者に大きな影響を与えたエドワーズのミレニアリズムとは、どのようなものであろうか。エドワーズ研究者の野村文子の論考を参考にしながら、「神の民の目に見えるユニオン」（一七四七年）と「贖いの聖業《みわざ》の歴史」（一七七七年）を手掛かりに、エドワーズのミレニアリズムの特徴を二点挙げておこう。

第一に、エドワーズのミレニアリズムにおけるキリストの再臨の時期について、彼が破滅や終局といった急激な変化よりも、福音伝道というキリスト者の努力を通じた段階的変化を好んでいることから、エドワーズは「ポスト・ミレニアリズム（後千年王国説）」の立場をとるものと考えられる点である。それは「贖いの聖業の歴史」の一節に「段階的」という表現が頻出することから推測される。

神の偉大な聖業は確かにすみやかにではあるが段階的になされるということである。イスラエルの民がバビロンの幽囚から最初は一つの集まり、次にもう一つの集まりという風に段階的に解き放たれ、彼らが都市や神殿を段階的に再建したように。そして、異教徒たちのローマ帝国が、たとえ福音の普及こそ迅速に行われたけれども、段階的に破壊されたように。それ故、たとえ神の聖業が突然にもたらされ、多くの驚くべき偉大な出来事が突然に起り、サタンの見える王国の一部が突然に倒れるように見えようとも、それは決して、何か偉大な奇跡によって成し遂げられるのではない。それらはすべて、福音を説き、神の恩寵を多くの人々に伝えるという日常的方法を用いることによって、つまり、段階的に成し遂げられるのである。（野村文子、一九九二年）

第二に、エドワーズが千年王国やキリストの再臨に関してかなりの程度具体的なイメージを抱いており、自身が牽引役を果たした大覚醒運動という福音伝道を広める必要があった点である。エドワーズは、「神の民の目に見えるユニオン」（一七四七年）において、キリスト教の愛によるユニオン（結束）の重要性を強調する。その上で、キリスト教会は、一つの「聖なる社会」であり、ユニオンが顕在化し、「目に見える形」になることを重要視する。さらに、「人々は共通の繁栄のために合意に基づいて連合し、神に祈る。

そして、その共通の繁栄と進歩はとても言葉で表せない位に崇高で栄光に満ちたものであり、神が最後の日に実行されると約束されたものである」と説いた。

以上、ジョン・コットンとジョナサン・エドワーズのミレニアリズムを見てきた。コットンのそれはカトリックを反キリストとしつつ、キリストの再臨については何も語っていない。エドワーズにあっては、段階的進展を重視し、福音伝道を主体とするポスト・ミレニアリズム（後千年王国説）に立つ終末論であった。

それではここで、アメリカ革命期におけるミレニアリズムを見ておこう。ネイザン・O・ハッチはつぎのように述べているが、革命期に、かなり世俗化されたミレニアリズムが受け容れられていたこと、そしてイギリスが反キリストと見なされていたことを見てとることができる。

アメリカ革命期の市民的ミレニアリズムは、敬虔主義者の信徒ばかりか合理主義者によっても提唱されたが、それは、印紙条例の危機から直接生じ、発展したものであった。（略）市民的千年王国信仰は、神の目的として自由を推し進め、第一の敵は在来の宗教にとっての反キリストではなく、市民社会への圧制という反キリストだと決めつけた。また、市民的千年王国信仰は、その過去にまつわる神話を、建国父祖たちの血の通った宗教の発展にではなく、政治的な発展にとどまり、そしてその矛先をニューイングランドに限られた遺産にではなく、イギリス人の特権へと向けた。（ネイザン・ハッチ、一九七四年）

アメリカ革命は、大覚醒という広範囲にわたる信仰復興運動が前提となっている。大覚醒の起きる以前のアメリカは植民地間の交流が少なかったことから、この運動は真の意味での国家的出来事となった。千年王国が成就する時が必ず到来すると植民地の人々に自覚させ、人々をそこへ導くことが神から与えられた使命だと当時の植民地人は信じていたのであろう。

❖ 南北戦争とミレニアリズム（千年王国説）

前節では植民地時代からアメリカ革命期のミレニアリズムについて論じた。ここでは、南北戦争期のそれについて見ていくことにしよう。具体的には、ウィリアム・ゲイロード牧師の説教（一八六二年）とアーネスト・リー・テュヴソンの『贖罪の国』の一節から、当時の人々が抱いたミレニアリズムについて確認しておきたい。

一八六二年一〇月のある日曜日、ニューハンプシャー州フィッツウィリアムにある会衆派教会は、青いコートを着た男たちで埋め尽くされていた。北軍の義勇兵一中隊が南北戦争の意味についてゲイロード牧師の説教を聴くためだった。

炎と血の洗礼を受け、恐怖と暗闇を生み出したこの夜を戦い抜いた暁に到来するその日は、わたしたちの愛する祖国にとって、ああ、なんとすばらしい日となることでしょう。それは、新たな生命と、未来への再生を経験する日であります。到来しつつある未来の栄光はすでに山の頂を金色に輝かせているではありませんか。未来の栄光がもたらされるその日の到来は早まりつつあります。（ピラードと

リンダー、二〇〇三年）

牧師は南北戦争の神学的意味を説いたが、この時代、これに似た説教は北部全域で行われていたようである。また、ピラードとリンダーによれば、ジュリア・ウォード・ハウの「共和国の戦争賛歌」を歌った北部諸州の人々は、その目で「主の到来の栄光」を見たと実際に信じていたという。

他方、テュヴソンは、南北戦争の一因となった奴隷制度について直接的に言及し、この戦争の意味についてつぎのように述べている。

［一八］五〇年代に楽観論が湧き上がる背景には「全面的な神の戦い」への予測があった。それゆえ戦争の勃発は、われわれの予想通りに自信を粉砕することはなかった。奴隷制度の廃止をめぐる苦悩は、国民の犯した悪事に対する天罰であると同時に、選ばれし民が自らの息子たちを犠牲にすることで、ここアメリカや世界中の、モトレイが「特権」と呼んだものに対する致命的な一撃の加え方として説明されるようになった。そして、結果的に合衆国は存続し強化され、闇の諸力が決定的に敗北したように思われた。それは千年王国の希望を確証するものと思われた。恐らく、ハルマゲドンは戦われていたのである。（アーネスト・テュヴソン、一九六八年）

南北両陣営が四年にわたって戦い六〇万人を超える死者を出したこの戦争は、ハルマゲドンに喩《たと》えるのが相応しかった。それほど熾烈なものであったに違いない。奴隷制廃止論者からすれば奴隷制は反キリスト、つまり悪の作用である。善と悪との対決という構図は、まさにハルマゲドンである。南北戦争においては、こうした多くの「犠牲」を払い、その結果合衆国の「再生」が実現したのである。

❖ アメリカ近現代史における終末論

現代の終末論を理解するには、第一に、プレ・ミレニアリズムと一九世紀に登場し二〇世紀に拡大したディペンセーション主義という二つの神学思想、第二に、ディスペンセーション主義を信奉するキリスト教シオニスト運動、第三に、一九七〇年代後半、アメリカで台頭した宗教右派の中の原理主義者の影響力と彼らを中心とするキリスト教シオニスト運動に注目しなければならない。次節ではそれぞれ順を追って見ていくことにしよう。

初期のディスペンセーション主義者とキリスト教シオニズム運動

シオンとはイスラエルを意味するが、シオニズムとはユダヤ人国家を再建すること、つまりイスラエルへの回帰運動という意味である。一般に、シオニズム運動はユダヤ人による祖国復帰運動を意味するが、実は、キリスト教徒の中にもこのシオニズム運動を推し進める人々がいる。彼らこそ、ディスペンセーション主義の信奉者なのである。

アメリカ人のキリスト教シオニスト運動は、一九世紀末に始まる。メソジスト派教会の指導者でありディスペンセーション主義の信奉者でもあったウィリアム・E・ブラックストーン（一八四一～一九三五年）は、「シオニズムの父」と呼ばれる。一八八九年彼はパレスチナを訪問中に、『旧約聖書』「エレミヤ書」三一章三八節の「見よ、主にささげられたこの都が、ハナンエルの塔から角の門まで再建される日が来る、と主は言われる」という一節を日記に書き記し、シオニズムへの献身の意を新たにしたという。さらに、折しもロシア帝国政府が、一八八一年の五月法の施行により、帝国内に住むユダヤ人に対し、都市以外の場所での居住、商取引、土地賃貸の禁止、日曜日の商業活動の禁止といった非人道的な処遇をしていることを知ったブラックストーンは、一八九一年二月、後に「ブラックストーン請願書」として知られることになる「ユダヤ人のためのパレスチナ」という請願書を、時の国務長官ジェイムズ・G・ブレーンに送っている。ブラックストーンは嘆願書にこう書いた。

ロシア帝国内のユダヤ人についてどのような対応がなされるべきでしょうか。ロシア帝国に対して内政干渉に当たることを行うのは賢明ではなく、無駄でありましょう。ユダヤ人は何世紀にもわたり、かの地で外国人として居留して参りましたが、限りある資源から考えれば、ロシア政府にとり彼らは迷惑なお荷物であり、貧しい自国民の福祉を考えても迷惑な存在と見られています。したがって、彼らの居留を許可することはないでしょう。（略）スペインのセファルディムと同様に、アシュケナジムも国外への移住を必要としております。しかし、二〇〇万人に及ぶ哀れな貧農たちをどこに移住させればよいのでしょうか。ヨーロッパは人であふれ、これ以上貧しい農民を受け入れる余裕などありません。アメリカに来させましょうか。これは、何年もの年月を要し、多大の出費を必要とします。

パレスチナをもう一度彼らに返還してはいかがでしょう。神が為された諸国民の配置によりますと、かの地は彼らの故郷です。彼らが力ずくで追放された、何人も奪うことのできない所有物であります。

彼らが耕作していた頃、かの地は非常に豊な土地でありました。勤勉に耕された丘の斜面や渓谷が多数のイスラエルの民を養いました。彼らは商業を重視する国民であると共に、農耕民であり、生産者でもあります。文明と宗教の中心なのであります。（ジョナサン・モアヘッド、二〇一〇年）

一八九一年三月五日ブラックストーンは国務長官の仲介で、時の大統領ベンジャミン・ハリソンに面会をし、請願書を手渡す。大統領は目を通しておく旨ブラックストーンに伝えたという。しかし、その後のパレスチナの土地をめぐる進展は、イギリス政府がシオニズム支持を表明したバルフォア宣言（一九一七年一一月）を待たねばならなかった。ブラックストーンは、連邦最高裁判事ルイス・D・ブランダイスの誘いでユダヤ人のアメリカ・シオニスト機構の集会に度々招待され、「シオニストの父」と呼ばれるようになるが、シオニスト運動の指導者たちの公認と協力を得て、一九一六年には「ブラックストーン請願書」を改定する。その後、ジェネラル・アセンブリー長老派教会USAなどの諸教派の公認を得た請願書は、非公式な形でウッドロー・ウィルソン大統領の手に渡ったと伝えられている。バルフォア宣言にこの請願書がどの程度の影響を与えたかについて証明するものは何もないが、「間違いなく、彼［大統領］はこの文書を熟読したことであろう」（ジョナサン・モアヘッド、二〇一〇年）。

❖ 現代のキリスト教シオニスト

一九七〇年代後半から、キリスト教原理主義者を中心に福音派を動員した宗教・政治運動、宗教右派が形成されていく。宗教右派の運動を牽引したのは、モラル・マジョリティのジェリー・ファルウェルであり、キリスト教連合のパット・ロバートソンだった。こうした宗教右派の指導者が中心となり、議会へのロビー活動が始まる。一般に彼らは、国内問題では人工中絶や同性婚反対を唱えるが、対外政策ではイスラエルを支持してきた。資金援助も行ってきた。たとえば、「イスラエルのためのキリスト教徒連合」という利益団体は、テキサス州サンアントニオの福音派のメガ・チャーチ、コーナーストーン教会(信者数一万八千人)のジョン・ヘイギー牧師が創設した。信徒に対して「神は土地を手放すことに反対である」と語っている。また、イスラエルへの移民の定住支援のため一二〇〇万ドルの資金援助を行った。さらには、リチャード・アーメイ元下院議長やトム・ディレイ元下院院内総務といった連邦議会の主要な議員でキリスト教シオニストの活動家たちも議会に圧力をかける勢力となった(ミアシャイマーとウォルト、二〇〇七年)。

現代のキリスト教シオニストで最も早い時期にイスラエルを訪問し、いわばキリスト教シオニストとイスラエルとの橋渡しの役割を担った、宗教右派の指導者ジェリー・ファルウェルがどのようにしてイスラエルとのコネクションを形成したかを確認しておこう。

ミレニアリズム研究者のティモシー・P・ウェーバーは、キリスト教ディスペンセーション主義者とイスラエルとの関係がジェリー・ファルウェルの場合ほど進展したケースは他にないと述べている。ファルウェルは、一九七〇年代末にリクード党が権力を掌握して以来、ベギン首相を含む当時の政界の指導者と親密な関係を容易にしかも素早く確立し、アメリカ国内におけるイスラエル政府の最も良き理解者であり支持者となった。七八年にファルウェルは、イスラエル政府の招きで聖なる地を訪れ、植樹式を行い同国との連帯を示したが、一年後に再度招待され、ヨルダン川西岸地域一帯に広がるイスラエル人の入植推進計画を承認し、その光景が広報用のポスターで紹介された。こうした親交を顕彰するために、ベギン首相は一九八〇年、二〇世紀初頭の右派シオニスト運動指導者の名に因《ちな》んで設けられたヴラディミール・ジャボチンスキー勲章をファルウェルに授けた（ウェーバー、二〇〇四年）。

一九八一年、イスラエルがイラクの原子炉に先制攻撃を加えた際にベギンはファルウェルに支持を求め、ファルウェルはこの軍事行動への支持を表明した。翌八二年、レバノン侵攻の際も彼は声高にイスラエルの擁護を買って出た。そのほかに、ファルウェルはイスラエルへのツアーを実施した。一九八二年、モラル・マジョリティからおよそ四〇名の指導的立場にあった教会員を連れてイスラエルを訪れている。八〇年代から九〇年代にかけて、彼は教会と政治的人脈を最大限に利用して多くのツアーに出資した。一九九八年には自らが経営するリバティ大学の新入生三〇〇〇人をイスラエルへのスタディー・ツアーに参加させている。

こうしたジェリー・ファルウェルによるイスラエルへの接近と人脈作りはキリスト教シオニストと宗教右派による活発なロビー活動に結実し、アメリカ政府の対イスラエル政策に多大の影響を与えて行くことになる。

❖ 現代アメリカにおけるイスラエル支持とキリスト教福音派

前節で説明したファルウェルの親イスラエル的な対応は、キリスト教シオニストに限られたことではない。米政府も国民も、一貫して支援の手を差し伸べてきた。ここでは、イスラエル建国後の具体的な支持について見ていくことにしよう。

❖ イスラエル建国以降のアメリカ政府によるイスラエル支持

アメリカ合衆国は一九四六年から二〇二四年までに、累計で経済援助額が八〇〇兆ドル、軍事援助額二三〇〇兆ドルを拠出している。イスラエルは、アメリカの対外経済・軍事援助先の第一位となっている。第二位はエジプトだが、経済援助額七八〇億ドル、軍事援助額は九〇〇億ドルとイスラエルの半分強となっている（ジョナサン・マスターズとウィル・メロー、二〇二四年五月三一日）。それではアメリカとの関係を歴史的に見ていくことにしよう。

一九四八年にイスラエルが独立宣言を行うと、トルーマン政権は早速支持を表明する。アメリカのキリスト教徒は主流派（非福音派）、福音派を問わずこれを支持した。ところが、一九六七年の第三次中東戦争を機に、このイスラエル支持に変化が生じる。イスラエルがヨルダン川西岸地区とガザ地区を占拠したが、主流派は、イスラエルの占領政策に嫌悪感をあらわにしたからである。一九七七年に、リクード連合を結成したメナッハム・ベギンが政権を握ると、今度は福音派とイスラエル政府の関係が親密化していく。こうして保守的な福音派がイスラエル支持を強めていくことになる（ウォルター・ラッセル・ミード、二〇〇八年）。

つぎに、アメリカ政府によるイスラエルへの援助を具体的な事例を挙げながら見ていこう。二〇〇五年度を例に挙げれば、対イスラエルの直接的経済・軍事援助総額は、およそ一五四〇億ドルだった。しかもこの額は借款ではなく、直接援助金なのだ。

軍事援助では、アメリカは最上級のアメリカ製兵器の利用権限をイスラエルに与えている。F一五および一六戦闘機やブラック・ホークといったヘリコプター、あるいはクラスター爆弾などの利用権限を与えている。また、五〇万ドル未満であれば事前の審査なしに使う権限も与えた。以上に加えて、兵器開発としておよそ三〇億ドルの予算を計上しているのである（ミアシャイマーとウォルト、二〇〇七年）。二〇一二年三月一二日に発表された「合衆国対イスラエル対外援助」によれば、第二次世界大戦以来アメリカの対イスラエル援助の累積額は世界最大であり、二国間での取り決めに基づく累積援助総額は一一五〇億ドルに達する。

過去においてイスラエルは経済援助を受けてはいるものの、二国間協定による対イスラエル援助は、ほぼすべて「軍事援助の形」で行われてきた。二〇〇七年には、ブッシュ政権がイスラエル政府と向こう一〇年間で三〇〇億ドルの軍事援助パッケージに合意している。オバマ政権は二〇一三年度、対イスラエル軍事援助として三一億ドルの予算を計上した（ジェレミー・シャープ、二〇一三年）。

二〇一三年、アメリカは連邦政府の財政赤字一五兆二〇〇〇億ドルを削減する必要があるにもかかわらず、赤字削減のためのプログラムからは対イスラエル援助は除外されてきた。二〇一一年三月、米イスラエル・パブリック・アフェアーズ委員会は、「対外援助はアメリカの安全保障戦略上不可欠の要素」と主張する覚書を発表した。

軍事援助だけで見ると、二〇一四年と二〇一五年にそれぞれ、五〇億ドル拠出しているが、近年では、二〇二二年に五一億ドルに達し、二〇二四年には一二五億ドルを拠出している。そのうちの五七億ドルはミサイル防衛費に充てられている（外交問題評議会ウェブサイト、二〇二四年五月三一日）。

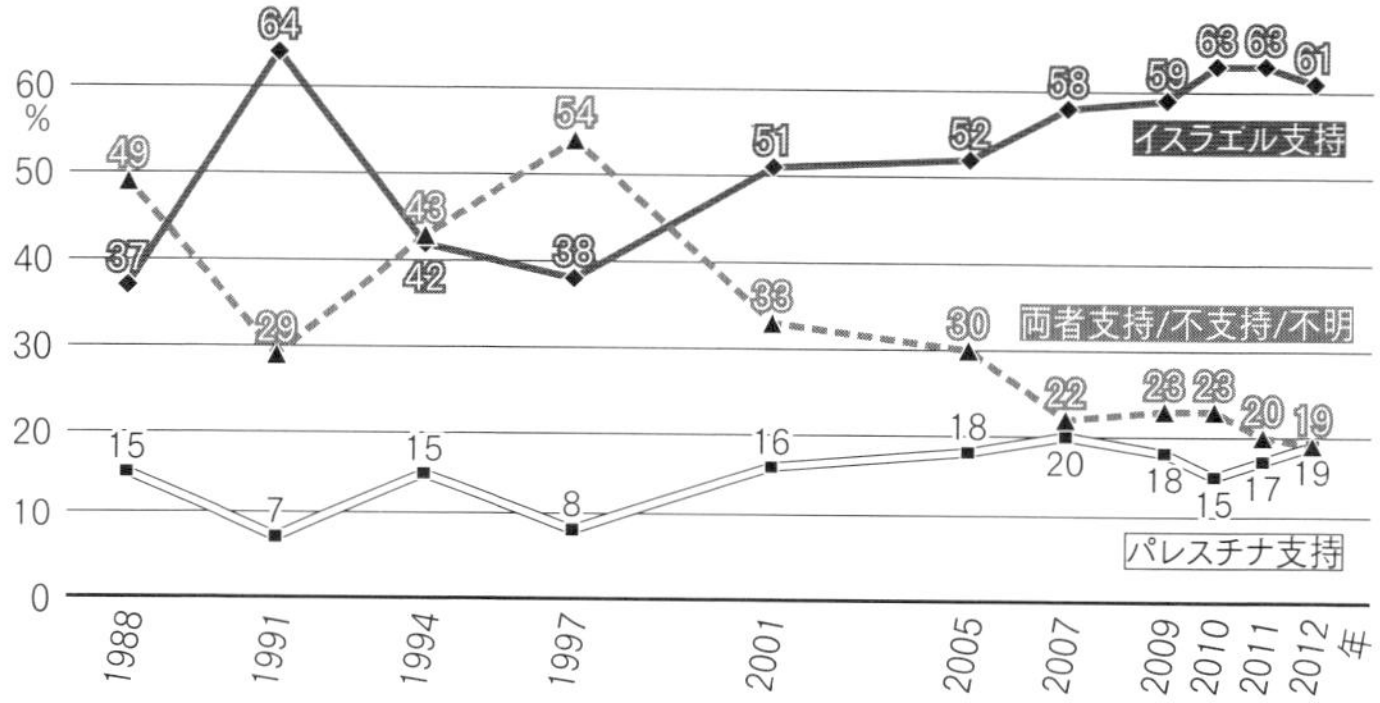

図表10-1　イスラエル支持の変遷1（ギャラップ調査、2013年3月15日）

アメリカ国民のイスラエル支持とその理由

ところで、アメリカ国民はイスラエルをどのように見ているのだろうか。図表10－1は一九八八年から二〇一二年までの間で、イスラエルもしくはパレスチナを支持する国民の割合の変遷を追ったグラフであるが、イスラエル支持が三七%から六四%の間で、パレスチナ支持は七%から二〇%の間で推移しており、イスラエル支持が一貫して高い水準を保っていることが見て取れる。図表10－2（次ページ）は、アメリカ国民全体と白人福音派とで、イスラエルとパレスチナのどちらかをどの程度支持しているのかを、二〇〇〇年から二〇一九年までの期間と二〇二〇年から二〇二四年までの期間を比較して示すグラフである。アメリカ人全体では、前者の期間で、イスラエル支持が五九%、パレスチナ支持が一七%、白人福音派ではイスラエル支持が六七%、パレスチナ支持が一八%となっている。さて、後者の期間では、アメリカ人全体ではイスラエル支持が三ポイント減少して五六%、パレスチナ支持が九ポイント増加して二六%となっている。これに対して、白人福音派では、イスラエル支持が一ポイント減少して六六%、パレスチナ支持が五ポイント増加して一八%となっている。ギャラップ調査は、二つの期間の間に

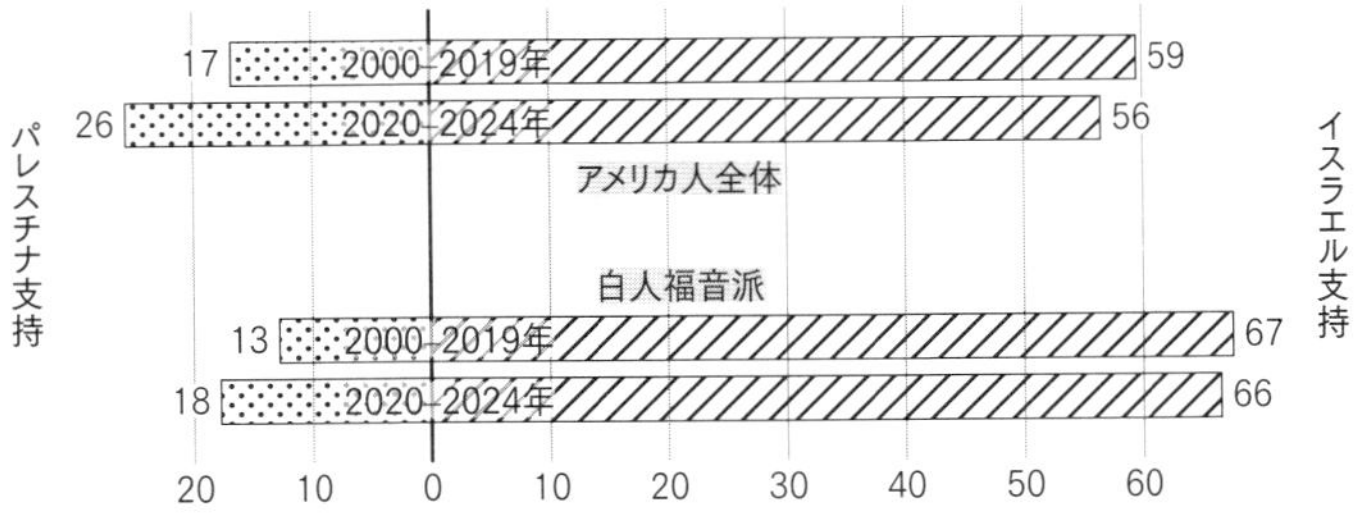

図表 10-2　イスラエル支持の変遷 2（ギャラップ調査、2024 年 6 月 11 日より筆者作成）

見られるイスラエル支持の減少は、白人福音派の人口減少によるものとしているものの、依然としてイスラエル支持者が多数を占めていることが窺える（ギャラップ調査、二〇二四年六月二一日）。

ではなぜこのように多くのアメリカ国民はイスラエルを支持するのであろうか。

理論的・神学的には本章で論じてきたミレニアリズムという終末論の論理から説明できるかもしれない。すなわち、約束の地を神から与えられていたイスラエルの民がその地を追放されディアスポラを経験した。そこから救世主待望論が生まれた。その救世主待望論をキリスト教が受け継ぎ、新大陸アメリカに約束の地を見出した。そして、新約聖書の黙示録の記述からキリストの再臨に備える心の構えが敬虔なキリスト教徒に形成された。したがって、ハルマゲドンの地であり、再臨の地でもあるイスラエル国の安寧は彼らの魂の救済の重要な条件となり、「希望のビジョン」の中にあったのである（モルトマン、一九九六年）。

さて、アメリカ人のイスラエル支持に対するこの理論的・神学的説明は、正しいのであろうか。最後にイスラエル支持の理由について、アメリカ国民に対する世論調査を検討してみよう。

二〇〇二年のギャラップ調査（図表10－3）で、最もポイントの高かったの

図表 10-3　イスラエル支持の理由

	プロテスタント（%）	カトリック（%）
テロと戦っている／テロ攻撃を受けているから	20	26
土地所有の権利は聖書に記されているから	19	11
国家建設はユダヤ民族の運動だから	9	5
ユダヤ人は歴史的に迫害を受けてきたから	5	9
イスラエルは安定している／交渉が容易だから	6	4
パレスチナ人はイスラエルと交渉しようとしないから	5	6
パレスチナ人／アラブ人は信用できないから	5	6
イスラエルは敵に囲まれ危険な状況だから	3	4
イスラエルはアメリカの同盟国だから	1	5
その他	12	11

（ギャラップ調査、2002 年 4 月 29 日）

は「テロと戦っている／攻撃を受けている」で、プロテスタントが二〇％、カトリックは二六％であった。つぎにポイントが高かった質問は「土地所有の権利は聖書に記されているから」で、プロテスタントが一九％、カトリックが一一％となっている。そのつぎにポイントが高かったのは「国家建設はユダヤ民族の運動だから」で、プロテスタント九％、カトリック五％であった（ギャラップ調査、二〇〇二年四月二九日）。イスラエルの選民思想を反映した項目への回答率の高さが見て取れる。

つぎに、別の調査（図表10－4）で、イスラエルについて「聖書の出来事が起きる聖地」と答えたのは三〇％で、「聖地ではなく歴史的な土地」と答えたのは四七％であった。しかし、「その他の理由で聖地」という項目を選んだ二〇％を加えると、六七％となり、歴史的な理由よりも宗教的な理由がより高い事がわかる（ギャラップ調査、二〇〇三年七月二九日）。

同じ調査で、図表10－5は、福音派と非福音派とでイスラエルを聖地か単なる歴史的な土地かを見る

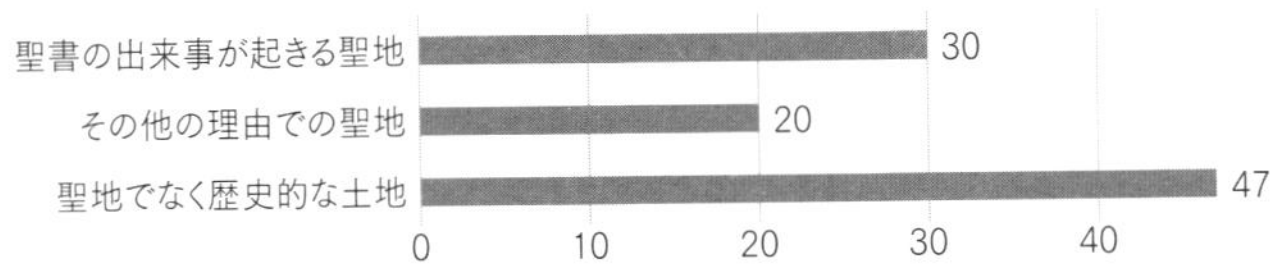

図表 10-4　イスラエルは聖地か、単なる歴史的な土地か
（ギャラップ調査、2003 年 7 月 29 日）

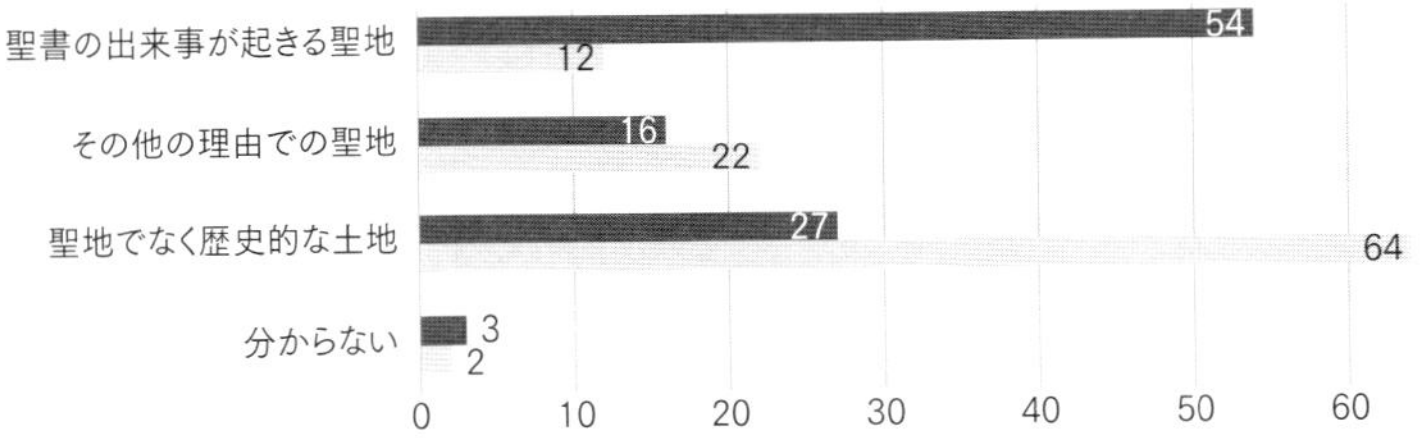

図表 10-5　信仰別理由（ギャラップ調査、2003 年 7 月 29 日）

調査である。福音派では、「聖書の出来事が起きる聖地」では五四%が、「その他の理由で聖地」とした者が一六%で、合計七〇%の福音派は聖地と答えている。一方「聖地ではなく歴史的な土地」と答えた非福音派は六四%だった。聖地と答えた回答者が六ポイント多いことになる（ピュー研究所、二〇〇六年八月二四日）。

二〇〇六年の調査は三種類ある。図表10－6（複数回答）では、イスラエルがユダヤ人に約束された土地かどうか、また、イスラエルでイエスの再臨が起き預言が成就するかどうかを、人種、教派、信仰の内容別に問うものである。「イスラエルは神に約束された土地」と答えたのは、白人福音派の六九%であり、これは主流派より四二ポイント高い。同じ質問に「神に約束された土地」と答えたのは、聖書の記述が神の言葉で逐語理解が必要と考える人では、白人福音派の七〇%であり、これは逐語理解しない人より三六ポイント高い。一方、後者のイエスの再臨の預言が成就すると信じる人のうち、同じ質問に「神に約束された

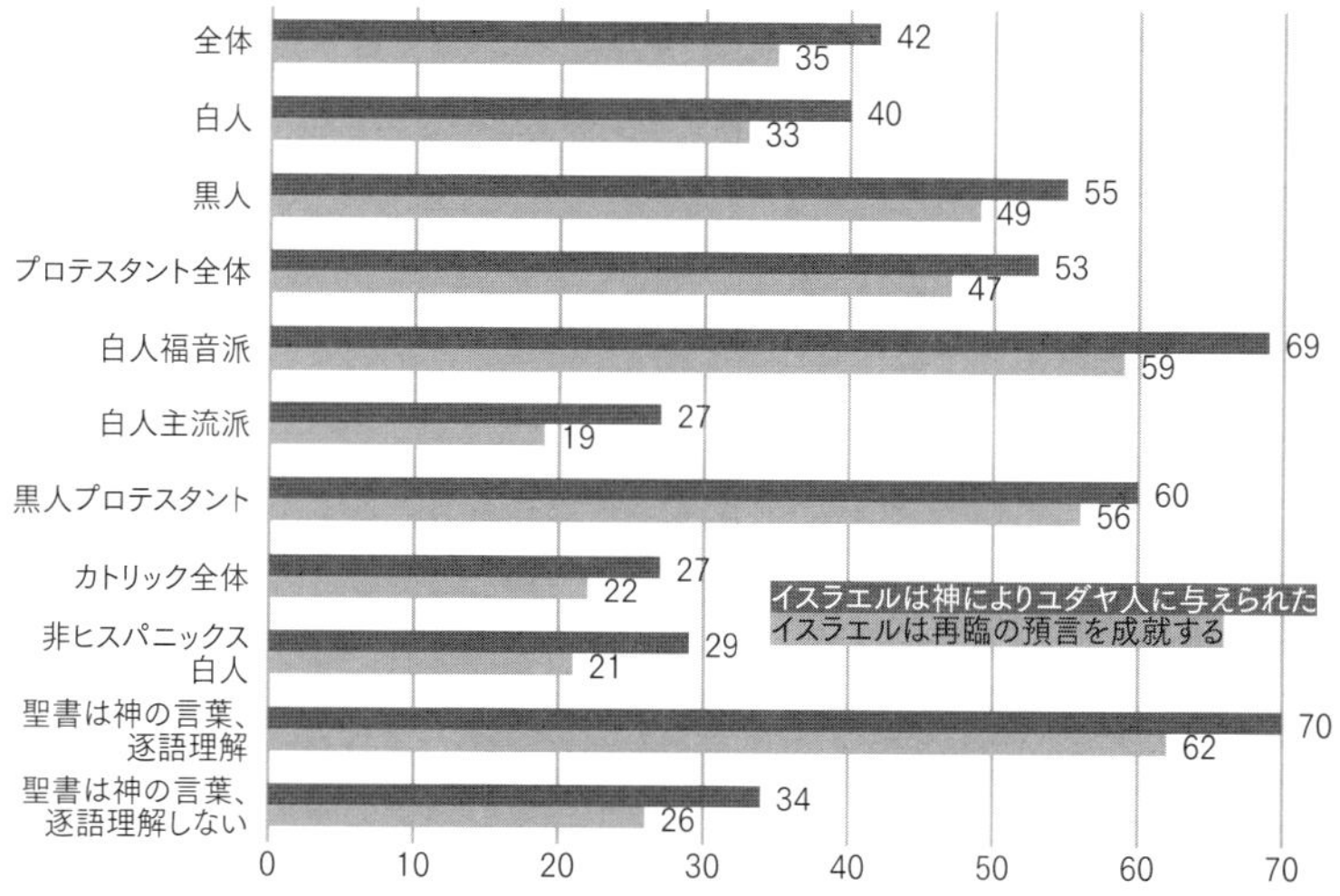

図表 10-6　信仰別理由（ピュー研究所、2006 年 8 月 24 日）

土地」と答えたのは、白人福音派の五九％であり、これは主流派より四〇％高い。逐語理解が必要な人の六二％がそのように答えているのに対して、聖書を逐語理解しない人では二六％であり、逐語理解する人の方が三六％高いことがわかる。

図表10－7では、イスラエル支持者、パレスチナ支持者、両者支持もしくは不支持の三つのグループについて、「イスラエルは神がユダヤ人に与えた土地」と考えるか、「イスラエルは聖書の預言が成就した国」と考えるかを問う調査である。全体では、イスラエル支持者が四四％、パレスチナ支持者は九％、両者支持もしくは不支持が二五％であった。「イスラエルは神がユダヤ人に与えた土地」では、イスラエル支持者の六三％が肯定しており、三六％は否定している。また、「イスラエルは聖書の預言が成就した国」では、イスラエル支持者の六〇％が肯定し、三八％が否定している。イスラエル支持者の六割あるいはそれ以上が聖書の記述と関連づけていることがわかる。

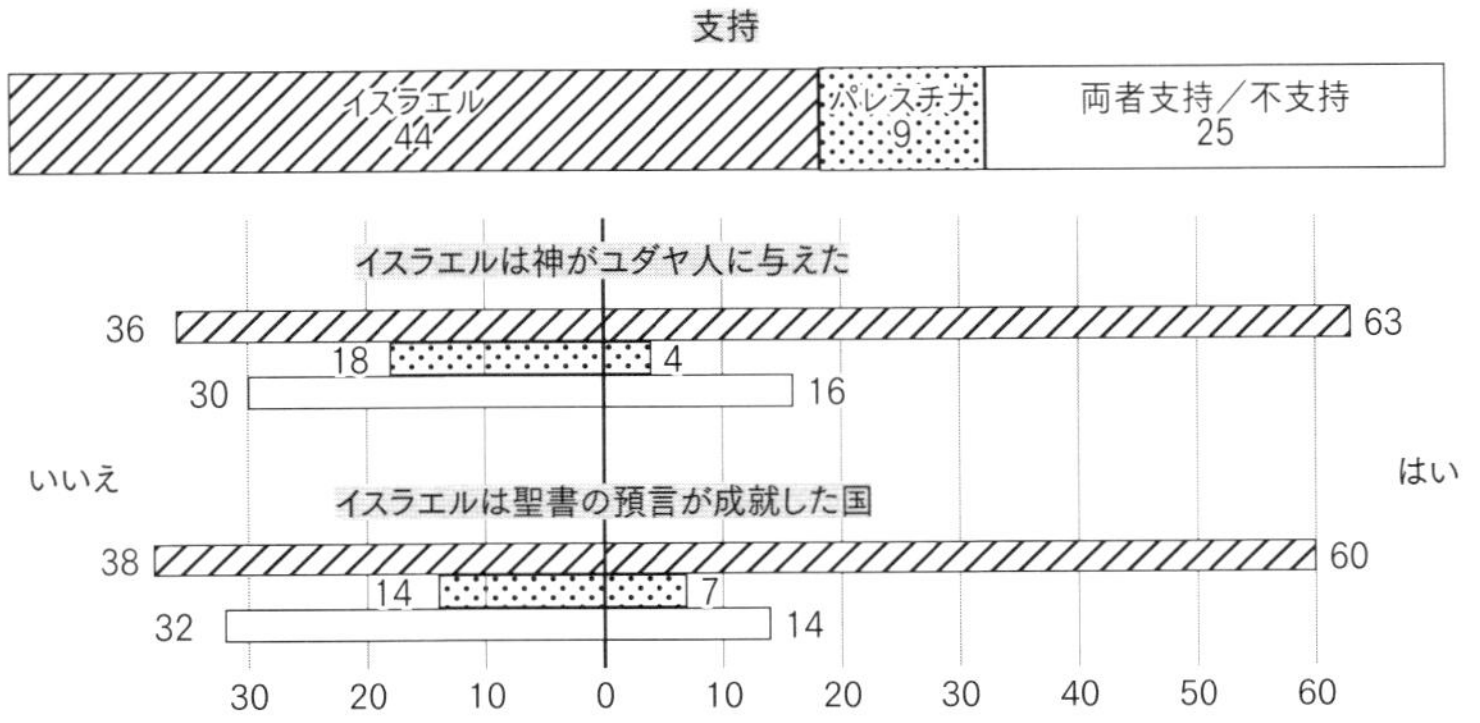

図表 10-7　イスラエル支持／不支持と信仰との関係（ピュー研究所、2006 年 8 月 24 日）

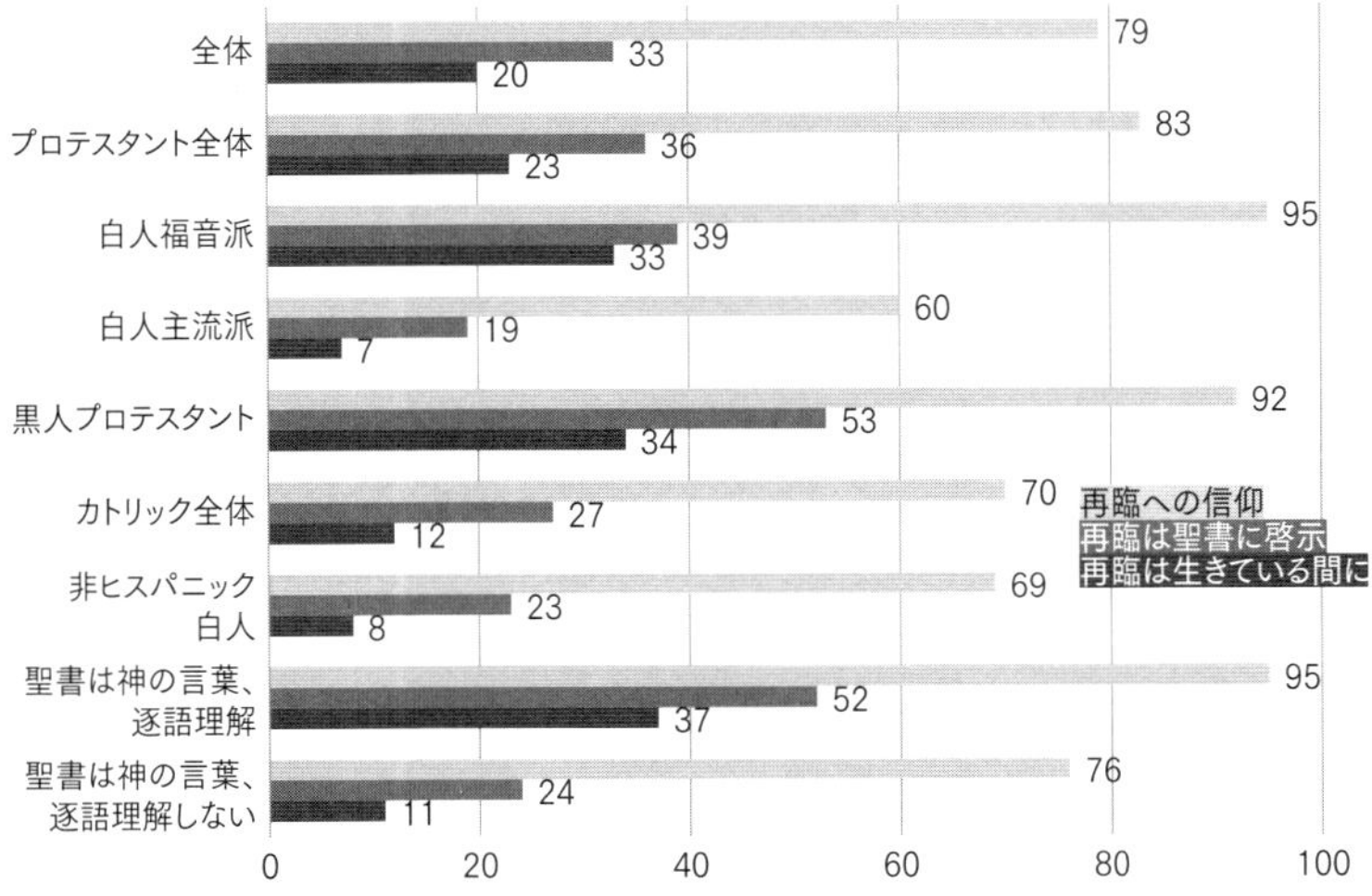

図表 10-8　教派や信仰別の再臨への信仰（複数回答）（ピュー研究所、2006 年 8 月 24 日）

図表10－8（複数回答）は、再臨への信仰を持つ人、再臨は聖書に啓示されていると考える人、再臨は回答者の生きている間に実現すると答えた人について、人種、教派、信仰の内容別に問うものである。調査対象全体では、再臨への信仰を持つ人は七九％。再臨は聖書に啓示されていると信じる人は三三％。生きている間に再臨があると信じる人は二〇％であった。白人福音派では、再臨への信仰と答えた人が九五％、聖書の逐語理解と答えた人が九五％といずれも高く、アフリカ系プロテスタントの場合は九二％と高い。これは、アフリカ系プロテスタントも白人福音派に近い信仰をもっていることを物語っている。

＊　＊　＊

ここまでは、主に、二〇一二年までのデータを見てきたが、最近はどのようになっているのだろうか。

二〇二三年から始まった、イスラエルとハマスを擁するパレスチナとの紛争について、イスラエルからハマスへの攻撃は正当な理由で遂行されたと答えたのは、アメリカ人全体の五八％と、過半数が攻撃を正しい攻撃だったと考えている。キリスト教徒に絞るとどうだろうか。白人福音派では七四％、白人非福音派では六九％、カトリックでは六一％だった（ピュー研究所、二〇二四年三月二一日）。この数字からわかるように、アメリカ人人口のおよそ六割がイスラエルを支持しており、この支持に大きな変化は起きていない。ではなぜ白人福音派の七割強がイスラエルを支持するのだろうか。

二〇二二年一二月八日のピュー研究所による調査で、アメリカ人の五人に二人（三九％）が「私たちは終末期に生きている」と答えた。また、白人福音派では六三％が、黒人プロテスタントでは、七六％がそのように回答した。さらには、アメリカ人全体の五五％が、白人福音派の九二％が、黒人プロテスタントの八六％が、キリストはいつかこの地球に再臨すると信じているのだ。福音派にとっては、最後の審判で永遠の命が保証されるにはイスラエル国の存在が必要だからだ。

このように、イスラエルの支持は、単に理論的・神学的レベルのものであるだけでなく、国民の信仰とも深い関係があることが理解できるだろう。

＊　　＊　　＊

本章では、ミレニアリズムというキリスト教神学の終末論を援用しつつ、アメリカ文明における「イスラエル」の意味について述べてきた。すなわち、終末論の立場から植民地時代のニューイングランドにおけるピューリタンによる聖書解釈について確認し、初期のピューリタンがイスラエルの民が抱いた選民意識を共有し、自らを新しいイスラエルとして見ていたことを確認した。そして、こうした選民意識はさらに、解放のモチーフと結びついて、選ばれた民の救済と神による反神的な権力国家の破壊を伴うこと、そして選ばれた民は「主の戦い」を遂行した。

ついで、アメリカ革命期と南北戦争における終末論を検討した。アメリカ革命期前後ではジョン・コットンとジョナサン・エドワードを取り上げ、彼らの終末論を確認した。コットンのミレニアリズムはカトリックを反キリストとしつつもキリストの再臨については何も語っていないが、エドワーズは、段階的進展を重視し、福音伝道を主体とするポスト・ミレニアリズムに立つ終末論であった。

さらに、一九世紀にスコフィールドが提唱したディスペンセーション主義とミレニアリズムについて論じ、イスラエル国の建国以前よりキリスト教保守派でディスペンセーション主義の信奉者であったウィリアム・E・ブラックストーンによるイスラエル国樹立に向けての動きについて論じた。建国後は、キリスト教原理主義者でモラル・マジョリティの創設者ジェリー・ファルウェルを取り上げ、彼のイスラエル支持と人脈作りを見てきた。そして最近の世論調査で終末論を跡付ける形で国民によるイスラエル国支持の検証を試みた。

一般に、アメリカ人のイスラエル支持は、富裕なユダヤ系アメリカ人によるロビー活動がその主要な要因だとされているが、大統領選挙でも、アメリカ人有権者の二四%を占める、白人福音派の存在は無視できない。彼らは、最後の審判において自らの魂の救済は偏《ひとえ》にイスラエルの存在に依存すると信じている。万が一、イスラエル国が現世に存在しないということにでもなれば、彼らは永遠の命を手にすることができなくなると信じているのだ。

第一一章　福音派運動のゆくえ

　ここまで、アメリカにおいて筆者が認識する八つの断層線について説明を行ってきた。経済発展の光と影、福音派の貧困への態度、人種問題への福音派の関わり、福音派と性的多様性、宗教右派と福音派左派の気候変動への取り組み、教育をめぐるプロテスタントとカトリックの断裂と学校教育における一般市民・リベラル派と宗教右派のせめぎ合い、大統領の国家観と公共宗教・宗教ナショナリズムの台頭、そして福音派のイスラエル支持を取り上げた。

　一九八〇年以降、宗教右派が政治に関与し始めて以来、多くの宗教難民が発生した。経済、人種・民族、文化、ジェンダー、環境、教育、政治、宗教価値などありとあらゆる領域で極めて排他的で不寛容な保守的教会から、多様な背景を持つ人々を包括的に受け容れる教会への移動を読者の皆さんと共に見てきた。

　しかし、問題は保守的教会から進歩主義的リベラルな教会への移動だけでは済まされない状況になっている。

NONES——教会無所属人口の増加

　アメリカでは植民地時代から二〇世紀末まで教会出席率は右肩上がりに伸びる傾向だったが、二〇〇七年には、統計上どの教会にも属していないという意味で、いわゆる「NONES」と呼ばれる人々の割合が一六%となった。その後、右肩上がりに増加し、二〇二二年には三〇%を超えるも、二〇二三年には二八％に落ち着いた。

実際の統計上のカテゴリーでは、宗教的にどの教会にも属していない人々、つまり、「教会無所属者」に振り分けられるが、彼らの内訳は、「特になし」と答えた人々は六三％、神が存在するという確かな知識を持つことができないと主張する「不可知論者」は二〇％、そして神の存在をきっぱりと否定する「無神論者」は一七％だった。

また、こうした人々の四七％は宗教団体を嫌っており、三〇％は信心深い人々と嫌な思いをした経験があるということがわかっている。

また、教会に所属している人の二七％が昨年ボランティア活動をしたと答えているのに対して、そう答えた無所属者は一七％だった。さらに、二〇二二年の選挙で投票したのは、教会所属者が五一％で無所属者は三九％だった。つまり、ＮＯＮＥＳには、社会的な繋つながりに乏しいという特徴がありそうだ。

ほとんどの教会無所属者は聖書の神を信じているのが一三％にすぎず、五六％はその他の高次の力を信じ、二九％はそのどちらでもない、と答えている（ピュー研究所、二〇二四年一月二四日）。

福音派の教会でも教会離れは顕著となっている。多くの福音派キリスト教徒が教会を離れ、地方の教会は軒並み会員数を減らし、閉鎖のやむなきを得ない教会も少なくない。

アメリカのキリスト教では各教派が信者を獲得するためにマーケティングなどを実施してしのぎを削る。信者側からすれば、諸教派はキリスト教界という自由主義市場の消費財として目に映るのだ。牧師の説教が自らの信仰に合わない。何らかの理由で信仰心が薄らいだ。あまりに長い間サービスを続け燃え尽きた。週末の都合がつかなくなった。牧師や教会員の言動に心を傷つけられた。教会を離れる理由はさまざまだ。

中には、自らの言動で教会から離れることを余儀なくされる者もいる。

本章は、そんな状況に追い込まれ福音派としての肩書きを捨てたある人物の話から始めたい。

デイヴィッド・P・ガッシーは北部ヴァージニア州のカトリックの家に生まれ、アイルランド・カトリックの母親から大反対をされた挙げ句一三歳でカトリック教会を離れ、その三年後に南部バプテスト派教会で福音派へと改宗する。その後、南部バプテスト神学校で神学を学び、一九七〇年代末に、南部バプテスト派の牧師となったガッシーは、二五歳でニューヨークのリベラルなユニオン神学校に通い、キリスト教倫理を修め、ホロコーストでユダヤ教徒を救ったキリスト教徒について博士論文を執筆した。博士課程在籍中に、福音派左派のロナルド・サイダーのスタッフとして仕事をし、平和と正義を目指す福音派の世界観を学んだ。一九九三年に南部バプテスト派の大学で教鞭を執るも、大学の右傾化により、一九九六年にテネシー州ジャクソンのユニオン大学に移り、気候変動や九・一一後の収監者に対する拷問について研究する。二〇〇七年には、マーサー大学に特別教授として招聘され、二〇〇八年には宗教研究では世界最大規模を誇るアメリカ宗教学会の会長を務めた。二〇年間、南部バプテスト派系の大学で、福音派左派として、同じ信仰と政治的信条を持つ学生に講義を行って来た。

二〇一四年に『我々の心を変える』を出版。聖書の記述に基づいて、LGBTQ＋の人々を異性愛者と同じ条件で教会員として全面的に受け容れるという考えをその中に綴ったが、ガッシーの意図に反して同書の出版は物議を醸し、彼は福音派の世界から追放された。二〇年間身を置き、学び、そして教え、自分を育ててくれた福音派の世界。その世界で結んだ数知れない友情の絆が一瞬にして断ち切られ、ネット上では誹謗中傷を浴び、予定していた講演は次々にキャンセルされた。彼は、元福音派だった人々のコミュニティの一員となった。彼らは、「アフター福音派」とか、「ポスト福音派」と自らを呼ぶ。そして、ポスト福音派も教会を捨てている。

その理由は、弱者にとって有害とみなされる教えに対する幻滅から始まる。LGBTQ＋の人々やその家族が経験した危害を理由に離れる人もいる。また、家父長的な教えに失望して去る者もいる。また、白人福音派の人種差別的言動を理由に教会を去る人もいる。また、科学やリベラルな傾向に対する反動的な態度や反知性主義や神学的な硬直性を理由に去る者、福音派の信仰を持っているだけで、保守派や共和党やトランプを支持しているとみなされることを嫌って離れていくのだ。行きすぎた保守主義の不寛容のなせる業と言ってもよい。

福音派の教会離れの原因

筆者は、二〇一〇年に上梓した『アメリカと宗教――保守化と政治化のゆくえ』の中で、当時進行していた主流派教会の信徒減少と福音派教会の信徒増加について触れた。当時は、世俗社会と変わりない救済財を提供する主流派教会から、深みのある宗教的救済財を提供する福音派教会への移動だった。二〇二四年現在でも、主流派教会の信徒減少は依然として続いていて、ここにきて福音派教会の信徒離れが進行している。どのような原因があって従来増え続けてきた福音派教会の信徒数が、減少するようになったのだろうか。

D・G・ハートは、近年の福音派教会の信徒数減少の原因を挙げているが、これは福音派の教会論に原因があり、現代の福音派は教会の神学を蔑《ないがし》ろにしていることに起因する、と言うのだ。ハートの批判を紹介する前に、新約聖書に即して教会とはどのようなものかを、ガッシーの『アフター・イヴァンジェリカリズム』二〇二〇年を参考に確認していこう。

- 教会は、イエスとの新しい契約を結び、イエスの使命を遂行するために、どのように生活を秩序づけるかを理解した人々で構成されている。（「ルカによる福音書」二二章二〇節、「コリントの信徒への手紙一」一一章二四～二六節、「マタイによる福音書」二八章一六～二〇節）
- 教会は、一つである。イエス・キリストは一つの教会を設立し、神とイエス・キリストが一体であるように弟子や信徒も神やイエスと一つになるようにイエスは祈った。（「ヨハネによる福音書」一七章一〇～一二節、二〇～二三節、「エフェソの信徒への手紙」四章一～三節）
- 教会は、カトリック、つまり普遍的であり、すべての人にキリスト教信仰が宣《の》べ伝えられ、教会の会員はあらゆる部族、言語、民族に平等に開かれている。（「使徒言行録」二章一～一一節、「ローマの信徒への手紙」四章一七～一九節）
- 教会は、イエスが使徒たちとともに、使徒たちを通して設立したのであり、使徒的世代から私たちの世代へと前進している。（「マタイによる福音書」一六章一八節、「エフェソの信徒への手紙」二章一九～二〇節、「ヨハネの黙示録」二一章一四節）
- 教会は、キリストの身体である。キリストは人々を通じてこの世に肉体をもって現存する。教会は、キリストがこの世で肉体をもって出会うことができる場所である。（「ローマの信徒への手紙」一二章五節、「コリントの信徒への手紙一」一二章二七節）

・教会は、聖霊の神殿である。教会は、聖なる場所であり、この世で神が宿る場所である。新約聖書は、教会それ自体が神殿であり、神が宿る場所だと述べている。（「コリントの信徒への手紙一」三章一六〜一七節、「コリントの信徒への手紙二」六章一四〜一五節）

ハートは、福音派教会は、右に列挙した教会ではなく、パラ・チャーチ組織やリーダーを福音主義の旗手として祭り上げている、と主張する。パラ・チャーチとは、社会福祉や伝道に携わるために個々の教会の枠を超えて連携して活動する組織を指しているが、福音派の人々は、聖書の記述に基づく前述の性質を持つ教会を通してではなく、ジェリー・ファルウェルなどの宗教右派やビリー・グレアムなどの伝道師、フラー神学校や全米福音派協会（ＮＡＥ）など、目に見えるパラ・チャーチ組織やそれを牽引する指導者を重視してきたために、教会の神学は弱体化した、というのが彼の第一の批判だ。福音派はこうした指導者や組織に忠誠を誓うことで福音派としてのアイデンティティを確立することができる。その意味で、福音派はパラ・チャーチ組織に支配されている。

福音派の教会論を弱体化させている原因のもう一つは、諸教派を超越し、横断的に企図された連携や連合体の構築である。一九四〇年代に原理主義者と袂《たもと》を分かち福音伝道を重視した当時の新福音派は、全米福音派協会などの大組織を作った。ハートは、福音派ファミリー全体で共有される教会の神学には意味がなくなっていると主張する。数の力による福音派の団結と政治的影響力の追求は、キリスト教の教会論を弱め、世界の現実の教会と人々の結びつきを緩めるという予期せぬ結果を招いたと言うのだ（Ｄ・Ｇ・ハート、二〇〇四年）。

政治との関連で言えば、一九八〇年の大統領選挙以来、福音派は共和党の保守三本柱、財政保守、防衛保守、社会保守の一角を担うようになり、共和党と言えば信心深いアメリカ人が支持する党であり、リベラルで宗教とはあまり関係のない党としての民主党との間に、神格差（ゴッド・ギャップ）が存在するとまで言われた。従って、福音派は共和党の出先機関にすぎなくなったとさえ言われた。こうした趨勢の中、福音派は歴史的な伝統を喪失し、教会の機能でもあった、倫理的に悖《もと》る社会や国家を批判し是正する、旧約聖書の預言者的機能をも喪失してしまった。

二〇一六年の大統領選挙による福音派の分裂とアイデンティティ危機

福音派はアイデンティティの危機に直面している。先に紹介した、デイヴィッド・ガッシーは福音派の性的多様性を受け容れることを表明した途端に、福音派のコミュニティからの実質的な波紋状態を経験し、その結果福音派のアイデンティティをかなぐり捨て、自らをアフター福音派と呼んだ。二〇一四年のことだった。

そのわずか二年後、トランプ候補の大統領選挙への出馬は、福音派を大きく二分することになる。

この予兆は出馬表明のずっと前に起きていた。カリスマ派の指導者たちは密かに会合を開きトランプ候補を支持することを決めていた。ポーラ・ホワイト・ケイン牧師がトランプと知り合ったのは、二〇〇三年のことだった。トランプは「ポーラ・トゥデイ」というテレビ番組を観て、彼女が複雑な社会問題を精神的に解釈する能力に長けていることを知っていた。彼女は秘書から電話を受けすぐにニューヨークへ飛びトランプ・タワーでトランプと面会し、請われて彼の「精神的アドヴァイザー」を引き受けた。その後ポーラはトランプからしばしば相談を受けたが、二〇一二年の出馬を見送り、二〇一六年に当選を果たした。ポーラは大統領就任式で祈禱を捧げる初の女性聖職者となった。

当時トランプを支持したのはカリスマ派とペンテコステ派の聖職者だけだったが、選挙戦がヒートアップするにつれて、これら二派以外にもその支持層は広がっていった。バプテスト派の著名なロバート・ジョフレスが支持を表明し、その後、八〇年代にモラル・マジョリティを率いた、リバティ大学学長のジェリー・ファルウェルが続いた。次いで、二〇一六年三月には保守派の象徴であるフィリス・シュラフリーが、恐らく最も影響力をもつであろう支持を表明した。フランクリン・グレアムやジェイムズ・ドブソンなどの重鎮までもが支持を表明したのだ（ストラング、二〇一七年）。

このように続々とトランプが福音派聖職者の支持を取り付け「トランプ福音派」が急増する中、「ネヴァー・トランプ」を唱える福音派も増えていく。八一％という統計は白人の福音派有権者を指している。すべてのキリスト教徒が本当の福音派ではないにも関わらず、出口調査が不適切にすべての有権者を含めている。敬虔なネヴァー・トランプ福音派を含む一部福音派が投票していない。したがってトランプ福音派の実際の数は三五～四〇％の範囲に近いことを指摘する声もある。

先述のラッセル・ムーア牧師は、知らず知らずの内に、自らを「福音派」と呼ばなくなったことに気づいた。密かに、「ゴスペル（福音）・クリスチャン」と呼んでいたのだ。彼にとって「福音派」という言葉は、近年ほぼ意味を失い、いろいろな面で「イエス・キリストの福音を破壊している」と断じる。ムーアにとって、問題の一部は、信仰心がないか、信仰心の薄い人々が「福音派」を、選挙の年に票田として機能する集団としか考えていないのだ。また、メディアも、選挙の出口調査の際に教会出席者と、単に自分を「ボーン・アゲイン」とか「福音派」と呼ぶだけの有権者とを区別していないことも一因だという。さらに、もう一つの問題は、福音派の指導者の行動だけに、より重大な問題になっているという。つまり、かつて例えばクリントン政権時代に、大統領の人格が極めて重要だと指摘していた当の福音派指導者が、今やトランプ政権を守るために、当時激怒していた不倫やカジノやポルノなど公衆道徳に反するさまざまな罪を大目に見ている、と批判している。これらが、ムーア牧師が福音派という名称で自分を呼ばなくなった理由なのだ（ラッセル・ムーア、二〇一六年二月二九日）。

「アメリカの福音主義は、二〇一六年の大統領選挙とその余波の浅瀬で分裂し、多くの人々が福音派の部族に入りたいのか入りたくないのか迷っている」。フラー神学校のマーク・ラバートンのエッセー集『まだ福音派？』（二〇一八年）の序文はこの文章で始まる。

ラバートンによれば、福音派が直面している中心的な危機は、自らの道徳的、精神的完全性を蝕んだ福音派自体にあって、それによってイエスの福音が裏切られ辱められた。実際、福音派は、歴史的に、陰湿な人種差別主義者、女性差別主義者、物質主義者、そして政治権力と結託してこの危機を招いた。従って、危機は、福音派自身の生活と福音派が伝道している福音を自らが体現できていないという事実にある、と手厳しく批判する。

多様性と福音派左派

福音派の歴史的な活動がこの危機を招いたという、ラバートンの批判は的確である。

一九六四年の公民権法が施行されるまで、南部諸州の白人福音派は、黒人に対して人種隔離政策を施行して選挙権すら与えなかった。教会や居住地区はもちろんのこと、公共交通機関での席、公共施設での水飲み場やトイレ、学校や映画館などが人種隔離されていたのだ。

第一章で紹介したダイアナ・バースさんが福音派教会との関係を絶つ切っ掛けとなったのは、女性が教会のトップになれない、という問題だった。アメリカでは多くの大きな宗教団体が女性の叙階を認めており、組織内で指導的な立場に立つことを認めてはいるが、実際にトップとして活躍している女性はほとんどいない。アメリカバプテスト同盟は過去にそうだった。アメリカ聖公会は現在女性の司教は存在しない。長老派教会（USA）、キリスト合同教会、合同メソジスト教会などはいまだに存在しない（ピュー研究所、二〇一六年三月二日）。

物質主義は、繁栄の福音を説く聖職者によって蔓延していると言える。オスティーン牧師をはじめ、クレフロ・ダラー、ケネス・コープランド、ポーラ・ホワイトなどの有名な「繁栄の福音」伝道師が運営するアメリカの教会のシェアは拡大傾向にある。メガ・チャーチの七五％はこの神学を支持していると言われる。

そして、宗教右派として一九八〇年以降の大統領選挙では共和党の社会・宗教保守という三大保守の一角として、共和党の大票田として政治に深く関与してきた。一九九九年にクリントン大統領の弾劾裁判で無罪判決が下され、保守派は大打撃を受けた際に、ヘリテージ財団のポール・ワェイリックは保守派が文化戦争に敗れたことを宣言し、キャル・トマスとエド・ドブソンは共著『権力に盲目になって』の中で、政治権力の魅力にとりつかれた福音派は集団としての政治参加をやめ、魂の救済という本来の使命に立ち返ることを訴えた。しかし、こうした預言者的な声は聞き入れられなかったのだ。

ではこの危機を乗り切るにはどうすればよいのだろうか。本書の主題である断層線とも関連するので最後に検討を加えたい。

第一に、福音派人口の大半が保守的政治運動に参加したため、多様性を重視するという方策は大変効果があるように思われる。福音派には、白人福音派だけではなく、福音派左派、黒人福音派、そしてカトリックにも福音派が存在する。こうした多様性を担保することで保守的福音派の暴走を食い止めることは可能かもしれない。今後は、人種的多様性や性的多様性を認める教会の増加が望まれる。特に人種的多様性の促進は、白人福音派による黒人に対する暴力事件やヘイトスピーチを抑止することができる。第四章で紹介した多人種会衆化運動の促進も極めて重要な社会政策として地方自治体が取り上げるべきと考える。

第二に、保守的福音派は政党との関わりから撤退すべきだろう。実は、宗教右派が政治に乗り出したのは一九七〇年代末のことだが、一九七三年一一月二五日に、当時の新福音派（現在は新は取れて福音派と呼ばれている）、例えば、『クリスチャニティ・トゥデイ』の初代編集長を務めたカール・ヘンリーやデンバー神学校のバーノン・グラウンズ校長や、ロナルド・サイダー（第三章）やジム・ウォリス（第四章）が、イリノイ州シカゴに結集した。目的は、「福音派の社会的懸念に関するシカゴ宣言」の採択だった。シカゴ宣言には、「アメリカ文化に深く根ざす物質主義の根絶、経済格差の是正、戦争を引き起こす国の経済力や軍事力への過信の批判、世界の貧困状況の改善など、進歩主義的な宗教による社会変革への意欲と希望が」謳われ、主要なニュースメディアはこぞって賞賛の拍手を送った。しかしながら、歴史の歯車は彼らの思うようには動かず、結局、一九八〇年に宗教右派がニューライトの若手政治家と組んで大統領選挙に乗り出し、現在の状況を招来したのだった。宗教右派の活動により教会から離れる福音派は少なくない。また、二〇一六年の大統領選挙でも福音派を二分する結果を招いたのも、ほかでもない、宗教と政治の融合だ。二〇〇〇年ほど前にアメリカを訪問したアレクシ・ドゥ・トクヴィルは宗教と政治の分離が双方にとって最適な状態だと達観した。この言葉をアメリカ人は忘れてはならない。

第三に、福音派左派の思想や活動は現状の打開に極めて重要である。ロナルド・サイダーが提唱したキリスト者としての慎ましやかな生活は、物質主義への欲求充足に歯止めをかけることができるとともに、所得の一〇%を税金として富の再分配に充てて貧困に苦しむ人々に手を差し伸べるというアイデアもすばらしい。しかし、現代社会では経済成長を止めるわけにはいかないため、私生活では質素倹約に務め社会的弱者の救済に勤しむべきだろう。

第四に、環境問題についても、第六章で紹介した福音派左派のクリエーション・ケアの促進は重要であるものの、保守的福音派は科学的根拠を欠くために反クリエーション・ケアの運動を止めようとはしない。従って、まず科学的根拠を保守派に示した上で進めるしか手立てはないように思われる。

第五に、国家や社会に対する旧約聖書の預言者的批判の必要性である。公民権運動を牽引したキング牧師の姿を追い求めるジム・ウォリスのような福音派左派の指導者の育成が急務である。社会正義を実現するには非暴力の隣人愛を実践する社会運動は欠かせない。

かつて、一九六〇年・七〇年代の大学生たちは預言者の声を発揮して、キャンパスや街角で人種差別撤廃の集会を開いたり、ベトナム反戦運動を展開したりした。二〇二四年の四月末、筆者が研究調査でミネアポリスを訪問中のことだったが、学生たちはイスラエル軍のハマスやパレスチナ人の居住区のガザ地区への攻撃を非難する集会をキャンパスで繰り広げ、コロンビア大学、UCLA、USCなどのキャンパスへと広がりを見せた。確かに、これは預言者的な声ではあったが、徐々に建物を占拠して建物や器物を破損したりして、警察と衝突するという、起きてはならない事態に発展していった。これは預言者的伝統ではなく、ただの破壊行為だ。

第六に、第七章で述べたように、公立学校では宗教学習を普及し、異宗教間の諍いや誤解などがない社会作りが必要に思われる。ボストン大学のスティーヴン・プロセロ教授が提唱した宗教リテラシーというものを、初等教育から身につけておけば、誤解による殺傷事件などは減少するはずである。宗教リテラシーを身につけ、終末論を知的に理解しておけば、イスラエル支持の根拠が理解され、誤解やそれに基づくいざこざが減るのではなかろうか。

第七に、大統領について言えば、国家を神の審判の下に位置づける市民宗教を奉じる大統領の選出が大切で、少なくとも宗教ナショナリズムを奉じる大統領の選出はアメリカ国民や民主主義にとって脅威となることを、国民が自覚する必要がある。

二〇二四年の大統領選挙

二〇二四年の大統領選は異例の展開となっている。ピュー研究所の四月の調査で、四九%のアメリカ人がバイデン大統領とトランプ前大統領以外の候補間で選挙を戦ってほしいと答え、バイデン大統領支持者の三二%が大統領は残しトランプ候補を変えるべきと答えていた（ピュー研究所、二〇二四c）。ところが、六月二七日のテレビ討論会でバイデン大統領はトランプ前大統領の虚偽発言に反論できず言葉もたどたどしく失敗に終わったが、その後のピュー研究所が行った七月の調査では、バイデン大統領を残すべきと答えたバイデン大統領支持者が二三％に九ポイント減少していった。

七月一三日、ドナルド・トランプ前大統領は、ペンシルヴェニア州バトラーで支援者を前に演説中に暗殺未遂事件が発生し、銃撃により右耳を負傷したものの、命に別状はなかった。数名のシークレットサービスに抱えられステージを後にする中、拳を高々と上げ、「ファイト、ファイト」と連呼する姿は支援者をさぞ鼓舞したことだろう。

七月一八日、右耳を包帯で覆ったトランプは、ウィスコンシン州ミルウォーキーで開催された共和党大会に初日から出席し、正式に大統領候補としての指名を受け、指名受諾演説で「私たちはともに、あらゆる人種や宗教、肌の色、信条を持つ市民のための、安全と繁栄と自由という新時代を立ち上げる。この社会における不和と分断は癒さなければならない（略）私はアメリカの半分ではなく、すべてのアメリカ人のための大統領になるために立候補した」と語り、銃撃を受けたときを振り返り、「神が私の味方をしてくださった」「ひとえに全能の神の恩寵《おんちょう》のお陰だ」と述べた（CBS NEWS、二〇二四年七月一九日）。

また、前日の一七日、先にトランプ大統領候補が副大統領候補に指名していたJ・D・ヴァンスが指名を受諾し、指名受諾演説の中で、「脇に追いやられ、忘れ去られた」労働者階級の国民のために闘うと聴衆に訴えた（CBS NEWS、二〇二四年七月一九日）。ヴァンス副大統領候補は、オハイオ州の労働者の家庭で育ち、トランプとは対極に位置する生い立ちだが、アメリカンドリームを達成した半生を描いた回顧録『ヒルビリー・エレジー』がベストセラーになり注目を集めた。

ここまでは、トランプ陣営が有利に選挙戦を戦えるものと誰もが思った。だが、そうした空気が一変する。

現職のバイデン大統領は、年齢的に次期大統領としては不適切という指摘がメディアや代議士などからあったためか、ついに七月二一日、大統領選挙からの離脱を正式に表明する。すると、オバマ元大統領の支持などを得て、カマラ・ハリス副大統領が最も有力な候補として注目され始めている。もっとも、大統領としての正式な指名は八月一九日から開幕する民主党全国大会を待つことになる。ハリス副大統領はインド人の母親とジャマイカ系アメリカ人の父を持つ弁護士で、サンフランシスコ地方検事、カリフォルニア州司法長官、連邦上院議員を経て副大統領に選出された人物だ。大統領が不法移民の入国を制限する大統領令を出すほど寛容な移民政策を担当したことで極めて評判が悪かったが、トランプ候補の女性や人種的少数派や移民などに対するあからさまな差別発言や氏の係争中の案件を取り上げて戦う姿勢を見せている。

おわりに

今年の日本の夏は異例の危険な暑さが続いているが、アメリカでは一一月五日の大統領選挙の一般投票、そして、実質的に勝敗が決まる一二月一七日の選挙人投票に向けて、今熱い戦いが繰り広げられている。民主主義を標榜し、世界に唱導してきたアメリカは、その制度の核とも言える選挙の結果をめぐって、トランプ前大統領の支持者が連邦議会議事堂へ乱入し乱闘事件を起こした。アメリカ合衆国の民主主義は地に落ちたと叫ぶ声が随所で聞かれた。

一九世紀に奴隷制度をめぐって戦われた南北戦争は、民主主義をめぐる戦いだった。エイブラハム・リンカン大統領の指揮のもとアメリカ合衆国は分裂の危機を乗り越え、「人民の、人民による、人民のための政治」を保持した。この戦いは同じ聖書を読み、同じ神を信じるアメリカ人キリスト教徒同士の戦いだった。

アメリカにとって宗教は恩寵であり、十字架でもある。特に宗教と人種の関係こそ、植民地時代からアメリカが背負うべき十字架だという視点に立って本書を執筆してきた。

この国の人口の四分の一を占め、大統領選挙にも多大の影響を及ぼす福音派が、恩寵を十字架に変える存在であり、また、その苦難を癒し、恩寵に変えることのできる存在でもある。

筆者はおよそ二〇年間、福音派の研究を行ってきたが、特にこの一〇年間は、少数派ではあっても、この苦難を癒し、恩寵に変える可能性を秘めた福音派左派の存在とその重要性に気づき、アメリカ社会を改善してくれるものと信じて研究を続けている。

本書に収録した論文の原題と初出一覧は以下の通りである。なお、それぞれ加筆訂正を加えた。

- 第三章：「『汝らのうちに貧しきものなからん』――米国キリスト教福音派の社会的関心および貧困観に関する基礎的研究」『麗澤大学紀要』一〇五巻、三八～四八頁、二〇二二年［科学研究費基盤研究（C）：課題番号19K00083（二〇一九～二〇二一年）］
- 第四章：「『分れ争う家はたたず』――米国福音派による人種問題への取り組みに関する基礎的研究」『麗澤大学紀要』一〇六巻、一〇～一八頁、二〇二三年［科学研究費基盤研究（C）：課題番号22K00078（二〇二二～二〇二四年）］
- 第六章：「米国キリスト教福音派による環境保護運動――その現状と課題」『地球システム・倫理学会会報』第一二号、一一二～一一七頁、二〇一七年［科学研究費基盤研究（C）：課題番号15K03863（二〇一五～二〇一八年）］
- 第九章：「アメリカ文明とイスラエル――ユダヤ・キリスト教の聖書解釈を手がかりに」『比較文明研究』第一八号、六九～九七頁、二〇一三年

なお、本書で引用した聖書は、日本聖書協会発行の『聖書　新共同訳』（2002年）を使用した。

本書の執筆にあたりアメリカでの聴き取り調査でお世話になった次の方々に、この紙面を借りて厚く御礼を申し上げたい。

【福音派全般】ジョージタウン大学政治学部のクライド・ウィルコックス教授。アクロン大学で政治学を講じるジョン・C・グリーン特別教授。元アメリカ宗教学会会長で現在マーサー大学で宗教倫理学を講じるデイヴィッド・P・ガッシー特別教授。

【福音派と貧困、福音派左派】元イースタン大学教授でイヴァンジェリカルズ・フォー・ソーシャルアクション創設者の福音派左派、故ロナルド・J・サイダー教授。アズベリー大学で歴史学を講じるデイヴィッド・R・スワーツ教授（調査当時は准教授）。

【福音派と人種、ジェンダー】イリノイ大学シカゴ校で宗教社会学を講じるマイケル・O・エマーソン教授。前宗教社会学会会長でデイヴィッドソン・カレッジのマーティ・ジェラルド教授。元ベセル大学人類学・社会学・人種和解研究学部の共同学部長を務めた現ミネソタ・キリスト教会協議会会長のカーティス・デヤング牧師。デヤング牧師にはミネアポリス市周辺の多人種会衆運動に参加している教会を紹介していただいた。紹介された教会は、サンクチュアリー・コヴェナオント教会（ローズマリー・クラス長老）、ニュー・シティ教会（タイラー・シット共同主任牧師、ダナ・ニューハウザー共同主任牧師、信徒のワンダ・クラッセンさん、サラ・デグナー・イヴェロスさん、リプリー・ピエドラスータさん、アダム・エヴァーズさん、リリー・ダンクさん）、そしてデヤング牧師が所属するパーク・アヴェニュー教会。

【福音派と環境保護運動】ドゥリュー大学神学大学院で宗教社会学や環境科学を講じるローレル・カーンズ教授。全米福音派協会（NAE）政府担当副会長のゲーリン・ケアリー氏。福音派環境ネットワーク（EEN）副会長アレクセイ・ローシュキン氏。原理主義者でコーンウォール同盟創設者・代表のキャルヴィン・バイスナー博士。

【福音派と公教育、宗教学習】ノースカロライナ大学チャペルヒル校宗教哲学者のワレン・ノード教授。

カリフォルニア州モデスト市立モデスト高校の先生方やモデスト市立中高等学校カリキュラム開発課長のリンダ・エリクソン氏。

また、本書の出版に当たり、麗澤大学経済学会（会長：馬場靖憲経済学部長）の図書出版助成に関する内規に基づく助成を受けたことに対して心から感謝の意を表したい。

最後に、本書の編集に携わってくださった明石書店の長島遥氏には、大学の校務で海外出張が多くなる中、効率的な校正スケジュールを組んでくださり、早めの出版のめどが立ったことは大変有り難かった。心よりお礼を申し上げたい。こうして編まれた本書が読者のみなさまのアメリカ理解の一助になれば望外の幸せである。

二〇二四年八月

堀内一史

マン、ホーレス 154
ミレニアリズム 25
ムーディー、ドワイト 41
無自覚の人種差別社会 81
モラル・マジョリティ 68
モンキー裁判 → スコープス裁判

や

約束の地 58, 234
ヨハネの黙示録 241

ら

ラウシェンブッシュ、ウォルター 43
リベラリズム 203
レーガン、ロナルド 7, 65, 199
「レモン対カーツマン」判決 166
レモンテスト 166
ロバートソン、パット 178

市民宗教　190
社会正義運動　71
社会制度に埋め込まれた罪　64
社会的福音　43
自由　237
宗教右派　19
宗教学習　187
宗教ナショナリズム　206
終末論　27
出エジプト　238
主流派　18
親愛なる共同体　58
人為起源説　120
信仰復興（リバイバル）運動　41
人種隔離政策　58
人種和解運動　71
スコープス裁判　53
聖書戦争　156
聖書無謬説　25

た

多人種会衆運動　81
多様性　274
地球環境循環説　120
ディスペンセーション主義　28
トクヴィル、アレクシ・ドゥ　34
ドブソン、ジェイムズ　108
富の福音　38
トランプ、ドナルド　5, 7, 8, 85, 137, 138, 211–228, 272, 273, 278, 279

な

ニューイングランド初等読本　147
ニュー・シティ教会　111
ノード、ウォレン・A　182

は

バイスナー、キャルヴィン　128
バイデン、ジョー　5, 95, 278, 280
パラ・チャーチ　74
繁栄の福音　220
ピュー研究所　5, 13–15, 18, 22, 23, 95–97, 169, 174, 218, 223, 228, 260–263, 267, 275, 278
ピューリタン　32
ファルウェル、ジェリー　65
フォーカス・オン・ザ・ファミリー　108
福音伝道　25
福音派環境ネットワーク　136
ブッシュ、ジョージ・W　7, 133, 164, 199, 240, 256
ブラック・ライヴズ・マター　75
フランクリン、ベンジャミン　33
プレ・ミレニアリズム　27
プロセロ、スティーヴン　182
プロテスタント　3, 5–8, 11, 13, 16–20, 22–24, 30, 32, 40, 43, 45, 47, 49–51, 53, 85, 92, 122, 126–128, 142, 154–157, 160, 161, 169, 187, 190, 195–197, 199, 212–214, 218, 259, 263, 266
プロミス・キーパーズ　73
ベラー、ロバート・N　190
ボーン・アゲイン体験　25
ポスト・ミレニアリズム　27

ま

マクガフィー読本　151

索引

アルファベット

BLM 運動　75
LGBTQ+　95
NONES　267
PRRI　18, 20, 22, 23, 120, 213

あ

「アビントン学校区対シェンプ」判決　167
アメリカ英語綴り方教本　148
アメリカ・ファースト　213
イスラエル　255
ウェーバー、マックス　5, 32
ウォリス、ジム　76
選ばれし民　234
「エンゲル対ヴィターレ」判決　165
丘の上の町　236
オスティーン、ジョエル　220
オバマ、バラク　7, 137, 256
恩寵　3

か

カーネギー、アンドリュー　38
回心　64
解放　237
過激な世俗主義　201
ガッシー、デイヴィッド・P　87
合衆国憲法修正第一条　4, 156, 162
カトリック　3–5, 7, 13, 14, 16, 21, 24, 34, 37, 43, 73, 85, 92, 113, 122, 126, 134, 138, 142, 143, 155–158, 160, 161, 166, 180, 187, 190, 214, 218, 241, 244, 247, 259, 263, 264, 266, 268, 270, 276
神の国　63
カルヴァン主義　5, 32
キリスト教シオニズム運動　250
キリスト教ナショナリズム　198, 211
キリスト教連合　178
キング、マーティン・ルーサー・ジュニア　56
近代資本主義　30
金ぴか時代　35
悔い改め　64
クリエーション・ケア　127
クリスチャニティ・トゥデイ　103
グレアム、ビリー　55
原理主義　19, 25
公共宗教　190
構造的不公正　63
個人的な罪　63

さ

サイジック、リチャード　130
サイダー、ロナルド・J　61
サンクチュアリー・コヴェナント教会　91

上坂昇『神の国アメリカの論理——宗教右派によるイスラエル支援、中絶・同性結婚の否認』明石書店、2008.
———『宗教からアメリカ社会を知るための48章』明石書店、2023.
猿谷要『検証アメリカ 500 年の物語』平凡社、2004.
ジョン・ウィンスロップ「キリスト教徒の慈愛のひな型」（1630年）、『アメリカ古典文庫15　ピューリタニズム』（大下尚一訳）、研究社、1976.
野村文子「ジョナサン・エドワーズとミレニアリズム」、井門富士夫編『アメリカの宗教伝統と文化』大明堂、1992.
———「千年至福期」、『資料で読むアメリカ文化史１』東京大学出版会、2005.
「メイフラワー盟約」（1620年）、『アメリカ古典文庫15　ピューリタニズム』（大下尚一訳）、研究社、1976.
藤原聖子『現代アメリカ宗教地図』平凡社、2009.
堀内一史『分裂するアメリカ社会』麗澤大学出版会、2005.
———『アメリカと宗教——保守化と政治化のゆくえ』〈中公新書〉中央公論新社、2010.
松本佐保『アメリカを動かす宗教ナショナリズム』〈ちくま新書〉筑摩書房、2021.
森孝一『宗教からよむ「アメリカ」』〈講談社選書メチエ〉講談社、1996.
森本あんり『キリスト教でたどるアメリカ史』〈角川ソフィア文庫〉KADOKAWA、2019.
渡辺靖『白人ナショナリズム——アメリカを揺るがす「文化的反動」』〈中公新書〉中央公論新社、2020.

White, Gayle. 1996. "Clergy Conference Stirs Historic Show of Unity." *Christianity Today*. April 8, 1996. <https://www.christianitytoday.com/ct/1996/april8/6t4088.html>

White, Lynn. 1967. "The Historical Roots of our Ecologic Crisis." *Science* 155, no. 3767, 1203–1207.

The White House. 2021. "A Proclamation on Lesbian, Gay, Bisexual, Transgender, and Queer Pride Month, 2021." June 1, 2021. <https://www.whitehouse.gov/briefing-room/presidential-actions/2021/06/01/a-proclamation-on-lesbian-gay-bisexual-transgender-and-queer-pride-month-2021/>

Wilcox, Clyde and Carin Robinson. 2011. *Onward Christian Soldiers?: The Religious Right in American Politics*. 4th Edition. Boulder, CO: Westview Press. Wilkinson, Katharine K. 2012. *Between God & Green: How Evangelicals Are cultivating a Middle Ground on Climate Change*. New York, NY: Oxford University Press.

Williams, Daniel K. 2010. *God's Own Party: The Making of the Christian Right*. Oxford, UK: Oxford University Press.

Wuthnow, Robert. 1988. *Restructuring of American Religion: Society and Faith Since World War II*. Princeton, NJ: Princeton University Press.

________. 1994. *God and Mammon in America*. New York, NY: The Free Press.

________. 1996. *Poor Richard's Principle: Recovering the American Dream through the Moral Dimension of Work, Business, and Money*. Princeton, NJ: Princeton University Press.

Wuthnow, Robert and John Evans. 2002. *The Quiet Hand of God: Faith-Based Activism and the Public Role of Mainline Protestantism*. Berkeley, CA: University of California Press.

【和書】

岩井淳『千年王国を夢見た革命』講談社選書メチエ、1995.

ウォルター・ラッセル・ミード「なぜアメリカのキリスト教徒はユダヤ国家を支持するのか」『フォーリンアフェアーズ日本語版』2008, No. 9.

大西直樹「丘の上の町」遠藤泰生編『資料で読むアメリカ文化史１』東京大学出版会、2005.

鵜浦裕『進化論を拒む人々――現代カリフォルニアの創造論運動』勁草書房、1998.

Uslaner, Eric M. 2001. “Volunteering and social capital.” In *Social Capital and Participation in Everyday Life,* edited by Paul Dekker and Eric M. Uslaner. New York, NY: Routledge.

US Department of Justice, Civil Rights Division. 2015. *Investigation of the Ferguson Police Department,* March 4. <https://www.justice.gov/sites/default/files/opa/press-releases/attachments/2015/03/04/ferguson_police_department_report.pdf>

Wallis, Jim. 1994. *The Soul of Politics: Beyond “Religious Right” and “Secular Left.”* New York, NY: Harcourt Brace & Company.

________. 2005. *God’s Politics: Why the Right Gets It Wrong and the Left Doesn’t Get It.* New York, NY: HarperSanFrancisco.

________. 2008. *The Great Awakening: Reviving Faith & Politics in a Post-Religious Right America.* New York, NY: HarperCollins Publishers.

________. 2016. *America’s Original Sin: Racism, White Privilege, and the Bridge to a New America.* Grand Rapids, MI: Brazos Press.

Wacker, Grant. 2014. *America’s Pastor: Billy Graham and the Shaping of a Nation.* Cambridge, MA: The Belknap Press of Harvard University Press.

Warren, Rick. 2009. “The Future of Evangelicals: A Conversation with Pastor Rick Warren.” Pew Research Center, November 13. <https://www.pewresearch.org/religion/2009/11/13/the-future-of-evangelicals-a-conversation-with-pastor-rick-warren/>

Weber, Max. 1905. “Die protestantische Ethik und der Geist des Kapitalismus.” In *Gesammelte Aufsätze zur Religionssoziologie.* Bd. 1, Tübingen, 1920, 17–206.（邦訳：マックス・ヴェーバー『プロテスタンティズムの倫理と資本主義の精神』大塚久雄訳、岩波文庫、2005[1989]）

________. 1920. “Die protestantische Sekten und der Geist des Kapitalismus.” In *Gesammelte Aufsätze zur Religionssoziologie.* Bd. 1, Tübingen, 1920, 207–236.（邦訳：マックス・ウェーバー「アメリカ合衆国における“教会”と“ゼクテ”――教会政治的・社会政治的な一つのスケッチ」安藤英治訳、『プロテスタンティズムの倫理と資本主義の《精神》』梶山力訳・安藤英治編、未來社、[2003] 1994、363–386）

Weber, Timothy P. 2004. *On the Road to Armageddon: How Evangelicals Became Israel’s Friend.* Grand Rapids, MI: Baker Academic.

Webster, N. 1831. *The American spelling book, containing the rudiments of the English language for the use of schools in the United States.* Middletown, CT: William H. Niles.

Shelton, Jason E. and Michael O. Emerson. 2012. *Blacks and Whites in Christian America: How Racial Discrimination Shapes Religious Convictions.* New York, NY: New York University Press.

Sider, Ronald J. 1987. *Completely Pro-life.* Downers Grove, IL: InterVarsity Press.

________. 1994. *Cup of Water, Bread of Life: Inspiring Stories about Overcoming Lopsided Christianity.* Grand Rapids, MI: Zondervan.

________. 2015[1978]. *Rich Christians in an Age of Hunger: Moving from Affluence to Generosity.* 6th Edition. Thomas Nelson.

________. 2019. *If Jesus is Lord: Loving our enemies in an Age of Violence.* Grand Rapids, MI: Baker Academic.

Silk, Mark. 2021. "White evangelicals in numerical, political decline." *Religion News Service,* July 14, 2021. <https://religionnews.com/2021/07/14/white-evangelicals-innumerical- political-decline/>

Spring, Joel. 2018 [1986]. *The American School.* Tenth Edition, New York, NY: Routledge.

Sturm, Douglas. 2008. "You Shall Have No Poor among You." In *The Legacy of Billy Graham: Critical Reflections on America's Greatest Evangelist,* edited by Michael G. Long. Louisville, KY: Westminster John Knox Press.

Sullivan, Amy. 2008. *The Party Faithful: How and Why Democrats Are Closing the God Gap.* New York: Scribner.

Swartz, David R. 2012. *Moral Minority: The Evangelical Left in an Age of Conservatism.* Philadelphia, PA: University of Pennsylvania Press.

Tillery, Alvin B. Jr. 2021. "From Civil Rights to Racial Justice: Understanding African-American Social Justice Movements." Foreign Press Center Briefing, US Department of State. April 23. <https://www.state.gov/briefings-foreign-press-centers/from-civil-rights-to-racial-justice-understanding-african-american-social-justice-movements/>

Tisby, Jemar. 2019. *The Color of Compromise: The Truth about the American Church's Complicity in Racism.* Grand Rapids, MI: Zondervan.

Tocqueville, Alexis de. *Democracy in America.* 2 vols. New York, NY: Vintage Books.（邦訳：『アメリカの民主政治』上・中・下、井伊玄太郎訳、講談社学術文庫、2004 [1987]）

Tuveson, Ernest Lee. 1968. *Redeemer Nation: The Idea of America's Millennial Role.* Chicago, IL: University of Chicago Press.

Prothero, Steven. 2007. *Religious Literacy: What Every American Needs to Know—and Doesn't*. New York, NY: HarperOne.（邦訳：『宗教リテラシー——アメリカを理解する上で知っておきたい宗教的教養』堀内一史訳、麗澤大学出版会、2014）

PRRI Staff. 2021. "2020 PRRI Census of American Religion: Country-Level data on Religious Identity and Diversity," July 8, 2021. <https://www.prri.org/research/2020-census-of-american-religion/>

PRRI/Brookings Christian nationalism Survey team. 2023. "A Christian Nation? Understanding the Threat of Christian Nationalism to American Democracy and Culture. <https://www.prri.org/wp-content/uploads/2023/02/PRRI-Jan-2023-Christian-Nationalism-Final.pdf>

Putnam, D. Robert and David E. Campbell. 2010. *American Grace: How Religion Divides and Unites Us*. New York: Simon & Schuster.（邦訳：『アメリカの恩寵——宗教は社会をいかに分かち、結びつけるのか』柴内康文訳、柏書房、2019）

Rauschenbusch, Walter. 2018 [1918]. *A Theology for the Social Gospel*. (classical reprint) New York, NY: Forgotten Books.

Revkin, Andrew C. 2009. "Skeptics Dispute Climate Worries and Each Other." *New York Times*, March 8, 2009. <https://www.nytimes.com/2009/03/09/science/earth/09 climate.html>

Robertson, Campbell. 2018. "A Quiet Exodus: Why Black Worshipers Are Leaving White Evangelical Churches." *New York Times*, March 9. <https://www.nytimes.com/ 2018/ 03/09/us/blacks-evangelical-churches.html>

Rollins, Richard M. 1980. *The Long Journey of Noah Webster*. Philadelphia: University of Pennsylvania Press.

Sandeen, Ernest R. 1970. *The Roots of Fundamentalism: British & American Millenarianism, 1800–1930*. Chicago, IL: The University of Chicago Press.

Schaeffer, Francis A. 1970. *Pollution and the Death of Man: The Christian View of Ecology*. Wheaton, IL: Tyndale House.

Sharp, Isaac B. 2023. *The Other Evangelicals: A Story of Liberal, Black, Progressive, Feminist, and Gay Christians — and the Movement that Pushed Them Out*. Grand Rapids, MI: William B. Eerdmans Publishing Company.

Sharp, Jeremy M. 2010. "U.S. Foreign Aid to Israel." *CRS Report for Congress*, Congressional Research Service.

________. 2023a. Katherine Schaeffer. “118th Congress beaks record for lesbian, gay and bisexual representation.” January 11, 2023. <https://www.pewresearch.org/short-reads/ 2023/01/11/118th-congress-breaks-record-for-lesbian-gay-and-bisexual-representation/>

________. 2023b. Anna Brown. “5 key findings about LGBTQ+ Americans.” June 23, 2023. <https://www.pewresearch.org/short-reads/2023/06/23/5-key-findings-about-lgbtq-americans/>

________. 2024a. “Religious ‘Nones’ in America: Who They Are and What They Believe.” January 24, 2024. <https://www.pewresearch.org/religion/2024/01/24/religious-nones-in-america-who-they-are-and-what-they-believe/>

________. 2024b. Laura Silver, Becka Alper, Scott Keeter, Jordan Lippert and Besheer Mohamed. “Majority in U.S. Say Israel Has Valid Reasons for Fighting; Fewer Say the Same About Hamas.“ March 21. <https://www.pewresearch.org/2024/03/21/majority-in-u-s-say-israel-has-valid-reasons-for-fighting-fewer-say-the-same-about-hamas/>

________. 2024c. “In Tight Presidential Race, Voters Are Broadly Critical of Both Biden and Trump: About half of voters say that, if given the chance, they would replace both candidates on the ballot,” April 24. <https://www.pewresearch.org/wpcontent/ uploads/sites/ 20/ 2024/ 04/ PP_2024.4.24_biden-trump_REPORT.pdf>

________. 2024d. Gregory A. Smith. “Voters’ views of Trump and Biden differ sharply by religion.” April 30. <https://www.pewresearch.org/short-reads/2024/04/30/voters-views-of-trump-and-biden-differ-sharply-by-religion/>

________. 2024e. Frank Newport. “Support for Israel in U. S. Hampered by Declining Religiosity.” June 21, 2024. <https://news.gallup.com/opinion/polling-matters/ 646214/support-israel-hampered-declining-religiosity.aspx>

________. 2024f. “Joe Biden, Public Opinion and His Withdrawal From the 2024 Race,” July 2. <https://www.pewresearch.org/politics/2024/07/23/joe-biden-public-opinion-and-his-withdrawal-from-the-2024-race/>

Pierard, Richard and Robert Linder. 1988. *Civil Religion and the Presidency,* Grand Rapids: Zondervan.（邦訳：『アメリカの市民宗教と大統領』堀内一史、犬飼孝夫、日影尚之訳、麗澤大学出版会、2003）

Promise Keepers. 2018. “A New Vision for Promise Keepers.” *Christian NewsWire,* April 23. <https://www.sgmradio.com/2018/04/27/a-new-vision-for-promise-keepers/>

________. 2016a. “2016 Campaign: Strong interest, widespread dissatisfaction: 4. Top voting issues in 2016 election” July 7, 2016. <https://www.pewresearch.org/ politics/ 2016/07/07/4-top-voting-issues-in-2016-election/>
________. 2016b. Jessica Martínez and Gregory A. Smith. “How the faithful voted: A preliminary 2016 analysis,” November 9. <https://www.pewresearch.org/fact-tank/2016/11/09/how-the-faithful-voted-a-preliminary-2016-analysis/>
________. 2018. Fahmy, Dalia. “Americans are far more religious than adults in other wealthy nations.” Pew Research Center. July 31. <file:///F:/manuscript/data/Americans%20are%20far%20more%20religious%20than%20adults%20in%20other%20wealty%20nations.pdf>
________. 2019a. Bydavid Masci. “For Darwin Day, 6 Facts about the evolution debate.” <https://www.pewresearch.org/short-reads/2019/02/11/darwin-day/>
________. 2019b. “Religion in the Public Schools.” October 3, 2019. <https://www.pewresearch.org/religion/2019/10/03/religion-in-the-public-schools-2019-update/>
________. 2019c. “For a Lot of American Teens, Religion Is a Regular Part of the Public School Day.” October 3, 2019. <https://www.pewresearch.org/religion/2019/10/03/ for-a-lot-of-american-teens-religion-is-a-regular-part-of-the-public-school-day/>
________. 2020. Funk, Cary, et. al. “Biotechnology Research Viewed With Caution Globally, but Most Support Gene Editing for Babies To Treat Disease: Majorities across global publics accept evolution; religion factors prominently in beliefs.” <https://www.pewresearch.org/science/wp-content/uploads/sites/16/2020/12 10_international-science-religion_REPORT.pdf>
________. 2021. “About Three-in-Ten U. S. Adults Are Now Religiously Unaffiliated.” December 14, 2021. <https://www.pewresearch.org/religion/2021/12/14/about-three-in-ten-u-s-adults-are-now-religiously-unaffiliated/>
________. 2022a. “45 % of Americans Say U. S. Should Be a ‘Christian Nation.’” October 27, 2022. <https://www.pewresearch.org/religion/2022/10/27/45-of-americans-say-u-s-should-be-a-christian-nation/>
________. 2022b. Jeff Diamant. “About four-in-ten U.S. adults believe humanity is ‘living in the end times’.” December 8, 2022. <https://www.pewresearch.org/short-reads/2022/12/08/about-four-in-ten-u-s-adults-believe-humanity-is-living-in-the-end-times/>

Moltman, Jürgen. 1995. *Das Kommen Gottes: Christliche Eschatologie,* Gütersloher Verlagshaus.（邦訳：J・モルトマン『J・モルトマン組織神学論叢５　神の到来』蓮見和男訳、新教出版社、1996）

Moore, Russell. 2015. “Have Evangelicals Who Support Trump Lost Their Values?” *New York Times,* September 17, 2015. <https://www.nytimes.com/2015/09/17/opinion/have-evangelicals-who-support-trump-lost-their-values.html>

Moorehead, Jonathan. 2010. “Father of Zionism: William E. Blackstone?” *Journal of the Evangelical Theological Society,* December.

Noll, Mark A. 1992. *A History of Christianity in the United States and Canada.* Grand Rapids, Michigan: William B. Eerdmans Publishing Company.

________. 2001. *American Evangelical Christianity: An Introduction.* Oxford, UK: Blackwell Publishing.

________. 2008. *God and Race in American Politics: A Short History.* Princeton, NJ: Princeton University Press.（邦訳：マーク・A・ノール『神と人種――アメリカ政治を動かすもの』赤木昭夫訳、岩波書店、2010）

Noll, Mark A., David W. Bebbington and George M. Marsden. 2019. *Evangelicals: Who They Have Been, Are Now, and Could Be.* Grand Rapids, Michigan: William B. Eerdmans Publishing Company.

Nord, Warren A. 1995. *Religion and American Education: Rethinking a National Dilemma.* Chapel Hill, NC: The University of North Carolina Press.

Nord, Warren A. and Charles C. Haynes. 1998. *Taking Religion Seriously Across the Curriculum.* Alexandria, VA: Association for Supervision & Curriculum Development.

Norris, Pippa and Ronald Inglehart. 2011. *Sacred and Secular: Religion and Politics Worldwide,* Second Edition, New York, NY: Cambridge University Press.

Oates, Stephen B. 1982. *Let the Trumpet Sound: The Life of Martin Luther King, Jr.* New York: Harper & Row.

Pew Research Center. 2008. “A Post-Election Look at Religious Voters in the 2008 Election.” <https://www.pewforum.org/2008/12/08/a-post-election-look-at religious-voters-in-the-2008-election/>

________. 2015a. “America’s Changing Religious Landscape,” May 12. <http://www. pewforum.org/religious-landscape-study/>

________. 2015b. Cary Funk. “Religion and Views on Climate and Energy Issues,” October 22. <https://www.pewresearch.org/science/2015/10/22/religion-and-views-on-climate-and-energy-issues/>

Mallory, Christy, Taylor N. T. Brown and Kerith J. Conron. 2018. "Conversion Therapy and LGBT Youth." UCLA School of Law, The Williams Institute. January 2018. <https://williamsinstitute.law.ucla.edu/wp-content/uploads/Conversion-Therapy-Jan-2018.pdf>

Mansoor, Sanya. 2020. "93% of Black Lives Matter Protests Have Been Peaceful, New Report Finds." *TIME,* September 5. <https://time.com/5886348/report-peaceful-protests/>

Marsden, George M. 1991. *Understanding Fundamentalism and Evangelicalism.* Grand Rapids, Michigan: William B. Eerdmans Publishing Company.

________. 2006 [1980]. *Fundamentalism and American Culture,* New Edition. Oxford, UK: Oxford University Press.

________. 2018[1990]. *Religion and American Culture: A Brief History,* 3rd Edition. Grand Rapids, MI: William B. Eerdmans Publishing Company.

Marti, Geraldo. 2005. *A Mosaic of Believers: Diversity and Innovation in a Multiethnic Church.* Bloomington, IN: Indiana University Press.

Marti, Geraldo and Michael O. Emerson. 2014. "The Rise of the Diversity Expert: How American Evangelicals Simultaneously Accentuate and Ignore Race." In *The New Evangelical Social Engagement,* edited by Brian Steensland and Philip Goff, 178–199. New York, NY: Oxford University Press.

Martin, William. 1991. *Prophet with Honor: Billy Graham Story.* New York, NY: William Morrow and Company, Inc.

________. 1996. *With God on Our Side: The Rise of the Religious Right in America.* New York, NY: Broadway.

Mead, Frank S., Hill, Samuel S. and Atwood, Craig D. 2005. *Handbook of Denominations in the United States,* 12th Edition. Nashville, Tennessee: Abingdon Press.

Mearsheimer, John J. and Stephen M. Walt. 2007. *The Israel Lobby and U. S. Foreign Policy.* New York: Farrar Straus Giroux.（邦訳：ジョン・ミアシャイマー、スティーヴン・ウォルト『イスラエル・ロビーとアメリカの外交政策』副島隆彦訳、講談社、2007）

Miller, Steven P. 2009. *Billy Graham and the Rise of the Republican South.* Philadelphia, Pennsylvania: University of Pennsylvania Press.

________. 2014. *The Age of Evangelicalism: America's Born-again Years.* Oxford: Oxford University Press.

Moberg, David O. 2006 [1977]. *The Great Reversal: Reconciling Evangelism and Social Concern.* Eugene, Oregon: Wipf and Stock Publishers.

Johnson, Jenna and Jose A. DelReal. 2016. "Trump tells story about killing terrorists with bullets dipped in pigs' blood, though there's no proof of it." *Washington Post,* February 20, 2016. <https://www.washingtonpost.com/news/post-politics/wp/2016/02/20/ trumps-story-about-killing-terrorists-with-bullets-dipped-in-pigs-blood-is-likely-not-true/>

Jones, Robert P. 2016. *The End of White Christian America.* New York: Simon & Schuster.

________. 2020. *White too Long: The Legacy of White Supremacy in American Christianity.* New York: Simon & Shuster.

Kearns, Laurel. 2014. "Green Evangelicals." In *The New Evangelical Social Engagement,* edited by Brian Steensland and Philip Goff, 158–178. New York, NY: Oxford University Press.

King, Martin Luther, Jr. 1963. *Strength to Love.* New York: Harper & Row.

________. 1998. *The Autobiography of Martin Luther King, Jr,* edited by Clayborne Carson. New York: Warner Books.

Kobin, Billy. 2020. "Steven Lopez, suspect in fatal Jefferson Square Park shooting, Enters not guilty plea." <https://www.courierjournal.com/story/news/crime/2020/06/30/Louisville-protest-shooting-suspect-steven-lopez-arraignment-pleads-not guilty /3284175001/>

Kurtz, Holly. 1999, "Harry Potter expelled from school" *Denver Rocky Mountain News.* November 6. <https://www.cesnur.org/recens/potter_06.htm>

Kuruvilla, Carol. 2017. "Clergy Arrested During 'Ferguson October' Protests Asked Police To 'Repent'." Huffpost. <https://www.huffpost.com/entry/clergy-ferguson-october-arrest_n_5984040>

Lambert, Frank. 2008. *Religion in American Politics: A Short History.* Princeton, NJ: Princeton University Press.

Labberton, Mark. 2018. "Introduction." In *Still Evangelical: Insiders Reconsider Political, Social, and Theological Meaning,* edited by Mark Labberton, Downers Grove, Illinois: InterVarsity Press.

Long, Michael G. 2006. *Billy Graham and the Beloved Community: America's Evangelist and the Dream of Martin Luther King, Jr.* New York, NY: Palgrave McMillan.

Luce, Edward. 2019. "A Preacher for Trump's America: Joel Osteen and the prosperity gospel. *Financial Times,* April 18, 2018. <https://www.ft.com/content/3990ce66-60a6-11e9-b285-3acd5d43599e>

Gorski, Philip S. and Samuel L. Perry. 2022. *The Flag and the Cross: White Christian Nationalism and the Threat to American Democracy.* New York: Oxford University Press.

Graham, Billy. 2013. *The Reason for My Hope: Salvation.* Nashville, TN: W Publishing Group.

________. 2007. Just As I Am: The Autobiography of Billy Graham. New York, NY: Harper luxe.

Gushee, David P. 2008. *The Future of Faith in American Politics: The Public Witness of the Evangelical Center.* Waco, Texas: Baylor University Press.

________. 2020. *After Evangelicalism: The Path to a New Christianity.* Louisville, Kentucky: Westminster John Knox Press.

Harding, Susan Friend. 2000. *The Book of Jerry Falwell: Fundamentalist Language and Politics.* Princeton, New Jersey: Princeton University Press.

Hart, D. G. 2002. *That Old-Time Religion in Modern America: Evangelical Protestantism in the Twentieth Century.* Chicago, Illinois: Ivan R. Dee.

________. 2004. *Deconstructing Evangelicalism: Conservative Protestantism in the Age of Billy Graham,* Grand Rapids, Michigan: Baker Academic.

Hatch, Nathan O. 1974. "The Origins of Civil Millennialism in America: New England Clergymen, War with France, and the Revolution." *William and Mary Quarterly,* 31, July.

Heltzel, Peter Goodwin. 2009. *Jesus and Justice: Evangelicals, Race, and American Politics.* New Haven, CT: Yale University Press.

Holder, Ward R. 2021. "A Question of Emphasis?: Evangelicals, Trump, and the Election of 2016." In *Evangelicals and Presidential Politics,* edited by Anderew S. Moore. Baton Rouge, Louisiana: Louisiana State University Press.

Howe, Ben. 2019. *The Immoral Majority: Why Evangelicals Chose Political Power over Christian Values.* New York: HarperCollins Publishers.

Hunt, Thomas and Monalisa McCurry Mullins. 2005. *Moral Education in America's Schools: The Continuing Challenge.* Greenwich, CT: Information Age Publishing.

Jeffress, Robert. 2016. "Pastor Robert Jeffress Explains His Support For Trump." NPR, October 16, 2016. <https://www.npr.org/2016/10/16/498171498/pastor-robert-jeffress-explains-his-support-for-trump>

Furfaro, Hannah. 2020. *The Seatle Times*. “Teen who died in CHOP shooting wanted ‘to be loved,’ those who knew him recall.” <https://www.seattletimes.com/seattle-news/teen-who-died-in-chop-shooting-wanted-to-be-loved-those-who-knew-him-recall/>

Gallup Poll. 2002. David W. Moore. “Protestant Tilt Toward Israel Partially Explained by Biblical Connection: Catholic support more related to pragmatic concerns,” April 29, 2002. Web.

________. 2005. Frank Newport. “Who Are the Evangelicals? Estimates vary widely,” Gallup. <https://news.gallup.com/poll/17041/Who-Evangelicals.aspx>

________. 2007. “Evolution, Creationism, Intelligent Design,” Accessed May 15. <http://www.gallup.com/poll/21814/evolution-creationism-intelligent-design.aspx>

________. 2013. Lydia Saad. “Americans’ Sympathies for Israel Match All-Time High.” March 15, 2013 <https://news.gallup.com/poll/161387/americans-sympathies-israel-match-time-high.aspx>

________. 2024. Frank Newport. “Support for Israel in U.S. Hampered by Declining Religiosity.” June 21, 2024. <https://news.gallup.com/opinion/polling-matters/646214/support-israel-hampered-declining-religiosity.aspx>

Gasaway, Brantley W. 2014. *Progressive Evangelicals and the Pursuit of Social Justice*. Chapel Hill, NC: The University of North Carolina Press.

Gilgoff, Dan. 2009. “Evangelical Minister Jim Wallis Is in Demand in Obama’s Washington.” *U. S. News and World Report*. March 31. <https://www.usnews.com/news/religion/articles/2009/03/31/evangelical-minister-jim-wallis-is-in-demand-in-obamas-washington>

Goldberg, Michelle. 2021. “The Christian Right Is in Decline, and It’s Taking America With It.” *New York Times*, July 9, 2021. <https://www.nytimes.com/2021/07/09/opinion/ religious-right-america.html>

Goodstein, Laurie. 1997. “A Marriage Gone Bad Struggles for Redemption.” *New York Times*. October 29. <https://www.nytimes.com/1997/10/29/us/a-marriage-gone-bad-struggles-for-redemption.html>

Gorski, Philip. 2017. *American Covenant: A History of Civil Religion from the Puritans to the Present*. Princeton, New Jersy: Princeton University Press.

________. 2021. “The Past and Future of the American Civil Religion.” In *Civil Religion Today: Religion and the American Nation in the Twenty-First Century*, edited by Rhys H. Williams, Raymond Haberski Jr., Philip Goff,19–34, New York: New York University Press.

Dougherty, Kevin D., Mark Chaves, Michael O Emerson. 2020. “Racial Diversity in U.S. Congregations, 1998–2019.” *Journal for the Scientific Study of Religion.* Vol. 59, Issue 4, 651–662.

Elder, Larry. 2014a. “Eric Holder: A More Dangerous Race-Card Hustler Than Al Sharpton,” September 4. <https://larryelder.com/column/eric-holder-a-more-dangerous-race-card-hustler-than-al-sharpton/>

________. 2014b. “The Farcical Ferguson Report,” The Larry Elder Show, December 1. <https://www.creators.com/read/larry-elder/03/15/the-farcical-ferguson-report>

________. 2014c. “Ferguson: Inconvenient Facts About the Encounter,” December 4. <https://www.creators.com/read/larry-elder/12/14/ferguson-inconvenient-facts-about-the-encounter>

Emerson, Michael O with Rodney M. Woo. 2006. *People of the Dream: Multiracial Congregations in the United States.* Princeton, NJ: Princeton University Press.

Emerson, Michael O. and Christian Smith. 2000. *Divided by Faith: Evangelical Religion and the Problem of Race in America.* New York, NY: Oxford University Press.

Emerson, Michael O. and George Yancey. 2011. *Transcending Racial Barriers: Toward a Mutual Obligations Approach.* Oxford. UK: Oxford University Press.

Evensen, Bruce J. 2003. *God’s Man for the Gilded Age: D. L. Moody and the Rise of Modern Mass Evangelism.* New York: Oxford University Press.

Finke, Roger and Rodney Stark. 2006. *The Churching of America 1776–2005: Winners and Losers in Our Religious Economy.* New Brunswick, NJ: Rutgers University Press.

Fitzgerald, Frances. 2017. *The Evangelicals: The Struggle to Shape America.* New York: Simon & Schuster.

Flood, Alison. 2009. “JK Rowling lost out on US medal over Harry Potter ‘Witchcraft’.” The Guardian. Sep 29, 2009. <https://www.theguardian.com/books/2009/sep/29/harry-potter-rowling-medal>

Freivogel, William. “What We Know — And Don’t Know — About Michael Brown’s Shooting.” *St. Louis Public Radio.* <https://web.archive.org/web/20141116023251/http://news.stlpublicradio.org/post/what-we-know-and-dont-know-about-michael-browns-shooting>

Friedman, Benjamin M. 2005. *The Moral Consequences of Economic Growth.* New York: Vintage Books.（邦訳：『経済成長とモラル』地主敏樹・重富公生・佐々木豊訳、東洋経済新報社、2011）

Carnegie, Andrew. 1901. *The Gospel of wealth and other timely essays.* New York: The Century Co. （邦訳：カーネギー・アンドリュー『富の福音』田中孝顕監訳、きこ書房、2011）

________. 1920. *Autobiography of Anderew Carnegie,* John C. Van Dyke (ed.). Independently published.

Chambers, Alan. 2015. *My Exodus: From Fear to Grace.* Grand Rapids, MI: Zondervan.

Chappell, David L. 2004. *A Stone of Hope: Prophetic Religion and the Death of Jim Crow.* Chapel Hill, North Carolina: The University of North Carolina Press.

Christerson, Brad, Korie L. Edwards, and Michael O. Emerson. 2005. *Against All Odds: The Struggle for Racial Integration in Religious Organizations.* New York, NY: New York University Press.

Cizik, Richard. 2012. "My Journey toward the 'New Evangelicalism'." In *A New Evangelical Manifesto: A Kingdom Vision for the Common Good,* edited by David P. Gushee. St. Louis, Missouri: Chalice Press.

Cornwall Alliance Official Website. <https://cornwallalliance.org/about/who-we-are/>

"Cornwall Declaration on Environmental Stewardship." <http://cornwallalliance.org/landmark-documents/the-cornwall-declaration-on-environmental-stewardship/>

Cullors, Patrisse and Asha Bandele. 2018. *When They Call You a Terrorist: A Black Lives Matter Memoir.* New York, NY: St. Martin's Griffin.

Davenport, Coral and Eric Lipton. 2016. "Trump Picks Scott Pruitt, Climate Change Denialist, to Lead E. P. A." New York Times, December 7, 2016. <https://www.nytimes.com/2016/12/07/us/politics/scott-pruitt-epa-trump.html>

DeYoung, Curtiss Paul, Michael O. Emerson, George Yancey, and Karen Chai Kim. 2003. *United by Faith: The Multiracial Congregation as an Answer to the Problem of Race.* New York, NY: Oxford University Press.

Dick, Hanna. 2021. "Framing Faith during the 2016 Election: Journalistic Coverage of the Trump Campaign and the Myth of Evangelical Schism." In *Evangelicals and Presidential Politics,* edited by Anderew S. Moore. Baton Rouge, Louisiana: Louisiana State University Press.

Dorrien, Gary. 2015. "Recovering the Black Social Gospel: The figures, conflicts, and ideas that forged 'the new abolition.'" *Harvard Divinity Bulletin,* Summer/Autumn 2015. <https://bulletin.hds.harvard.edu/recovering-the-black-social-gospel/>

参考文献

The Associated Press. 2007. “Kansas: Anti-Evolution Guidelines Are Repealed.” *New York Times,* February 14, 2007. <https://www.nytimes.com/2007/02/14/us/14brf-evolution. html>

Avery, Dan. 2020. “Biden administration on track to be most LGBTQ-inclusive in U. S. history.” *NBC News.* December 5, 2020. <https://www.nbcnews.com/feature/nbc-out/biden-administration-track-be-most-lgbtq-inclusive-u-s-history-n1250010>

Bean, Lydia and Steve Teles. 2015. “Spreading the Gospel of Climate Change: An Evangelical Battleground.” *New America,* November, pp. 1–27.

Bebbington, D. W. 1989. *Evangelicalism in Modern Britain: A History from the 1730s to the 1980s.* London: Routledge.

Bellah, Robert N. 1967. “Civil Religion in America” in *Beyond Belief: Essays on Religion in a Post-Traditional World,* pp. 168–189. New York, NY: Harper & Row.

Bellah, Robert N. 1992 [1975]. *The Broken Covenant: American Civil Religion in Time of Trial.* Second Edition. Chicago, IL: The University of Chicago Press.（邦訳：『破られた契約――アメリカ宗教思想の伝統と試練』松本滋・中川徹子訳、未來社、1983）

Bellah, Robert N., Richard Madsen, William M. Sulivan, Ann Swindler, and Steven M. Tipton. 1985. Habits of the Heart: Individualism and Commitment in American Life. Berkely, CA: University of California Press.（邦訳：『心の習慣――アメリカ個人主義のゆくえ』島薗進・中村圭志訳、みすず書房、1985）

Brody, David and Scott Lamb. 2018. *The Faith of Donald J. Trump: A Spiritual Biography,* New York: HarperCollins Publishers.

Burrow, Rufus Jr. 2008. “Graham, King, and the Beloved Community.” In *The Legacy of Billy Graham: Critical Reflections on America's Greatest Evangelist,* edited by Michael G. Long. Louisville, Kentucky: Westminster John Knox Press.

Caitlin Yilek and Melissa Quinn. 2024. “Highlights from the 2024 Republican National convention.” *CBS News.* updated on July 19, 2024. <https://www.cbsnews.com/ news/ rnc-highlights-2024/>

「アメリカ文明とイスラエル――ユダヤ・キリスト教の聖書解釈を手がかりに」『比較文明研究』第18号，69–97頁，麗澤大学，2013ほか.

翻訳

スティーヴン・プロセロ『宗教リテラシー』堀内一史訳，麗澤大学出版会，2014.

リチャード・V・ピラード／ロバート・D・リンダー『アメリカの市民宗教と大統領』堀内一史他訳，麿池学園出版会，2003ほか.

その他（雑誌記事・書評・辞典）

ロバート・パットナム，デヴィッド・キャンベル著『アメリカの恩寵』（柴内康文訳）柏書房，公明新聞，2015.【書評】

「宗教化する超大国アメリカ：開拓と独立のより所となった宗教――聖書でつながるイスラエルとの関係」『週刊エコノミスト』47頁，毎日新聞社，2015.

「政治とメディアと宗教：TV伝道から深い関わり」世界宗教地勢，『中外日報』，中外日報，2015.

「米国とキリスト教――大統領選を左右してきた宗教」『週刊エコノミスト』9月4日号，32–3頁，毎日新聞社，2012.

「米国大統領選挙とキリスト教福音派――ロムニーはなぜ苦戦しているのか」『中央公論』5月号，78–85頁，中央公論新社，2012.

「市民宗教」『宗教学事典』丸善出版社，2010ほか.

著者経歴・業績

堀内一史（ほりうち かずのぶ）

1955年奈良県生まれ。麗澤大学外国語学部イギリス語学科卒。南カリフォルニア大学大学院宗教学研究科修了（M.A.)。麗澤大学副学長（学生・国際担当)。同大学国際学部特任教授。専門は，宗教社会学，社会倫理，アメリカ研究。

単著

『アメリカと宗教――保守化と政治化のゆくえ』〈中公新書〉中央公論新社，2010.

『分裂するアメリカ社会――その宗教と国民的統合をめぐって』麗澤大学出版会，2005.

分担執筆

「社会貢献する信仰集団――日本における信仰に基づくソーシャル・キャピタル」『日本――多様な文化が融合する国』ベトナム，ホーチミン市国家大学人文社会科学大学出版社，2016.

“Chapter 5 Wisdom” in *Happiness and Virtue Beyond East and West: Toward a New Global Responsibility,* (Tuttle Publisher, 2011).

「宗教ボランティアと宗教的ソーシャル・キャピタルをめぐって」，稲葉陽二編著『ソーシャル・キャピタルの潜在力』日本評論社，2008ほか.

論文

「『分れ争う家はたたず』――米国キリスト教福音派の人種問題への取り組みに関する基礎的研究」『麗澤大学紀要』106巻，10–18頁，麗澤大学，2023.

「『汝らのうちに貧しきものなからん』――米国キリスト教福音派の社会的関心および貧困感に関する基礎的研究」『麗澤大学紀要』105巻，51–62頁，麗澤大学，2022.

“The Germination of the ‘Ethic of Work Spirituality’ in Japan in Early Modern Times: ‘Work’ and ‘Character Building’ in the Thought of Shosan Suzuki”『麗澤大学紀要』104巻，46–55頁，麗澤大学，2021.

「米国キリスト教福音派による環境保護運動――その現状と課題」『地球システム・倫理学会会報』行人社，2017.

アメリカの十字架
——信仰をめぐる市民社会の断層線——

2024年10月20日　初版第1刷発行

著　者　　堀　内　一　史
発行者　　大　江　道　雅
発行所　　株式会社明石書店
〒101-0021 東京都千代田区外神田6-9-5
電　話　03-5818-1171
FAX　03-5818-1174
振　替　00100-7-24505
https://www.akashi.co.jp/

装　丁　　明石書店デザイン室
印　刷　　株式会社文化カラー印刷
製　本　　協栄製本株式会社

（定価はカバーに表示してあります）　ISBN 978-4-7503-5840-6